아시아 평화공동체

모들아카데미06

아시아 평화공동체

이찬수 편

도서출판 모시는사람들

포용과 배제의 사이
아시아에서 공동체에 대해 이야기한다는 것

공동체라는 말

공동체(共同體, community)를 한자식으로 풀면 '같음(同)을 공유(共)하는 단체(體)'이고, 영어식으로 풀면 '단일성(unity)을 함께 한다(com)'는 뜻이다. 방점을 어디에 두느냐에 따라 공동체는 자칫 배타적일 수도 있고, 포용적일 수도 있다.

가령 '같음/단일'[同, unity]을 중시하면, 같다고 여겨지는 이들끼리 일체감은 커질 수 있다. 하지만 같지 않은 타자에 대한 배제로 연결될 가능성도 그만큼 커진다. '공유/함께'[共, com]를 중시하면, 타자에 대한 포용의 가능성은 상대적으로 커진다. 하지만 자기중심성을 어느 정도 내려놓아야 하는 까닭에 공동체의 경계 혹은 일체감[體]이 불분명해질 가능성도 있다.

그렇다면 공동체가 성립되고 지속되려면 공유의식[共]과 일체감[同]

을 모두 살려야 한다. 그런데 둘 다 살리는 것은 과연 가능할까. 공동체 자체를 위해서라도 이들 가운데 좀 더 우선해야 할 것, 중시해야 할 것이 있지 않을까. 아마 그럴 것이다. 여기서는 그것을 '함께'의 자세 및 의미에 초점을 두고 찾아보려 한다.

공동체의 근간은 '함께'와 '같음'이다. 하지만 공동체가 타자를 배제하는 폭력으로 이어지지 않기 위해 중요한 것은 '함께'다. '같음'에 대한 강조는 '같지 않음'에 대한 배제로 이어지고 갈등의 원인을 제공할 수 있지만, 무엇이든 '함께' 하려는 자세는 '같지 않음'도 어떤 방식으로든 포용하는 언어이기 때문이다. 함께하는 자세가 무엇보다 중요하다. 무엇을 어디까지 함께할 수 있을지, 그 경계의 문제는 그다음이다.

두 사람만 같이 있을 때도 네가 '같다'고 생각하는 것과 내가 '같다'고 생각하는 것의 경계가 다를 때가 많다. 그래도 두 사람 정도라면 그 지점에 대해 합의해 나가는 일은 그다지 어렵지 않을 수 있다. 하지만 관련자들이 더 많아지면 공유 지점의 경계를 설정하기가 훨씬 어려워진다. 어렵게 그 공유 지점을 확인하고, 그 경계를 명시하려고 하는 순간, 그 경계의 안과 밖의 가치와 정도가 다르게 다가온다. 밖을 대하는 태도와 안을 대하는 태도가 달라진다. 나아가 같지 않다고 여겨지는 것은 무시해도 될 것 같은 느낌으로 이어진다.

그렇게 되지 않으려면 공동체의 경계가 느슨해야 한다. 실선이 아니라 점선처럼 타자가 경계 안으로 들어올 수 있는 여지를 남겨놓아야 한다. 그렇지 않고 공동체의 이름으로 경계를 분명히 세우는데만 집중하다 보면, 타자 배제적 행동으로 이어진다. 같음에 대한 중시가 같지 않은 것에 대한 배타로 이어지는 것이다.

공동체 논의에서 '같음'의 문제는 분명 중요하지만, 그것이 폭력이 되지 않도록 하려면 '함께'의 문제를 우선해야 한다. 나아가 함께하는 최종 지점의 경계도 느슨하고 융통성이 있어야 한다. 그럴 때 공동체가 배타적 폭력이 아닌 수용적 평화로 연결된다. 나아가 공동체의 일체감도 공동체가 추구하는 동일한 목적 자체보다는 그것을 '함께'하는 행위를 더 중시하는 데서 찾아야 한다.

같음 보다는 함께

이 책에 실린 일곱 편의 글은 모두 '같음(同)'에 대한 강조보다는 '같음'을 '함께'하는 자세에 초점을 두고 있다. 설령 이런 자세를 명시적으로 표방하고 있지는 않더라도 그런 자세를 함축하고서 글을 전개한다. '함께', '더불어', '같이' 하기 위해서는 자신의 입장을 일부라도 양보할 수 있어야 한다는 생각에 대부분 동의한다. 공동체라는 것은 하나의 단체 혹은 체재이되, 무언가를 서로 함께 공유할 때 유지되는 체재이다. 함께 하기 위해서는 타자 수용적이어야 한다. 타자 수용적이려면 외적 경계가 유연하고 느슨해야 한다. 그런 공동체적 자세가 파편적으로 흩어진 개인주의를 넘고, 타자 배제적 집단주의를 넘어, 인류 연대성의 기초를 놓을 수 있는 것이다. 이런 '함께', '같이'의 자세를 전제하면서 그 내용을 유지해 가야 하는 것이다.

아시아 패러독스

오늘날 아시아 각 지역은 정치·경제적 이해관계가 얽혀 갈등과 반목이 이어지기도 하지만, 오랜 역사적 과정 속에서 공유하는 부분도 적지 않다. 특히 동아시아 지역은 같은 한자문화권에서 속해 있으면서 종교, 사상, 문화적으로 많은 내용을 공유해 왔다. 여행객들은 사람들의 생김새, 복장 및 문자(한자)의 친숙함, 젓가락질 같은 음식문화의 상통성을 종종 느낀다. 이런 문화에 대한 연구도 다양하게 진행되어 왔다.

하지만 현실적으로는 공유에 기초한 조화보다는 다름을 앞세운 갈등이 더 크다. 개인적 차원에서는 국적이 달라도 서로 교제하고 인간적 동질감을 느끼기도 하지만, 집단 내지 국가 차원으로 가면 저마다 국익을 내세우는 데서 오는 정치, 외교적 긴장 상태가 지속되거나 강화되고 있다. 무엇보다 아시아에서, 특히 한중일 삼국 간에는 경제적 상호의존도가 급격히 높아지고 있지만, 정치 및 안보의 측면에서는 갈등이 심화되고 있다. 경제적 차원에서는 서로가 서로에게 의존하고 있는 상황이지만, 과거사 문제나 영유권 분쟁 등으로 인해 정치 안보 분야의 협력은 이에 훨씬 미치지 못한다. 경제적으로는 긴밀하게 교류하면서도 상호간 군비경쟁과 역사 및 영토 문제를 둘러싼 갈등이 심화되는 이런 현상을 이른바 '아시아 패러독스'라 한다. 경제적 교류가 정치적 통합으로까지 이어질 가능성을 보여주는 유럽의 상황에 비교하며 명명된 아시아적 특성이다. 아시아에서는 공동체적 가능성이 유럽에 비해 훨씬 어렵게 느껴진다는 뜻이다. 그 이유는 무엇인가.

아시아 공동체는 가능할까

유럽은 비교적 비슷한 기독교(가톨릭+개신교) 문명권을 오랫동안 겪어 온 측면이 상대적으로 강하다. 이에 비해 아시아에서는 유럽에서 기독교가 미치는 영향에 버금가는 주류 종교 문화 전통은 없다. 물론 동아시아는 유교의 문화적 영향력이 비교적 크지만, 유럽의 기독교문화만큼은 아니다. 대승불교의 영향력도 작지 않고, 지역에 따라서는 기독교 세력도 제법 형성되어 있다. 아시아의 남쪽으로 가면 태국이나 미얀마 등에서 상좌불교 전통이 강하고, 인도네시아, 말레이시아에서는 이슬람이 큰 세력을 형성하고 있다. 인도에서는 주류인 힌두교 문화가 동남아시아에까지 퍼져 있기도 하다.

여기에다가 아시아 각국은 자본주의에 입각한 세속주의적 사고방식에 큰 영향을 받으면서 세계 여느 지역 못지않게 자본주의가 경제 및 문화의 주류를 형성하고 있다. 아시아에서 유럽처럼 상호 소통하는 조직을 만드는 일은 상대적으로 더 어렵다는 뜻이다. 아시아의 상황은 종교적으로 다양하고, 시대적으로는 전근대와 근대가 뒤섞여 있으며, 오랜 동양 문명과 서양 문명이 혼재해 있기 때문이라고 거칠게나마 규정해볼 수 있다.

그렇다고 해서 아시아에서 '같음'[同]을 '함께'[共] 하는 행위 자체가 불가능하다는 뜻은 아니다. EU처럼 단일 경제 공동체를 일거에 만들기는 쉽지 않고, 설령 정치공동체는 거의 불가능에 가까워도, '같음'을 '함께' 하며 갈등을 극복해야 한다는 인식이 확장되고 있다는 사실이 중요하다. '동'의 '공유', 즉 같음을 함께하고 그 지점을 넓혀가는 과정이 평화를 이루는 과정이다. 아시아인이 이런 생각을 공유할 때 아시아적 평화공동체의 기초가 놓이게 되는 것이다.

공동체 담론의 확장을 위하여

이 책은 원아시아재단(One Asia Foundation)의 지원을 받아 성공회대학교에서 개설했던 '아시아 공동체론'의 강의 자료들을 강의자들이 단행본 형식에 어울리게 재구성 및 재집필한 결과물이다. '아시아 공동체론'은 동아시아의 공동가치에 대한 인식을 확산시켜 갈등을 극복하고 평화로 나아가려는 목적으로 개설된 강좌다. 종교 · 사상 · 문화 · 정치 · 경제 등 다양한 분야의 국내외 연구자들이 매시간 옴니버스식으로 동아시아의 비슷한 세계관과 공동의 가치를 의식하면서 아시아 공동체의 가능성과 의미를 탐구하고 학생들과 토론을 진행했다.

그중 강의문을 일반 독자와 만날 수 있도록 확장 집필한 다섯 편의 글(정준곤, 이찬수, 사나다 요시아키, 신현승, 서보혁)에다가, 이 책의 목적에 맞게 새로 쓴 글(김대식)과 이 책의 취지에 어울리는 원로 사회학자의 기존 글(김경동)을 더하니 좋은 단행본이 되었다. 문화적 공유와 정치적 갈등이 병존하는 역설적 상황에 처한 아시아에서 공동체성을 확장시키는 것이 과연 얼마나 가능한가 하는 근본적 물음을 공유하면서, 이 책에 담긴 일곱 편의 글들은 저마다 다양한 시각과 주제 하에 아시아공동체의 가능성을 모색하고 있다.

물론 정치적 단일체가 된다는 것은 불가능하고 또 추진할 수도 없다는 사실을 너무나 잘 알고 있다. 특정 단일 체제를 일방적으로 추진해가는 것보다 더한 폭력적 행위는 없기 때문이다. 그런 공동체의 형성이 아닌, 지역적 다양성을 존중하면서 상호 소통과 교류의 폭을 확장시켜가는 과정이 중요하다. 자기 중심, 자민족 중심, 자국 중심적 행동을 넘어, 서로 안에서 서로를 만나는 공유 지점을 확보하는 행위

와 자세가 중요하다. 이런 관점을 공유하는 이 책이 아시아의 깊은 정
신세계와 문화적 공통성에 대한 이해의 폭을 확장시키는 작은 디딤돌
이 될 수 있다면 더 할 나위 없이 좋겠다.

　강의를 위해 방한해서 정성껏 옥고까지 집필해 주신 일본의 지성,
사나다 선생님, 옥고를 기꺼이 내어주신 한국의 대표적인 원로 사회
학자 김경동 선생님을 비롯해 옥고를 집필하거나 제공해주신 선생님
들께, 그리고 아시아를 넘어 인류의 연대성을 위해 애쓰는 원아시아
재단에도 깊이 감사드린다.

2017년 6월

글쓴이를 대표하여

이찬수

01

지금,
왜
아시아
공동체인가*

정준곤

* 이 글은 성공회대학교에서 진행된 아시아 공동체론
  강의를 기초로 재구성하였다.

필자는 그동안 '아시아 공동체론' 강의를 통해 세계의 여러 대학에서 많은 학생들과 만나고, 또한 그들의 질문을 통해 수업에 대한 관심을 피부로 느낄 수 있었다. 오히려 교수보다 학생들이 아시아 공동체에 대한 관심과 열정이 더 많다는 것을 알 수 있었다.

1. 아시아 공동체론 강의를 바라보는 세 가지 관점

　우선 첫 번째는 열다섯 번의 강의를 전체로 꿰어 볼 수 있는 큰 관점이다. 원아시아재단에서 지원하는 아시아 공동체론 강좌는 모든 대학에서 옴니버스 형식의 수업으로 진행되고 있다. 옴니버스 수업은 성공회대학교에서도 많지는 않을 것이다. 이번 옴니버스 수업을 통해 매주 전공 분야도, 국적도, 배경도 다른 분들이 교단에 서실 것이다. 이 강좌가 왜 옴니버스 수업으로 진행되어야 하는지, 왜 그것이 필요한 건지, 옴니버스 수업을 어떤 관점으로 이해할 것인지 설명하고 싶다.

　이찬수 교수님이 유명한 분들을 초청하셨다. 매 강의는 신선한 자극이 되고 특별한 수업이 될 것이다. 한 분 한 분의 강의도 중요하지만, 더 중요한 것은 열다섯 분의 강의를 어떤 관점으로 꿰어볼 수 있느냐 하는 문제다. 왜 그분이 그 강의를 했을지 전체 시점에서 바라볼 수 있다면 큰 효과를 거둘 수 있을 것이다. 미국의 하버드나 스탠포드 같은 세계 최고 수준의 대학에서도 교양수업에서 옴니버스 강의가 많아지고 있다. 이 강의에서도 옴니버스 수업을 듣는 전체적인 관점의 문제를 많이 이야기하고 싶다.

두 번째는 아시아 공동체의 필요성이다. 수강하는 학생들 중에도 아시아 공동체론이 과연 무엇인지 의문을 가지고 계신 분들이 많을 것이다. 뭔가 정치학적이고 사회학적인 분위기가 느껴지지만, 정확하게 이해하기는 힘든 제목이다. 나도 마찬가지이고 아직도 다 알지 못한다. 어떤 것이 맞다고 딱 잘라 규정할 순 없다. 그래도 나는 정치학에서 말하는 전체적인 틀을 중심으로 이 강좌의 필요성을 이야기하고 싶다.

아마 수강하는 학생들 중에서는 이런 과목이 왜 필요한지 의심하는 사람들도 있을지 모른다. 내가 일본 동경에 있는 한 국립대학에서 아시아 공동체의 필요성에 대한 두 번째 강의를 했을 때였다. 다음 주에 어떤 분이 강의하시냐고 물어보니 그분은 아시아 공동체를 부정하는 견해를 가진 분이었다. 물론 보수적인 분이었다. 국가의 벽을 오히려 공고히 지켜야 한다는 분이었다. 그런 분의 입장도 어느 정도 알아

둘 필요가 있을 것이다. 이해를 해야 할 것이다. 그러나 우리가 어떠한 것의 필요성을 제대로 알게 되면 그에 대한 관심은 높아질 것이다. 필요성을 느끼지 못할 경우에는 접근하기 싫고, 그것을 부정하고 싶어질 것이다. 하지만 필요성을 느끼게 되면 더 절박한 관심과 열정을 가지게 될 것이다. 세계사의 흐름도 알 수 있게 될 것이다.

세 번째는 개념이다. 이 개념도 열다섯 분의 교수님들이 각자 개념 정의를 달리할 수 있을지 모른다. 정치학에는 정치학자의 수만큼 정치학에 대한 다양한 개념이 있다는 말이 있다. 이 강의의 주제에 관해 다양하게 논의되고 있는 개념들을 종합하여 학생들에게 폭넓은 관점에서 소개하려 한다. 경제학을 하시는 분들은 경제적인 관점에서, 국익의 측면에서 강조할 수 있다. 안전보장의 측면에서도 개념 정의를 할 수 있다. 철학과 종교의 관점에서도 얘기할 수 있다.

이 세 가지 관점이 내가 오늘 나누고 싶은 주제다. 그러면 아시아 공동체론의 강의가 옴니버스 형식의 강의로 진행되고 있다는 것을 어떤 식으로 이해해야 하는 것일까?

우선 '아시아'라는 말을 생각해 보자. 아시아를 이해하기는 쉽지 않다. 이 자리에 팔십여 명의 학생들이 앉아 있다면, 학생들 모두 '아시아'라고 할 때 떠오르는 이미지가 다를 것이다. 정치에 관심이 있다면 정치학의 관점에서 아시아를 보려고 할 수도 있다. 관심에 따라, 자신의 이해하는 수준이나 경험에 따라 아시아를 각각 다르게 볼 수 있는 것이다. 아시아의 범위도 실은 15세기, 16세기, 17세기, 오늘에 이르기까지 그때 그때 달랐다. 시대에 따라 변해 왔다는 말이다. 현 시점에 국한해 보아도 대한민국의 외교부에서 아시아를 규정하는 범위와, 일본이나 다른 나라에서 아시아를 규정하는 범위가 다르다.

2. 전체적인 시점으로 다양한 아시아를 다양하게 보라

언젠가 여행을 하던 중에 유럽의 대학생들을 만날 수 있었다. 혹시 아시아와 관련해서 생각나는 것이 있는지 물었다. 여학생 한 명은 애니메이션·영화·음악이라고 했다. 내가 생각했던 아시아의 이미지와는 다른 대답이었다. 지금 유럽에서 대체로 아시아가 그렇게 보일까? 뭔가 전통적이고 고유한 아시아의 문화, 즉 식문화, 차도(茶道), 서도(書道)와 같은 것을 기대했는데 그런 것이 아니었다. 아시아의 모던한 시대 문화나 한류 등에 대해 말하는 학생들의 이야기를 듣고 나니, 나도 아시아를 그렇게 볼 수 있겠구나 싶었다. 그들의 대화를 통해 내가 보는 모습과 우리가 생각하는 것이 다를 수 있겠다는 생각이 들었다. 이처럼 아시아의 개념과 이미지를 나의 관점에서만 단정지어서도 안 되는 것이다. 아시아는 정말 다양하기에 하나의 개념으로 아시아를 단정할 수가 없다. 한 국가에 대해서도 동일할 것이다. 타국을 보는 것도 한 관점에서만, 즉 정치적인 관점에서만 보게 되면 우리가 절대 가까이 가지 못할 수도 있다. 다양한 측면에서 이해하려는 노력이 필요하다.

　친구 사이에서도 마찬가지일 것이다. 만약 한 친구의 잘못된 부분만 보게 되면 그 친구를 사귀고 싶지 않을 것이다. 스포츠를 얘기할 때는 이 친구가 좋지만, 음악을 얘기할 때는 또 다른 친구를 만날 수 있고, 인생의 다른 고민을 할 때는 또 다른 친구를 만날 수 있다. 다양한 친구를 사귈 때 나의 삶은 폭넓어지고 윤택해질 수 있다. 마찬가지로 아시아를 보는 다양한 관점과 다양한 연결 고리를 가질 필요가 있다. 아시아는 같은 시간 대에 영하 30도와 영상 30도의 기온이 공존하고 있다. 우리는 내게 주어진 상황에서 상대방을 보는 데 아주 익숙해 있다. 나에게 익숙한 환경·문화·제도·정보에서 자유롭지 못하다.

　내가 살고 있는 동경에서 중앙아시아의 키르기스스탄을 가려면 교통이 불편해서 왕복으로 최단 시간이 3박 4일이 걸린다. 동경에서 서울을 거쳐서 카자흐스탄에서 1박을 하고 다음 날 비행기를 타고 수도인 비슈케크로 가야 한다. 같은 아시아인데도 미국이나 영국이나 이태리처럼 다른 대륙에 속한 더 먼 나라에 가는 것보다 많은 시간이 소요된다. 그러나 더 본질적인 것은 우리가 중앙아시아에 대해 아는 것이 별로 없다는 것이다. 하지만 그곳에는 우리에게 관심을 두는 사람들이 많다. 그런데 우리는 무관심했다. 보이지 않는 거리의 벽이, 마음의 벽이 있다. 설령 가까운 곳이라도 보이지 않는 마음의 벽들(선입관·편견·차별 등)이 존재한다면 실질적인 거리는 멀어지게 된다. 인도네시아에서도 여러 대학에서 아시아 공동체론 강의가 진행되고 있다. 알게 되면 거리는 좁아지고 다양성이 더 잘 보이게 된다. 인도네시아만 해도 사백구십여 개의 민족이 공존하는 나라다. 이처럼 아시아는 자연환경이나 문화, 역사, 민족, 언어, 종교 등이 너무나 다양하다. 특히 가 보면 가 볼수록 다양하다는 것을 느낄 수 있다.

3. 선입관과 마음의 벽 깨기

우리 과거의 역사를 보면 화려했던 시기도 있고, 아주 어려웠던 시기도 있다. 현재의 한국을 긍정적으로 평가하기도 하고, 미래의 한국을 밝게 상상하기도 한다. 그런데 자세히 보면, 우리는 내 자신이나 내가 속한 국가에 대해서는 그렇게 보고 있지만 타자에 대해서는 그렇지 않은 경우가 많다. 남에 대해서 혹은 다른 국가에 대해서는 때에 따라 어느 과거의 시점에서만 보려고 한다. 혹은 때에 따라 현재의 시점에 대해서만 보려고 한다. 과거를 무시하고 현재만을 보는 것이다. 하지만 어느 한 시점만 봐서는 미래를 볼 수 없다. 미래는 과거와 현재가 있기 때문에 상상하고 추측할 수 있는 것이다. 아시아 공동체 역시 앞으로 우리가 상상해 나가야 할 상상의 공동체다. 과거부터 지금까지를 되돌아봐야 아시아 공동체를 제대로 상상할 수 있다.

아시아에는 개발도상국들이 많다. 우리는 보통 그들을 볼 때 경제적인 기준과 상태에서만 보려고 하는 경향이 크다. 나는 몽골에서 이런 경험을 한 적이 있다. 몽골의 대학에서 강의를 했는데 백오십여 명이 수강했고, 그 학생들은 외국어 과목으로 한국어 혹은 일본어를 많이 선택했다. 강의를 마치고 "여러분들 중에서 한국이나 일본에 가 본적이 있는 분 손 들어 보세요."라고 해 봤다. 내 마음속에는 한 명도 없을지도 모르겠다는 생각이 있었다. 그런데 손을 든 학생이 무려 절반이었다. 나는 잘못된 것 아닌가 싶어 실례를 무릅쓰고 다시 물어 봤다. 그런데도 절반이었다. 나에게 편견이 있었던 것이다. 나에게 그들이 해외에 가기 매우 힘들 것이라는 선입관이 있는 것을 발견했다.

우리는 지금 현재의 몽골을 보고 그들 미래가 밝지 못하다고 생각할 수 있다. 하지만 시간을 과거로 돌려 보라. 800백 년 전의 몽골은 바로 세계를 지배했던 유일한 아시아 국가였다. 그제서야 비로소 나는 미래의 몽골이 새롭게 보였다. 우리의 삶을 지배하는 것은 현재의 경제적인 조건이나 제도보다도, 공동체를 구성하는 사람들이 어디에 관심과 열정을 갖고 살아가느냐 하는 태도라고 할 수 있다. 현재의 모든 기준이 진실을 바르게 직시하고 있다고는 할 수 없다. 사회적으로 열악한 상황 속에서도 그들의 과거와 현재를 두루 통찰함으로써 미래를 가늠할 수 있어야 하는 것이다.

한 사회의 현재의 경제적인 조건이나 상태가 공동체를 판단하는 절대적인 기준이 될 수는 없다. 지금 내가 보는 것은 역사의 과정 속에서 일어나는 한 시점의 상황에 불과하다. 더욱이 개인과 국가를 넘어서 아시아 전체를 보기 위해서는 너무나 다양한 시점이 필요하다. 그런 의미에서 이런 옴니버스 수업은 매우 유용하다. 우리는 부분적인 이해만으로 전체를 안 듯한 착각을 하곤 한다. 세계의 많은 대립과 갈등은 사실 전체를 이해하면 할수록 경솔한 판단을 할 수 없게 한다. 특히 인터넷이 발달한 요즘은 어느 일부를 보고 전체를 본 듯한 착각을 하기 쉽다. 인간관계도 마찬가지다. 전체 스토리를 알게 되면 눈으로 보이는 것이 전부가 아니라는 점을 알게 된다. 한 인간에 대해서도 이러한 접근 방법이 필요한 것처럼 국가 공동체를 이해하기 위해서는 더욱 포용력 있는 자세를 가져야 한다.

19세기 프랑스의 정치학자 알렉스 토크빌(Alexis de Tocqueville)은 이렇게 말한 적이 있다: "만약 여러분이 한 국가에 대해서밖에 모르고 있다면 여러분이 알고 있는 그 한 국가도 실은 모르고 있는 것과 같다." 자신이 속한 공동체를 정확하게 보기 위해서는 아시아의 전체적인 맥락 속에서, 아니면 세계사의 맥락 속에서, 즉 좀 더 큰 틀 속에서 보려는 노력이 필요하다. 실제로는 모두 볼 수 없다고 해도, 적어도 보려고 하는 마음의 자세가 필요하다. 우리 것만을 고집하면 나 자신마저도 제대로 볼 수 없게 된다. 이것이 우리에게 필요한 자세이다.

4. 직접 발을 내딛고, 경험하고, 상상하라

저 먼 곳이 보이지 않으면 내가 가까이 가서 볼 수 있다. 저 먼 곳의 소리가 잘 들리지 않을 경우 가까이 가면 좀 더 정확히 들을 수 있다. 가깝게 갈지 말지는 나의 자유의지다. 나의 상상으로 끝날 수도 있다. 내가 직접 그곳에 갈 때 경험할 수 있는 지식과 정보는 오직 나만이 얻을 수 있는 부분이다. 접근하는 사람만이 얻을 수 있는 것들이다. 인간은 경험을 많이 하면 할수록, 정보를 얻으면 얻을수록 새로운 발상을 하게 되고 이를 통해 새로운 세계에 발을 내디딜 수 있게 된다.

아시아 공동체는 현재 존재하는 것이 아니다. 오히려 기존의 고정관념·기준·가치관을 탈피해서 새로운 상상을 해 보라는 것이 아시아 공동체론의 의도다. 이 강좌가 나를 둘러싼 지역(국가) 공동체에 대한 기존의 고정관념을 넘어 새로운 발상을 할 수 있는 기회가 되기를 바란다.

예를 들면, 역사학에서 진보라는 말은 영어의 'progress'를 일본의 학자들이 번역한 것이다. 이것은 나아갈 진(進)과 걸음 보(步)로 되어 있다. 영국 왕실이 옥스퍼드로, 즉 시민을 향해 접근해 나아갈 때 시민과의 거리가 좁혀지는 것을 역사의 진보로 본 데서 유래한 말이다. 역사의 진보는 우리의 상상력으로 이루어지는 것이 아니라, 실제를 향해 한 발을 내디딜 때 이루어지는 것이다. 지금 현실의 모순과 문제점과 한계를 본 누군가가 상상을 행동으로 옮길 때 역사는 변해 가는 것이다.

5. 국가의 벽을 '졸업'하자

우리는 국가의 틀 속에서 생각하고 그 제도 속에서 움직이는 것에 익숙해져 있다. 이제 그것을 뛰어넘어 보자는 것이다. 그것은 기존 논리와 상식의 연장선이 아니라, 새로운 가치와 논리를 추구하고 도전해 보는 과정이라고 할 수 있다.

'아시아 공동체' 논의는 더 큰 맥락에서 자신을 다시 보기 위한 시도다. 개별 국가를 부정하고 아시아적 연대 기구를 만들려는 시도가 아니라, 오히려 국가의 본래 역할을 더 잘 이해하기 위한 논의에 가깝다. 국가는 필요에 의해 만들어진 인위적인 산물이다. 국가의 역할에 대해서는 대부분의 근대국가들이 헌법에 이를 규정하고 있다. 그것은 개인의 자유와 평등을 보장하고 그리고 국민에게 쾌적하고 평화로운 삶을 제공하는 것이다. 그것을 위해 국가는 인위적으로 탄생된 것이다. 국가를 구성하는 국민들의 필요와 의지에 의해 탄생된 공동체이다. 국민들의 쾌적하고 평화롭고 행복한 삶을 위해서는 끊임없이 변화해야 국가는 그 기능을 지속적으로 수행하며 존속할 수 있다. 그렇지 않다면 존속할 이유가 없다. 그 변화의 연속선상에서 아시아 공동체를 생각하면 되는 것이다. 국가의 역할과 행태가 절대적이라거나, 영원히 지속된다고는 어느 누구도 생각하지 않는다. 변해 가야 할 존재다.

이것을 잘 이해하기 위해 졸업(卒業)이라는 개념을 소개한다. 졸업이라는 용어는 사회과학과 잘 어울리지 않는 개념이다. 우리는 모두 졸업을 경험했다. 초등학교 6년을 생각해 보자. 초보적이고 기초적인 지식과 정보와 경험을 습득했던 시기다. 그 과정을 졸업하면 다음 단계로 나아간다. 중학교에서도 역시 마찬가지다. 그렇게 각 단계를 졸업해서 자신들의 자유의지에 의해 최선의 선택으로 지금 여러분들은 대학교 강의실에 앉아 있는 것이다. 그런데 만약 학생들이 지금 좋은 환경, 최고의 자아를 실현할 수 있는 곳에 와 있다고 해서 이 대학교를 졸업하지 말고 평생을 대학생으로서 머물러 있으라고 한다면 어떻게 느낄까? 아무도 그렇게 하고 싶지 않을 것이다. 고통스럽고 괴로워, 어떤 방법으로라도 졸업하려고 할 것이다. 시간과 상황의 변화에 따라 졸업해 다음 단계로 나아가는 것이, 즉 새로운 형태의 삶을 살아가는 것이 여러분의 삶을 더욱 자유롭고 쾌적하며 행복하게 하는 것이다. 이것은 지금까지의 과정을 부정하는 것은 아니다. 우리가 살고 있는 국가도 이와 마찬가지라고 할 수 있다.

우리가 살고 있는 국가를 좀 더 정확하게 이야기하자면, 국민국가의 개념으로 설명할 수 있다. 국민이 주체이며 주인공이다. 국민 개개인의 권리를 보장하기 위해 국민의 의지에 의해 만들어진 것이 국가이다. 그런데 국가는 크게 보면 큰 벽 속에 들어 있다. 제도적인 틀 안에 있다는 말이다. 그런데 국민들의 합의로 만들어진 민주주의의 법률(제도)과 개인의 자유와 평등이라는 권리는 어떻게 조화시킬 수 있을까? 이 큰 틀이 근대국가를 만드는 중요한 제도적 요소인 것은 분명하다. 하지만 이 제도만 가지고는 국가가 이루어지지 않는다. 국민을 내면적으로 통합할 필요가 있는 것이다. 다른 말로 하면 국민화가 필요한 것이다. 우리는 역사와 문화와 언어와 전통과 미디어 등을 통해 공통된 의식을 공유할 수 있게 된다. 이러한 것을 통해서 근대 국민국가는 만들어졌다. 물론 국민국가란 틀 속에서 보다 자유롭고 쾌적한 삶을 영위한 측면도 있다. 그러나 국민 이외에 대해서는 배타적일 때가 많다. 국가를 제도의 차원에서만 상상하는 데서 벌어지는 일들이다.

제도적인 것은 국가에 초점을 둔 접근 방법으로서, 국가의 이익이 무엇일까 질문하는, 이른바 정치·경제·안보·환경·에너지와 같은 국익과 연결된 접근 방법이다. 기존의 지역통합론 접근 방법의 대부분이 바로 여기에 해당된다. 그러나 그것만 가지고는 하나가 될 수 없다. 부부가 되는 것에도 혼인신고만 가지고 안 되지 않는가. 물론 법적으로 성립할지 모르겠지만 내면적 하나됨이 필요한 것이다. 즉, 개인의 내면적 접근 방법도 필요하다. 예를 들면 문화·교육·역사 · 철학 등을 통해 개인이 가지고 있는 부분적 이해 · 지식 · 정보 · 편견 · 선입관의 벽을 좀 더 낮추어 갈 수 있다. 타자에 대한 편견과 선입관이 있다면 그들과 하나가 될 수 없다. 한일 관계를 보더라도, 영토의 문제와 역사의 기억들은 쉽게 우리가 졸업할 수 없는 부분들이다. 졸업은 과정이 필요한 것이다. 서로가 정확하게 이해하고 인식해야 현 단계를 졸업하고 다음 단계로 넘어갈 수 있다. 그래서 서로가 이런 국가적인 접근 방법과 개인에 초점을 둔 접근 방법을 필요로 한다.

6. 사람의 이동: 다양성과 포용을 통한 융합

이제 세계의 변화에 관한 사례들을 통해서 아시아 공동체의 필요성에 대해 주목해 본다. 문화인류학에 의하면 현생 인류는 적어도 육만 년에서 십만 년 전에 아프리카에서 시작된 이동을 통해서 일정한 지역에서 고유한 전통과 문화와 공동체를 만들어 왔다. 인류의 이동에는 크게 두 가지 흐름이 있다.

첫 번째는 정치적인 박해나 경제적 빈곤을 탈피하기 위해서 국경을 넘는 경우다. 이러한 현상은 인류가 탄생한 이래 지금도 앞으로도 계속되고 있다. 지금 현재 세계 난민은 대한민국 국민의 숫자보다 더 많은 육천만 명이 넘는다. 난민의 문제는 한 국가의 문제를 넘어 인류에게 주어진 커다란 과제다. 더욱 확대되고 있는 또 하나의 이동은 우수한 인재들이 선택적으로 국경을 넘어간다는 것이다. 여러분들도 선택하여 국경을 넘어갈 것이다. 세계 모든 국가들과 기업들은 우수한 인재를 스카웃하기 위해 경쟁하고 있다.

예를 들어 여기 과학자들의 이동에 관한 데이터를 하나 소개한다. 각국의 우수한 외국인 연구자의 비율이다. '네이처'에 발표되었던 16개국의 통계 데이터다. 우수한 외국인 연구자가 많다는 것은 그 국가나 기업의 경쟁력이 높다는 것이다. 스위스(57%), 캐나다, 오스트레일리아, 미국, 스웨덴(38%)의 순으로 외국인 연구자가 많다. 이 자료는 외국인 연구자 비율만 설명하고 있는 것이 아니고, 우수한 젊은 연구자들이 이동할 때 가장 큰 장벽이 되는 것에 대해서도 보여주고 있다. 그것은 폐쇄적인 문화와 제도다. 경제적인 이유만으로 이동을 결정하지 않는다. 나의 가족과 내 자신을 차별하는 편견이 많은 사회나 기업은 선택하지 않는다. 폐쇄적인 문화와 제도가 있는 곳은 젊은이들이 이동을 주저한다. 다양한 인재를 받아 줄 수 있는 포용력이 있는 사회를 선호한다는 것이다.

다른 데이터는 각국의 외국인 비율이다. 룩셈부르크와 스위스 등과 같은 대부분 선진국들은 10%대가 넘는다. 물론 아시아에서도 도시국가인 싱가포르와 홍콩은 42%가 넘는다. 참고로 대한민국은 최근에 3.4%, 일본이 1.67%라고 나와 있다. 한국과 일본은 단일민족을 강조하는 국가다. 또 다른 데이터는 세계 각 도시의 외국인 비율이다. 대부분 선진국 중에서 아주 활성화되어 있는 도시들은 외국인 비율이 20~40% 수준이다. 상대적으로 서울과 동경을 보면 각각 약 4%와 3% 이다.

도시는 근대국가의 발전에 가장 중요한 역할을 했다. 유럽이든 아시아이든 도시를 빼놓고는 근대국가의 발전을 생각할 수 없다. 도시의 발전이 바로 국가 발전의 원동력이다. 예를 들면 하버드대학교의 그레이즈 교수는 '도시는 인류 최고의 발명품'이며, '도시는 바로 인류 혁신을 이끄는 발전소'라고 했다. 도시는 나와 다른 다양한 백그라운드와 문화와 경험과 전문 지식을 가진 다양한 사람들이 모이는 곳이다. 그렇게 해서 서로가 서로를 자극하고 융합하여 새로운 것을 창조해 나가는 곳이 도시인 것이다. 다양성과 포용을 통한 융합이 일어나는 곳, 전문 지식으로 무장하고 창의력이 넘치는 인물들이 서로 교류하는 곳이 도시다. 단순하게 충성심과 단결력을 강조하는 곳이 아니다.

지금까지 국민국가들은 그 내적인 단결력과 충성심을 강조해 왔다. 모리시마 미치오(森嶋道夫) 교수는 1984년에 나온 『일본은 왜 성공을 했느냐』라는 책에서 충성심과 조직에 대한 단결력이 일본 발전의 원동력이 되었다고 했다. 그리고 1998년에는 『일본은 왜 멸망하는가』란 책에서도 일본의 조직과 국가에 대한 충성심과 단결력이 일본을 망하게 하는 이유라고 했다. 지금 시대에서는 조직에 대한 충성심 · 단결 · 조직력보다는 개인의 자유롭고 풍성한 삶을 바탕으로 융합과 다양성을 통해 창의력을 발휘해야 하는 것이다.

7. 국민국가를 뛰어넘어, 다양성의 열린 공동체로

현재 세계에서 가장 창조적인 기업문화와 새로운 기술과 산업을 만들어 내고 있으며, 지금 현재 모든 기업들이 벤치마킹을 하고 있는 곳이 어디인가? 바로 실리콘밸리다. 실리콘밸리는 미국의 캘리포니아에 있지만 실리콘밸리의 70%는 이민자들로 구성되어 있다. 그들은 서로 다양한 자극과 교류를 통해서 상상할 수 없는 새로운 기업문화를, 새로운 산업과 기술을 만들어 내는 것이다. 벤치마킹만 하는 것이 아니라 우리 사회나 기업에도 그런 문화를 만들어야 하는 것이다. "실리콘밸리는 무엇을 의미하는가?"라는 질문에 대해 스탠포드 대학의 총장은 우수한 인재들이 모일 수 있게 하는 다양성과 포용성의 문화적 지역이라고 답한 바 있다. 인종과 국적, 문화와 종교, 학력 등 그들의 백그라운드가 전혀 제한을 받지 않는다는 것이다. 그것이 바로 지금의 실리콘밸리를 가져왔다.

아시아 공동체 논의를 하는 것은 한마디로 말하자면 국민국가를 뛰어넘자, 졸업하자는 것이다. 우리보다 먼저 국민국가를 뛰어넘으려고 한 지역이 있다. 바로 유럽 공동체(EU)다. 유럽 공동체가 성립한 이유로 대부분의 학자들이 세 가지를 들고 있다. 첫 번째는 공통된 가치관이 있었다는 것이다. 공통된 종교 · 문화 · 역사를 가지고 있었다는 뜻이다. 두 번째는 공통된 목표와 이익이 있었다는 것이다. 경제와 지속 가능한 발전을 위해서 그들은 하나가 되었다. 1 · 2차 대전을 통해 그들은 평화와 안전이 필요했고, 처음에 석탄 · 철강 공동체로 시작했던 것이다. 세 번째는 공통된 적과 라이벌이 있었다는 것이다. 소련이 존재했고 글로벌화와 함께 미국이 등장했다. 그것이 유럽을 하나로 묶는 중요한 역할을 했다. 그런데 이 설명을 역으로 생각해 보면, 공통점이 있기 때문에 하나가 되었다는 것은 공통점이 없으면 배제된다는 논리다. 상대적이고 배타적이고 폐쇄적인 논리다. 그리고 이것은 다양성으로 설명되는 아시아의 경우 하나의 공동체로 형성되는 것이 불가능하다는 논리로 연결된다.

다양성이야말로 우리에게 필요한 가장 중요한 요소다. 그러한 다양성을 우리가 어떻게 제도화시키고 틀을 만들어 갈 것인가, 그것이 바로 우리 모두에게 주어진 과제다. 아시아 공동체의 형성이 타지역과의 대립과 불안의 요소가 되어서는 안 된다. 아시아 공동체 형성으로 아프리카나 미국이나 유럽이 불안을 느낀다면 지구 상에 새로운 불안 요소를 가져오는 것이다. 그것은 냉전 시대와 동일한 요소라 할 수 있다. 그래서 아시아 공동체는 아시아에서 시작하지만, 지역 개념에 한정되지 않는, 소위 말하는 열린 공동체가 되어야 한다. 우리의 최종적인 목표도 아시아 공동체가 아닐 것이다. 세계가 하나가 되어 가리라는 커다란 비전을 가지고 한 단계 한 단계 나아가야 한다.

여기서 아시아 공동체의 개념을 간단히 정의 내려 보고자 한다. 아시아 공동체 논의에서 열린 공동체란 우리가 지역적인 개념에만 구속될 필요가 없다는 뜻이다. 물론 시작은 그렇게 할 수밖에 없다. 그러나 아시아에 구속되지 않고, 개인이 가지고 있는 무한한 가능성을 어떻게 확대할 수 있을 것인지에 초점을 맞춰야 한다. 개인이 가지고 있는 다양하고 풍성한 전통과 개성을 존중할 수 있는 공동체에 초점을 맞추고 만들어 가야 한다. 현재의 자본주의 룰이나 민주주의 틀에 맞추어 가자는 것이 아니라 오히려 거기에 도전해 보자는 것이다.

8. 아시아 공동체론 강의를 끝내며

아시아 공동체론은 어떤 의미로 인류 스스로가 만들어 왔던 낡은 벽을 하나하나 졸업해 나가는 과정이다. 낡은 것을 그대로 가지고는 졸업할 수 없고 다음 단계로 나아갈 수 없다. 특히 정치가들은 국가와 국민만을 너무 강조하지만, 국가와 국민이라는 개념에 구속되지 말아야 한다. 다양한 민족, 다양한 문화, 그리고 다양한 가치로 구성되는 시민사회에서 살아야 한다. 인간은 서로 닮은 사람끼리만 그룹을 형성하는 것이 아니다. 같은 비전과 방향을 향해 나아갈 때 서로 닮아 갈 수 있다는 상상을 해야 한다. 그래서 우리는 국가뿐 아니라 국가 속에 있는 개인과 개인을 연결하는 노력을 해야 할 것이다.

　마지막으로 아시아 공동체를 형성한다는 것은 단순한 국가 간의 제도적인 통합만을 의미하는 것이 아니다. 지금까지의 제도나 가치 관을 졸업해서 앞으로의 시대에 필요한 새로운 패러다임의 전환을 이 루는 것이다. 그것을 통해서 새로운 가치관・새로운 세계관・새로운 국가관을 가지고 이 사회가 필요로 하는 개혁을 각자가 제안하고 만 들어 나가야 한다. 이것은 로널드 잉글하트(Ronald Inglehart)가 말한 것 처럼 조용한 의식 혁명을 동반하는 것이다. 단순히 제도적으로 아시 아가 하나 된다는 논리가 아니다. 시간은 걸리겠지만 그것이 갖춰졌 을 때 이 사회를 변화시킬 수 있는 큰 원동력이 될 것이다. 국가의 벽 을 넘으려는 노력과 연습을 해야 한다.

02

아시아란
무엇인가?*

- 인식과 정체의식

김경동

(서울대학교 명예교수)

 * 서울대학교 아시아연구소, 『아시아리뷰』창간호
(2016.06)에 실린 동일 저자, 같은 제목의 글을 저
자와 연구소의 허락을 얻어 게재했다.

1. 서론

"우리는 근대성의 역사적 경과를 진실로 역동적인 과정으로 인식해야만 한다. 말하자면 근대성의 중심이 어떤 특정 지역에 고정되어 있지 않고 동아시아가 전 지구적 근대성의 새로운 무대가 될 수도 있는 것이다."[1] 이것은 1989년 필자가 한국사회학회 회장 자격으로 서울에서 개최한 '21세기 아시아: 도전과 전망'[2]이라는 주제의 국제회의에서 티리야키안 교수가 한 말이다. 티리야키안 교수는 이미 그 전에도 근대화의 '진원지'가 북아메리카에서 동아시아로 이전 중에 있다는 발언을 한 적이 있고,[3] "우리는 현재 전 지구적 중심축이 이행하는 시대에 있다."고 선언한 일도 있다.[4] 그 후 1990년대에 홍콩에서 열린 한 국제회의에서도 '21세기의 아시아'라는 주제를 내걸었고 거기서 제기한 주요 쟁점은 '과연 21세기는 '아시아의 세기'가 될 것인가?'라는 것이었다.[5]

다만 이 두 모임은 21세기를 목전에 둔 시점, 아시아에 금융 위기가 닥치기 전, 그러니까 이러한 낙관적 전망이 가능했던 시기에 개최되었다는 점을 염두에 둘 필요가 있다. 그런데 신세기를 맞이하고 나서는 '유교적 동아시아의 상승'[6] 혹은 '아시아의 상승'[7]이라는 오히려 더 적극적인 언급이 등장하기 시작하였다. 특히 이 중 마부바니는 근대 자본주의의 중핵인 월스트리트발 지구적 금융 파탄의 쓰나미가 휩쓸기 전에 이 저서를 출간했을 개연성이 높아서 그런 낙관적 상념이 가능했겠지만 다음과 같은 언명을 하였다. "서방의 상승이 전 세계를 송두리째 변용시켰다. 아시아의 상승도 그와 똑같이 의미 있는 변용을 가져다 줄 것이고 … 세계에도 유익한 결과가 올 것이다"[8]

이제 2008년의 전 지구적 불황을 지나는 사이 세계열강이 특별히 주목하기 시작한 나라가 우뚝 서기 시작하였다. 예컨대 2009년 8월 10일 자 주간지 『타임』은 "중국이 세계를 구할 수 있는가?"라는 표제 하의 특집을 실었다.[9] 『타임』지의 주간 격인 이 필자는 언론인 특유의 신중함을 유지하면서 자신의 견해 대신 『중국이 세계를 통치할 때: 서방세계의 종식과 새로운 지구적 질서의 탄생』이라는 책을 저술한 학자 자크(Martin Jacques)의 말을 인용하고 있다. "중국은 더욱 강성하게 성장하여 궁극에는 앞으로 반세기, 아니 오히려 더 이른 시기에, 세계의 지도급 강대국으로 변신할 것이다." 이런 견해는 오바마 대통령의 '미국과 중국의 관계가 21세기의 틀을 짜게 될 것'이라는 담화문에서도 발견할 수 있는데, 이 기사는 미국이 중국뿐 아니라 인도와 일본 같은 아시아의 강대국과도 관계를 맺어야 한다는 사족을 달았다(사실 한국처럼 근자의 경제 위기를 거치며 비교적 굳건히 견뎌 낸 아시아의 다른 나라들도 그 명단에 포함해야 할 것이다).

이상의 배경적 관찰을 염두에 두고 과연 가까운 미래에 실지로 21세기가 '아시아의 세기'가 될지는 더 두고 봐야 할 것이라는 조심스러운 생각을 가질 필요도 있다. 그런 목표를 달성하기 위해서는 아시아가 성취해야 할 사항들이 한두 가지가 아닐 것이며, 이를 실현하기 위해서는 다각도로 구체적인 노력도 따라야 한다. 물론 우리가 이 문제를 다루기에 앞서 "아시아란 과연 무엇인가?"라는 질문부터 우선적으로 제기해야 할 것이다. 다만 여기에 답하기 위해서는 역사 · 문명 · 문화 · 사회 · 정치 · 경제 기타 여러 측면에서 아시아가 의미하는 바 실체를 규명해야 할 것이지만, 본고의 취지는 거기에 있지 않음은 두말할 나위도 없다. 지금으로서는 공식적으로 지칭하는 지리적 대륙의 하나인 아시아라는 것 말고는 아시아를 정확하게 규정하는 일이 그리 단순하지 않기 때문이다.

기본적으로 아시아가 무엇을 뜻하는지에 대해 의미 있는 담론을 이끌어내기 위해서는 어떤 유용한 생각의 틀이 있을지를 탐색해야 할 것이다. 이 글의 주목적은 그러한 생각의 틀을 고찰하는 것이다. 이를 위해서 우선 권역 내외에서 그동안 아시아를 어떤 눈으로 보아 왔는지를 검토해야 할 것이다. 여기에서는 편의상 아시아 밖의 세계를 유럽과 북미로 한정하여 살펴보기로 한다. 따라서 이 글에서 말하는 외부

의 관점이란 서방의 것을 가리키고 내부의 자가인식 또는 자아정체의
식이란 아시아 사람들 자신의 것을 말한다. 그리고 이러한 비교 고찰
은 주로 근대화와 전 지구화라는 인류 문명사의 두 가지 큰 흐름의 맥
락에서 이루어질 것이다. 이를 위해서 특별히 근대화에 관한 필자 나
름의 이론적 관점을 간략하게나마 소개하고자 한다. 2장에서는 서방
세계의 사회과학 및 인문과학이 아시아를 어떻게 인식해왔는지를 개
관하고, 그러한 관점에 대한 아시아 자체의 반응과 자가인식을 살펴보
기로 한다. 이에 대한 이론적 논의는 3장에서 이어질 것이다.

2. 서방 지성의 눈에 비친 아시아

1) 차이의 부각

첫 번째로 주목할 사항은 서방 지성계가 서방과 아시아 사이의 주
요한 차이를 부각시키고 이를 설명하려는 시도다. 이를 위해서 유럽
의 학자들은 하나의 뭉뚱그려진 문화적 실체로서 유럽의 자가 정체의
식을 의미 있는 방식으로 설정하는 과업을 수행해야만 하였다. 적어
도 역사적 시각에서 볼 때 최초의 이러한 시도는 기독교적 세계관에
기초하고 있는 서양이 동방의 이슬람 세계관을 압도하려는 종교적 쟁
투에서 비롯하였다.

16세기경에 이르러 유럽의 세력이 무슬림 세력과 벌인 전쟁에서 승리하면서 유럽이라는 단일한 정체의식을 수립하게 되었다. 이에 앞서 1492년 콜럼버스가 신대륙을 발견함으로써 해외 원정을 시작하였고 이 과정에서 서방과는 사뭇 '다른' 인종과 문화에 접하게 되었으며, 이로써 그처럼 미개한 사람들과 자신들을 차별화하는 기회를 가질 수 있었다. 시초에 기독교적 세계관을 바탕으로 성립한 유럽의 정체의식은 이제 이교도적인 원시인들과 극명한 대조를 이루는 '문명 세계'라는 세속적 정체의식으로 새롭게 정립할 수 있게 되었던 것이다.[10]

계몽주의 시대에 이르러 비로소 유럽은 문명, 진보, 과학기술의 발달 그리고 근대 자본주의를 바탕으로 부를 축적하게 되면서 세계의 모든 문화권보다 우수하다는 자신감을 갖게 되었으며 이를 공개적으로 밝히기 시작하였다. 그 후 산업혁명으로 경제적·군사적 역량을 갖추게 되면서 유럽은 아시아를 포함하는 전 세계의 수많은 나라를 제국주의 침탈의 대상으로 삼고 식민지로 복속시키는 데 성공하였다. 이로써 서방은 이제 세계 모든 지역이 미개하고 야만적인 데 비해 자신들만이 '문명한' 족속들임을 공공연히 주장하기에 이른 것이다. 20세기로 접어든 다음, 특히 제2차 세계대전이 끝난 후에는, 미국이 경제·군사·과학에서 헤게모니를 장악함으로써 서방문명의 중심이 유럽에서 아메리카 대륙으로 이동하게 되었다. 종전 후 미국이 주도한 근대화-개발의 과업은 당시 '미개발·저개발·개발도상 상태(undeveloped, underdeveloped, less developed, developing)'에 놓여 있었던 이른바 '후진 상태의(backward)' '제3세계'를 '우리(US, 즉 '우리'를 의미하면서 혹은 the United States의 약자를 암시하기도 함)'와 같이 되도록 만드는 것이었다. 한마디로 이들이 생각한 근대화는 명백하게 '서구화(westernization)' 아니면 매우 특정하게 '미국화(Americanization)'라는 것이었다.[11]

이제부터 소개하는 것은 유럽인들이 간파한 동서양 간의 차이에 대한 논의 중에서 특별히 주목할 만한 사례들에 대한 개략적 서술이라 하겠다.

첫째, 계몽주의 시대의 몽테스키외(Montesquieu)는 아시아의 제국들을 특징지을 때 토지를 독점적으로 전유한 통치자가 일반 국민들에게 재산 소유권을 인정하지 않았던 사실에 주목하여 '동양적 전제정치'라 지칭하였다. 그뿐 아니라 그는 유럽이 자유로운 사회인 데 비해 아시아는 '복속(subordinate)' 사회로서 피부색이 다른 인종을 노예로 인정한다고 지적하기도 하였다.[12][13] 한편 동인도회사의 관료였던 제임스 밀(James Mill)은 인도의 전통과 문화를 완전히 원시적이며 미개한 것으로 멸시하고 그처럼 야만적인 나라를 대영제국의 자비롭고 개혁적인 행정으로써 한 단계 향상시키는 것이라고 갈파하였다.[14] 제임스의 아들 존 스튜어트 밀(John Stuart Mill)은 중국이 과거에는 수많은 업적을 쌓았지만, 전제적인 관습의 장애로 인하여 중국인들의 심성이 마치 저들의 전족처럼 오그라들고 삐뚤어져 보수성은 강해지고 개인의 가치를 잃어버리게 되었다고 보았다. 그러므로 서방의 식민지정책이나, 상업 및 교회 등의 힘을 빌려 그와 같은 낡은 사회구조를 파괴하고 유럽의 원리대로 재건하는 것이 동방에게 남은 최선의 희망이라고 주장하였다.[15]

둘째, 19세기의 유력한 사상가들인 헤겔(G. W. F. Hegel)이나 마르크스(Karl Marks) 등도 이전의 몽테스키외가 제시한 동양적 전제정치의 관념을 기본적으로 이어 갔다. 헤겔은 아시아는 일반적으로 전제정치를 실천하는 곳으로서 역사주의 철학의 관점에서 볼 때 거대한 역사적 기획의 유아적인 단계에 머물고 있는 것으로 규정하였다. 나아가 동양을 아무런 진보도 이룩하지 못하는 비역사적 역사로 간주하였다.[16] 마르크스가 비록 헤겔의 역사관을 유물론으로 뒤엎기는 했지만, 아시아에 대한 견해에서는 헤겔의 역사주의에 기초한 편견을 그대로 답습하여 "인도는 알 수 있는 역사가 없다."라든지 "중국은 흐르는 시간의 의식이 없는 나라다."라는 식의 언급을 하고 있다. 물론 그의 유명한 '아시아적 생산양식론' 역시, 그것이 정상적 자본주의 이행을 저해하는 세계역사의 보편적 발전의 '일탈적' 사례로서 동양적 전제정치를 영속시키는 물질적 토대임을 강조하고 있다. 그가 보기에 중국은 전제군주와 보수적 관료엘리트 집단이 지배하는 봉건사회로서 바로 이와 같은 아시아적 생산양식의 영향 아래 있었던 것이다. 마르크스는 인도에 대해서도 전제정치와 미신과 나태를 종식시키고 근대적이고 세속적인 사회가 생성하도록 해준 점에서 심지어 영국의 식민 지배를 정당화하기조차 하였다.[17]

셋째, 이 문제를 다루면서 막스 베버(Max Weber)를 언급하지 않을 수 없다. 베버의 거대한 학문적 작업 중 하나는 서구에서 발흥한 근대 자본주의가 어찌하여 동방에서는 일어나지 않았는지를 설명하기 위한 것이었으며, 이를 위해서 아시아 주요국의 사회구조와 제도, 그리고 문화와 그 기저에 깔린 상징들을 유럽과 비교하였다. 그의 방대한 업적을 요약하는 것은 이 글의 범위를 넘는 것이므로 그 요점만 개괄하면 다음과 같다. 베버의 아시아관은, 중국과 인도에서 과학·법률·도덕·윤리의 영역을 포함하는 모든 문화가 보편화와 보편성의 방향으로 사회적 친교 관계 맺기(fraternalization)를 이행하는 데 결정적으로 수반되어야 할 경험 결여를 강조하고 있다. 사회관계와 거기에 관여하는 문화의 보편화 현상이 동방 사회에서는 성립하지 않았던 것, 이것이 베버의 아시아관의 핵심이라 할 수 있다.[18]

이를 뒷받침하는 현상으로 베버가 지적한 것은, 아시아 사회에서 합리적 근대 자본주의 형성에 필수적인 합리화와 합리성의 전개를 방해하는 요소들이다. 사회 영역에서는 가산제적 국가 관료제와 카스트 신분제, 문화 부문에서는 세속 세계와 초월적 세계 사이의 실존적 긴장의 결핍이 그것이다.[19]

넷째, 에밀 뒤르켐(Emile Durkheim)은 아시아 연구에 깊이 관여하지 않았으나, 그의 가까운 동료 중에 두 사람, 셀레스탱 부글레(Célestin Bouglé)와 마르셀 그라네(Marcel Granet)는 각기 인도와 중국에 대하여 상당한 연구를 수행하였다. 부글레는 인도의 카스트 신분제도는 분업의 혁신과 개인의 자유를 위한 조건으로서 사회적 이동을 저해함으로써 근대성의 성립을 불가능하게 만들었다고 본다. 한편 그라네는 특히 한자에서 개발과 근대화를 차단하는 요인을 찾으려 하였다. 한자는 구상적인 대상을 형상화한 표의문자인 까닭에 그 기본적인 표현은 과거지향적인 특성을 띨 수밖에 없으며, 근대적 이론이나 근대과학의 창출에 적합하지 못하다는 것이 그라네의 견해다.[20]

이와 유사한 예로 로버트 로건(Robert Logan)의 문자 표기법에 대한 연구를 들 수 있는데, 그는 문자 표기법의 차이가 문명의 진화에 미치는 극적인 영향에 주목하였다. 중국의 구상적인 상형문자 표기법은 총체적이고 직관적이며 다신론적인 문명을 산출한 데 비해, 선형적이고 추상적이며 비상형문자인 서방의 알파벳 체계는 과학적이고 합리적이며 유일신적인 문명을 자아냈다는 것이다. 또 사람 이름이나 주소를 적는 법에서도, 동아시아의 한·중·일 삼국에서는 봉투에다 나라·시도·주소지·거리·번지 다음 이름의 순으로 기록하며 사람 이름도 성 다음에 각 개인의 이름을 적는다. 이러한 표기법의 문화적 함의를 살펴보면, 동방의 사유는 무언가 거대한 것에서 시작하여 가

장 작은 단위로 끝나는 순서를 밟는 데 반해, 서방의 사고 순서는 그 반대라는 것이다.[21]

다섯째, 철학·종교·과학 분야의 지식이 지닌 성격에서 동서양의 대조를 지목한 사례는 노스롭(F. S. C. Northrop)의 연구에서 찾을 수 있다. 그는 "대체로 동양에서는 사물을 탐구할 때 심미적 구성 요소에 주목하였고, 서양에서는 이론적 구성 요소에 주안을 두었다."는 것을 정식화하고 있다.[22] 이러한 그의 인식론적 추론을 이 자리에서 깊이 검토할 수는 없으나 다음에 인용하는 문장에서 집약적으로 표현한 것이 실은 동방학문에서 격물치지의 방법론에 해당하는 것임을 알 수 있다.[23]

구체적인 경험적 지식은 체험에서 얻어야 한다. 이 명제는 어떤 의미에서는 모든 문화의 공통적 진리다. 그런데 동방에서 이는 매우 특이하고 훨씬 더 근본적인 방법으로 얻어지는 진리다. 동방의 천재적인 통찰에서는 특별한 형태의 지식을 발견했는데, 서방과는 달리 오로지 즉물적 경험으로만 알 수 있는 사물의 본성이 한 부분에 대해서 집중적인 주의를 지속적으로 경주한 것이다.[24]

서양에서는 항상 관찰 이상의 것, 단순한 경험으로 직접 검증할 수 없는 것을 주장한다. 오히려 선험적으로 가설을 제시하고 적어도 부분적이나마 실험적으로 검토한 연역적 결과에 의하여 간접적으로 검증하기가 일쑤다. 이런 과정은 심지어 종교적 지식과 예술에도 적용하는 것이 특징이다. 그러나 가령 동양의 화가에게는 어떤 대상을 그리는 과정 어디에서도 어떠한 지식 혹은 이론적으로 형성한, 과학적으로 검증한, 공리적으로 규정한 이론의 응용을 요구하지 않는다. 삼차원적인 물리적 대상이라는 주제의 상식적 개념조차도 불필요하다. 동양의 화가가 습득해야 할 첫 번째 숙제는 공리적으로 삼차원적이라 규정한, 상식적인, 외재적 대상에 대한 어떠한 조회도 필요 없는, 순수하고 총체적인 모습으로 즉물적으로 체득한 심미적 연속체(삼차원적 공간에 일차원적인 시간을 더한 사차원)의 심미적 요인들을 즉각적으로 터득하여 포착하는 역량이다.[25]

여섯째, 1960년대를 전후한 근대화와 발전론의 문헌에서는 한 가지 공통적인 사고의 흐름을 읽을 수 있다. 소위 서방(the West)과 기타 지역(the rest)이라는 이분법적 대비에서 전자는 선진적이고 발전한 근대화한 사회인 반면, 후자는 후진적이고 저개발 상태의 비근대화 사회라는 관념이 지배적이었다. 이런 이분법은 근대와 전통이라는 대비로 전이하여 비서방 세계의 전통을 발전과 근대화의 대표적인 저해 요인으로 지목한 것이다. 아시아에서 이러한 방해꾼은 물론 유교·불교·힌두교·이슬람 등 종교적 전통의 보수적 지향, 권위주의적-위계서열적 사회구조, 특히 가산제적 특성을 띤 중앙집권적 권력 구조, 경직된 사회제도, 특수주의적 사회관계, 집합주의적 개인 경시, 지위와 특권의 귀속적 부과, 정의적 인정주의, 분산된 사회적 역할, 그리

고 주로 파슨스류(Parsonian)의 구조기능주의적 논지를 반영하는 것들이었다.[26]

(1) 서방 지성의 성찰: 오리엔탈리즘과 기타 유사 논지

가령 노스롭이나 아마도 베버 정도의 예외는 있었으나, 위에서 언급한 아시아와 서방의 대조 속에는 아시아에 대한 서방 지성의 경멸과 편견이 깃들어 있었다. 이러한 선입관에 대한 서방 지성의 자성이 고개를 들기 시작한 것은 흥미롭게도 서방이 수세기 전에 개시한 전지구적 근대화의 부산물이었다. 지금쯤은 그들 스스로가 말하는 소위 '성찰적 근대화'라는 말이 꽤나 익숙해진 셈이다.[27]

그런데 이와 같은 '성찰성(reflexivity)' 자체가 실은 서방이 창출한 근대성의 본질로 이미 작용하고 있었다는 주장이 등장한 것이 더 흥미롭다. 이러한 논조의 대표적 인물이 다름 아닌 아이젠슈타트라는 사실도 주목을 요한다. 서부 유럽에서 출발한 근대화가 세계 곳곳으로 퍼져 나갔다고 말했던 아이젠슈타트는 이제 이렇게 말하고 있다. "여러 상이한 중심부와 엘리트들이 선포한 각양의 해석들 사이의 대결은 근대성의 문화적 과업 속에 내재하는 모순과 거기에 이미 배태해 있던 개방성과 성찰성이 제공하는 잠재적 가능성들에 대한 의식을 일깨워 주었다."[28] 이런 식의 자가성찰의 대표적인 보기가 이른바 '오리엔탈리즘(Orientalism)' 비판이라 할 수 있다. 여기에 속하는 지성인은 다

수지만 대표적인 인물은 역시 에드워드 사이드(Edward Said)이다. 사이드는 오리엔탈리즘이 정치적으로, 사회적으로, 군사적으로, 이념적으로, 과학적으로, 그리고 상상으로 어떻게 오리엔트(동방 세계)라는 실체를 만들어 냈는지 검토하고 있다.[29] 오리엔탈리즘의 비판을 요약하면, 그 전의 서방 학계가 동양(아시아) 사회를 분석할 때에 서방에서 전개한 근대성의 문화적 프로그램에 뿌리를 둔 개념과 범주들을 그대로 부과했다는 것이다. 특히 이러한 역사관에서는 근대 국민국가야말로 진보의 극치라는 관점을 견지하고 있었다.[30] 서방사상과 서방의 특유한 역사적 경험에서 유래한 개념들을 아시아 사회의 분석에 그대로 옮겨 적용했다는 것이다. 이러한 견해는 동양적 전제정체 및 아시아적 생산양식 등이 아시아 사회의 지체 현상, 즉 아시아의 발전을 저해했다는 관점과 관련이 있다.

오리엔탈리즘의 두드러진 특성은 사회·문화·종교·언어·과학기술·경제 등 모든 면에서 서방 사회가 동방보다 우월하다는 이념적 신념이 그 속에 암묵적으로 담겨 있다는 점이다. 이런 식의 우월주의는 서양문명의 예외성과 특이성에 대한 신념과 뒤섞여서 결국 여러 형태의 서방 '민족중심주의(ethnocentrism)'로 표출되었다.[31] 이러한 논지를 상세하게 검토할 수는 없겠지만, 대표적인 보기 하나만 살펴보고자 한다.

사이드가 오리엔탈리즘이라는 개념을 제시한 지 10년여 후에 사미

르 아민(Samir Amin)이 『유로센트리즘(Eurocentrism)』이라는 제목의 저서를 출간하였다.[32] 아민이 규정한 이 개념은 주로 하나의 이론적 구성체로서 유럽은 '자명한 운명(the Manifest Destiny)'이라든지 아니면 '백인종의 짐(the white man's burden)'과 같은 이념을 내세워 유럽의 팽창주의와 잉여의 중앙집권화를 정당화하고 스스로의 특이성과 우월성을 세계 역사 속에 위치시키려는 의도를 가진 것으로 풀이되지만, 사실은 그것이 다름 아닌 자본주의의 이념적 구성체이기도 하다는 점이 중요하다. 이러한 문맥에서 아민은 특히 근대자본주의가 유럽 밖에서는 등장하지 않은 것을, 동양에서 희랍의 합리적 철학의 유산이 결여되었다는 것과 연결시킨다. 그러니까 서방에서는 중세기의 종교적 편견으로부터 자유로워진 정직한 부르주아지를 창출할 수 있었지만, 동양은 형이상학으로부터 스스로를 구출하지 못했다는 것이다.[33]

(2) 아시아에 관한 재고찰

오리엔탈리즘이나 유로센트리즘 같은 성찰이 서방 지성계 자체의 편견과 오해를 대상으로 삼은 것이라면, 또 다른 맥락에서 아시아에 대한 새로운 관점이 대두하고 있다. 그러한 관점은 특이하게도 근대화의 한 부산물 내지 결과로 등장하게 되었다. 가령 근대화에 대한 서방 지성계의 성찰이 근대화 및 전 지구화의 부정적 결과에 맞춰져 있었던 데 비해, 여기서 말하는 또 다른 성찰은 아시아의 성공적 근대화를 바라보는 시각이다. 이때 서방세계가 보여준 반응에는 일말의 감성적 요소가 배태해 있다는 점을 주시할 필요가 있다. 한편으로는 자신들이 동양에 대해서 지녔던 잘못된 인식과 해석을 자각하면서 곤혹감을 감출 수가 없었지만, 다른 한편으로는 자신들이 그토록 멸시했던 아시아 나라들이 새로운 산업 강국으로 등장하면서 언젠가는 서방이 그동안 점유했던 세계 무대에서의 우위를 위협당할 수도 있다는 일종의 방어적 대응이라는 모습을 띠고 있는 것이다.

그런데 이와 같은 서방 지성계의 반응과 유사한 성찰이 아시아 내부에서도 일기 시작하였는데, 이 문제는 곧이어 다시 논급하기로 한다. 하여간 서방세계의 관점에서는 일본을 위시하여 차례로 동아시아 나라들이 성공적으로 근대화와 발전을 성취했다는 사실이 새로운 각성을 불러일으켰다. 그토록 후진적으로 지체하고 전제적이고 빈곤하던 아시아가 하루아침에 경이로운 변신을 한 데 대해서 이제는 어떤 형태로든 새로운 설명이 필요하게 된 것이다. 이러한 시도에서 크게 두 가지 흐름을 포착할 수 있다.

첫째, 일부 학자들은 주로 동아시아를 중심으로 하여 주목해야 마땅한 특별한 발전의 '모델' 같은 것이 있을 수도 있다는 견해를 제시하였다.[34] 또 다른 이들은 아시아의 근대화에서 '전통'의 기능에 대한 재검토가 필요하다는 주장을 내어놓았다. 특히 동아시아에서 이런 특징들이 속속 나타났으므로 결국 유교가 중요한 요소로 각광을 받기 시작하였다. 과거에는 근대화의 걸림돌이었던 유교를 논의의 중심으로 새로이 부각시키게 된 것이다. 이처럼 유교가 지닌 긍정적 역할에 대한 논의는 로드릭 맥파쿠하(Roderick MacFarquhar)가 소위 '유교 후 가설(post-Confucian Hypothesis)'이라는 것을 제시하면서 불을 당겼고,[35] 그것은 지금까지도 이어지고 있다.[36] 흥미롭게도 이 논의의 중심에서는 베버의 유령이 되살아나고 있다. 말하자면 베버의 개신교적 윤리와 기능적 등가성을 지니는 것으로 동아시아의 유교를 풀이하려는 논리가 지배적이라는 것이다.

둘째, 최근에는 동아시아를 넘어 다른 아시아 국가들도 포함하는 논의가 나타나고 있다. 바로 '다원적 근대성(multiple modernities)'론이 그것이다. 아이젠슈타트가 이끌다시피 하는 이 담론에서는 동남아시아와 남아시아는 물론 이슬람 지역까지 중점적으로 다루는 것이 한 가지 특징이다. 여기에서는 이러한 담론의 개요만 소개하면 다음과 같다. 이 논의는 초기 근대화 이론과 연구에 대한 성찰에서 시작하여 이제는 전 지구적 근대화 과정이 다양한 경로로 전개된다는 역사적 사실을 인정하는 것으로 나아간다. 여기서 한 가지 주목할 내용은, 이들이 오로지 현재의 근대화 과정에만 관심을 두는 것이 아니라 역사 속의 아시아 국가들이 유교·불교·힌두교·이슬람 등 다양한 종교의 영향 아래 사실은 자기들 나름의 역동적 변화를 시도한 바 있었다는 것을 부각시키려 한다는 점이다. 다시 말해서, 역사를 재검토해 보

면 서방 지성이 포착한 동양적 전제정치 · 아시아적 생산양식 · 가산
제 국가 · 지속적 정체 등이 반드시 올바른 인식은 아닐 수도 있다는
것이다.[37]

3. 내부에서 바라본 아시아

그러면 이제부터는 아시아 내부에서 학자와 지식인들이 아시아를
어떻게 인식하는지 살펴보기로 한다. 이러한 시도 역시 동서양의 상
호작용 속에서 이루어지고 있다는 사실에 주목할 필요가 있다.

1) 아시아의 자가관찰

근대화 초기에 아시아의 학자나 정책 수립가들이 일관되게 지녔던
생각은 신속한 발전을 위해서는 서방의 문물을 그대로 모방해야 하
고, 그러자면 근대화를 저해하는 전통을 버려야 한다는 것이었다. 동
아시아 삼국에서 유교를 근대화의 장애 요소로 지목한 것도 같은 맥
락에서였다. 실제로 전통을 얼마나 효과적으로 탈피하였는지는 재검
토의 대상으로 남아 있지만, 적어도 당시의 분위기는 그런 쪽으로 흐
르고 있었던 것이 사실이다.[38]

시간이 흘러 상당한 성공을 거두게 된 1970년대에 이르면 이러한

태도에 변화가 일기 시작한다. 정치·경제 부문에서는 정치와 기업 활동에서 토착적 형식을 추구하는 움직임이 나타났고, 학계에서도 학문의 토착화 논의가 서서히 고개를 들었다.[39]

학계의 동향만 간략히 살펴보자면, 초기의 아시아 사회과학자들은 서방의 학문을 일종의 '포로의 심성(captive mind)'으로 무조건 받아들이고, 그것을 그대로 자기 사회에 적용하려 하였다. 이러한 심성은 창의성이나 독창적인 문제의식이 결핍되고 파편화된 관점을 갖는다는 한계가 있으며, 결국 사회적 쟁점이나 자기 나라의 전통과는 동떨어질 수밖에 없다.[40] 식민지적 경험에서 유래한 이런 심성은 일종의 학문적 제국주의와 종속성을 표상한다.[41]

여기서 우리는 서방이 아시아를 바라볼 때 지녔던 우월감과는 대조적으로 아시아에서는 토착화나 대안적 담론을 추구하면서도 일종의 자기비하적 자세를 탈피하지 못한다는 점을 외면할 수 없다. 이런 현상은 아직도 세계적 학문공동체의 구조가 서방 중심적, 서방 지배적 특성을 유지하고 있다는 사실을 반영하는 것과 동시에 서방 학계에 대한 아시아 학계의 '정치적 종속'의 불가피성을 암시한다 할 것이다.[42]

2) 아시아의 자기주장

학문적 성과의 질을 평가받고 인정받기 위해서는 서방의 중심부에 의존해야 하는 학계의 사정과 다르게 적어도 기업 부문 혹은 경제 영역에서는 서방 중심의 영향력에 변화가 일기 시작했다는 조짐을 읽을 수 있다. 물론 아직도 국제통화기금(IMF)이라든지 미국의 연방준비은행 등 금융정책을 다루는 국제기구와 월스트리트라는 금융기관의 집합체가 주요 정책 결정이나 자금의 흐름을 상당 정도 좌우하고 있는 현실이기는 하지만, 중국의 경제 규모나 금융 권력의 상대적 위상에 변화가 보인다는 사실도 무시하기는 어려운 상황이 되었다.

이와 같은 변화를 배경으로 이제는 정치권에서도 서방의 일방적 지배에 대한 불만의 목소리가 서서히 드러나고 있다. 가장 두드러진 예가 이른바 '아시아적 가치(Asian Values)'를 둘러싼 논쟁이다. 이러한 논의의 요체는 적어도 국가의 통치에 관한 한, 서방의 표준과 가치를 일방적으로 아시아에 강요하지 말라는 목소리라고 할 수 있다. 아시아적 가치론의 핵심적 논지는 민주주의가 아무리 보편 가치라 해도 개개 사회의 전통적 문화 지향에 따라 적용방식은 다를 수 있다는 것이다. 아마 과격한 무슬림 같으면 서방식 민주주의 자체를 즉각 배격할지도 모른다. 이처럼 아시아 자체가 이제는 자신의 신념을 공공연히 선포하고 있으며, 서방의 가치에 대해 반박할 지위에 이르렀다는

점을 유의해야 한다.[43]

4. 아시아란 무엇인가? 결론을 대신하여

결론을 대신하여 여기서는 우리가 제기한 질문, "아시아란 무엇인가?"에 대한 대답을 탐색하기로 한다. 이를 위해서 이 장에서는 필자의 근대화에 관한 대안적 이론을 원용하여 간략하게 논의하고자 한다. 필자의 논지는 사실 간단하다. 아시아에 대한 인식과 정체의식의 문제는 알고 보면 근대화의 전개 과정에서 드러난 사회문화적, 정치경제적 변동의 성격에서 유래한다고 보는 것이다. 필자가 제안하는 근대화의 대안적 담론은 다음과 같이 요약할 수 있다.[44]

우선 근대화는 어디까지나 서방, 특히 서유럽에서 16세기를 전후하여 최초로 발생한 거대한 역사적 변동의 과정으로 이해한다. 이 점에서는 서방의 견해와 일치한다.[45]

다만 그렇게 시작한 근대화는 서서히 유럽 전체 지역으로 번져 나갔고 19세기에 이를 즈음에는 전 세계로 번져 나갔다. 이는 유럽의 문화가 다른 지역으로 이동하여 타 문화에 영향을 미치는 국제적 문화접변(international acculturation)의 흐름을 보여주는 것으로, 그것을 수용하는 사회에서 외래 서방 문화에 접하여 거기에 반응하면서 적응적 변동(adaptive change)을 시도하여 마침내는 각기 토착화(indigenization)

를 해 나가는 변증법적 과정이기도 하다. 이때 문화접변은 구미 문화가 타 지역으로 일방적으로 흘러 들어가는 비대칭적 문화접변(tilted acculturation)이었다. 그럼에도 불구하고 반드시 각 사회가 외래문화를 선택적으로 받아들여 변화를 추구하게 된다는 점에 주목하여, 필자는 이를 '선택적 근대화(selective modernization)'로 규정하였고, 그 결과로 형성한 문화는 서구적 근대화의 대안이라 할 수 있는데 필자는 이를 '대안적 근대성(alternative modernities)'이라 명명하였다.[46]

이런 관점에서 아시아의 인식과 정체의식을 살펴보자면, 초기 서방의 아시아관이 고정관념에 사로잡혀 있었던 것은 부정할 수 없는 사실이다. 이는 초기 근대화 시기 과학기술·경제·군사·문화 등 여러 측면에서 서방의 힘이 월등하게 우세했던 동서양 간의 비대칭적 관계 때문에 생긴 현상이다. 따라서 서방이 아시아를 경멸적인 시선으로 바라본 것은 거의 당연한 것으로 간주할 수 있다. 그러나 전 지구적 차원의 근대화가 진전하는 과정에서 서방은 서방대로, 아시아는 아시아대로 자가성찰을 하기 시작했으며, 그러는 사이 아시아의 상대적 힘이 커짐으로써 새로운 인식과 정체의식이 싹트게 되었다. 이러한 과정을 위에서 개관한 동서양의 아시아관의 변천으로 바라보아야 한다. 이를 설명하는 이론적 틀이 바로 '대안적 근대화론'이다. 이와 같은 시각을 토대로 과연 아시아를 어떻게 인식할 것인가라는 질문과 맞서 보기로 한다.

무엇보다도 아시아를 규정하려는 사람에게는 그 대륙의 지리적·경제적·정치적·문화적 다양성을 배제하고 논의를 펼칠 수가 없다. 실제로 아시아는 하나가 아니라 둘, 셋, 넷 혹은 더 많은 아시아로 보아야 한다는 견해도 없지 않은 형편이다.[47] 이 다양성을 무시하고 아시아에 대한 논의를 전개하려고 할 때는 아시아적 가치론에서 보는 바와 같은 오류를 범할 소지가 크기 때문이다. 아시아적 가치론이 마치 하나의 단일한 현상으로 간주하려는 것이라면 이는 처음부터 잘못 짚은 것일 수밖에 없는 까닭이 바로 그 다양성에 있다.

둘째, 오리엔탈리즘이나 유럽중심주의 논의를 극복하려는 노력과 관련해서 현재 아시아 내부의 대안적 담론을 탐색하는 사람들과 역외에서 다원적 근대성론자들 사이에 일정한 관점의 수렴을 발견할 수 있다. 적어도 이들이 동의하는 바는 아시아를 연구할 때 서방의 외래적인 개념과 이론 틀 및 분석법 등을 일방적으로 부과하지 말아야 한다는 점이다.[48] 물론 이 점에서도 아직은 세계의 학계가 서방의 핵심국 학계의 영향력에서 벗어나기 어렵다는 현실적인 제약이 있다. 이를 극복하고 학문의 정치적 종속에서 탈피하기 위한 방편으로 문화적 독립성을 성취하는 과제는 추후 넘어야 할 산으로 남아있다.[49]

셋째, 일단 아시아 학계가 대안적 담론을 제안한다 해도 신중해야 할 점이 있다. 가령 근자에 가장 활발한 논의 중 하나를 근대화에서 유교의 역할에 관한 아시아 학계의 '주장'이 있다. 여기서 문제는 유교의 다중적인 성격과 내용의 복합성을 경시함으로써 오류를 범하는 사례로 끝날 수 있다는 점이다. 마찬가지로 아시아적 가치론에서도 '아시아'와 '가치'라는 두 개념 모두가 매우 거대하고 모호한 것이므로 함부로 규정하는 것은 조심스러울 수밖에 없다. 이 두 가지 모두 특히 방법론적 명료성을 결여할 때 그 문제가 가장 심각해진다.[50]

넷째, 아시아가 경제적 성과에 힘입어 세계 무대에서 차츰 큰 목소리를 내기 시작한 현금의 사정에 비추어 21세기 아시아의 역할이 과연 무엇인지를 묻는 물음에 대해서도 진지한 검토가 필요하다. 가령 최근의 국제적 금융위기를 맞으면서 일부 학자와 언론인들이 중국이 세계를 구해 내는 문제를 논의하기에 이르렀을 때 서방의 지성이 내어놓은 대답은 "그렇다 해도 너무 서두르지 않는 게 좋을 것이다."였다.[51] 그런데 여기서 주의할 것은 이러한 담론의 핵은 아시아의 경제력에 놓여 있다는 점이다. 그러나 아시아의 세기, 21세기를 논하려면 경제에만 국한해서는 그 의미가 그만큼 축소될 수밖에 없다. 결국 다른 측면에 대한 검토를 곁들여야만 비로소 원만한 논의가 가능해진다.

이 대목에서 필자는 1990년대 초 하버드의 다니엘 벨(Daniel Bell) 교수와 나눈 KBS TV 인터뷰 내용을 상기하지 않을 수 없다. 대담의 주제는 '21세기의 아시아가 신문명의 진원지가 될 수 있겠느냐'하는 것이었다. 이에 대해 벨 교수는 경제뿐만 아니라 기술과 그 기저의 이론적 지식의 창출 그리고 민주주의를 거론했다.[52] 아마도 여기에 도덕의 문제를 반드시 포함시켜야 할 것이다. 경제적으로 아시아가 성큼 일어설 것은 거의 자명한 듯하다. 이를 뒷받침하는 기술 개발에서도 상당한 성과를 보인다. 다만 기술을 가능하게 하는 기초과학의 이론적 지식의 창출에서는 아직도 갈 길이 멀다. 노벨상 수상자의 수가 더욱 늘어나야만 한다. 다음, 민주주의에서도 아시아는 한참 뒤처져 있음을 인정하지 않을 수 없다.[53] 그러면 도덕의 영역은 어떤가? 솔직히 현금의 서방세계의 도덕성에 금이 가기 시작한 모습은 여러 영역에서 드러나고 있지만 아시아는 그보다 더 우월한 위치에 있는가 하면 결코 그렇지 못한 것이 현실이다. 일부 학자들은 아시아의 전통을 되살리는 방법으로 세계의 도덕성을 제고해야 한다는 주장을 하지만 실천이 따라야 진정성과 보편성을 인정받을 수 있다. 이처럼 종합적으로 볼 때 아시아의 세기로서 21세기의 꿈은 당분간은 실현시키기 어려운 과제로 남을 수밖에 없다. 이를 해결하자면 적어도 아시아 내부의 상호 교류와 협력 및 결속이 주요 관건으로 떠오르는데, 여기에는 아직도 상당한 제약과 문제가 있다.

그러므로 여기서 끝으로 물어야 할 질문은 다음과 같은 것들이다. 과연 아시아는 하나가 되는 길이 있는가? 아시아는 '아시아'라는 단일한 정체의식을 공유하는가? 아니라면 이를 위해 어떤 노력이 뒤따라야 하는가? 특히 아시아 여러 나라, 그중에서도 영향력이 큰 나라일수록 민족주의와 국민주의가 강렬한 것이 특징인데 이런 상황에서 어떻게 아시아적 정체의식을 형성할 수 있는가? 아직은 명확한 답이 없는 현실이다. 이제부터라도 아시아 여러 나라의 지성인들이 자주 만나서 공동으로 이런 과제를 풀어 가려는 노력을 경주하는 데 이 글이 큰 몫을 할 수 있기를 바란다.

03

공동체의 경계는 어디까지일까*

- 세계화 시대 '같음(同)'을 '함께 한다(共)'는 것에 대하여

이 찬 수
(서울대학교 통일평화연구원 HK연구교수)

* 『대동철학』 제74집(2016,3)에 게재된 '공동체의 경계에 대하여'를 기반으로 강의한 뒤 일부 수정 보완한 글이다.

1. 들어가는 말

세계화가 진행 중이다. 세계화는 다양한 영역들이 세계적 차원으로 확장되고 중첩되면서 서로가 서로에게 간섭하고 갈등을 야기하는 가운데 기존의 정치·경제·문화적 영토가 재구성되어 가는 현상이다. 루만(Niklas Luhmann)의 표현을 빌리면, 세계화는 기능적으로 분화된 사회 체계들이 지역적으로 한정되지 않고 자신을 둘러싼 환경과 소통하는 '구조적 연계(structural coupling)'를 통해 상관적으로 확대되는 과정이다.[1]

세계화에 대한 이러한 해설 속에는 인간이 시스템 종속적 존재라는 뜻도 함축적으로 들어 있다. 세계화는 인간에 의해 벌어지고 있는 현상이되, 인간은 이제 그 방향을 되돌리기 힘들 정도로 세계화의 추세는 막강하다는 말이다.

이러한 문제의식을 가지고서 시스템들의 광범위한 구조적 연계에 가능한 한 덜 휘둘리면서 자신들만의 생활 방식이나 행동 또는 목적을 같이하려는 움직임들도 커져 간다. 이른바 공동체 운동이라 할 수 있다. 공동체 운동은 타의에 의한 구조적 연계에 가능한 한 덜 휘둘리면서 비슷한 삶의 목적을 지닌 이들이 모여 그에 어울리는 주체적 관계를 맺으려는 움직임들이라 할 만하다. 이 글에서는 세계화 시대에 이러한 공동체는 과연 가능한지, 가능하다면 어떤 방식과 원리에 따라 작동해야 할 것인지에 대해 생각해 보고자 한다.

공동체 일반에 대한 사전적 차원의 정리를 하려는 것은 아니다. 세계화 현상, 특히 개인의 자유를 앞세우되, 타자보다 우위에 설 것을 요구하는 신자유주의적 경쟁 체제에서 공동체라는 것이 과연 가능한지, 외적 경계가 분명한 근대 국민국가 체제에서 보편성을 지향하려는 종교는 정치적 경계와 어떤 관계를 맺어야 하는지 살펴보고자 한다. 아울러 울리히 벡(Ulrich Beck)이 분석한 바 있듯이, 한계를 노정하기 시작한 근대 국민국가 체제는 진작부터 세계화를 추동했고 또 현재도 세계화에 영향을 주고 있는 종교 원리로부터 무엇을 배워야 하는지도 알아보고자 한다. 무엇보다 보편성 혹은 세계성을 내세우면서도 자기만의 경계를 설정하고 타자를 배제하는 종교공동체의 모순을 비판적으로 성찰하면서, 공동체의 경계는 어떤 원리에 따라 형성되어야 하는지에 대해서도 포괄적으로 개관해 보고자 한다. 공동체란 무엇인지 일단 국어사전적 의미로부터 시작해 보자.

2. 동(同)을 공유함(共)

공동체의 사전적 의미는 '생활이나 행동 또는 목적 따위를 같이 하는 단체'이다. 이때 우리에게 중요한 것은 어떤 생활과 행동인지, 무슨 목적인지보다는, '같이하는 단체'라는 문장 후반부이다. 공동체를 공동체 되도록 해 주는 것은 그 목적이나 규모보다 '같이하는' 자세에 있다. 집단 자체보다는 '같이함'이 공동체의 실질적 근간이다.

'같이한다'고 해서 획일적 통일을 의미한다고 할 수는 없다. '같이'는 '함께', '아울러', '골고루' 등과 비슷한 말이다. 더불어, 골고루, 아울러, 함께 함이 공동체의 근간이다. 이 유사어들의 의미를 한데 묶으면 '어울림'이라 할 만하다. '같이함'은 획일적 통일이 아닌 '어울림'이고, 어울림은 '나'의 일방적 자기 확장이나 개체들의 물리적 집합이 아닌, 서로가 서로를 수용하는 조화로운 상태이다. 그것이 '동(同, unity)의 공유(共, com)'이다. '같이' 하는 주체가 '나'만을 내세우지 않고, 내 안에 '너'를 수용하는 자세와 방식의 공통성이 '동의 공유', 즉 '같이'의 핵심이다. '같이' 하는 자세가 '우리'를 가능하게 한다.

'같음(同)'을 공유(共)한다며 타자에게 자기 기준을 들이대면, 그때 타자는 실종된다. '너(You)'는 사라지고, '나들(Is)'만 남는다. '너'는 나에 대해 비인격적 '그것(it)', 즉 '사물'이 된다. '너'를 일방적으로 내게 끌어오려 하는 순간, '너'의 '얼굴'은 사라지고 따라서 '우리'도 불가능해진다. 나와 네가 서로 어울리는 최소 공동체가 '우리'라면, '같이'를 자기중심적으로 상상하는 곳에서 '우리'는 없고 '공동체'도 불가능해진다. '너'를 살리는 곳에서 공동체도 살아난다. 한병철이 "타자는 오직 할 수 있을 수 없음(Nicht-Können-Können)을 통해서만 모습을 드러낸다."[2]고 했을 때, 그는 타자와의 거리를 자기중심적으로 축소시키려는 오늘날의 비/반공동체성을 집약적으로 고발하고 있는 셈이다.

> 우리는 오늘날 디지털 미디어에 의지하여 타자를 최대한 가까이 끌어오려고 한다. 그리고 가깝게 만들기 위해 타자와의 거리를 파괴하려 한다. 하지만 이를 통해 우리는 타자에게서 아무것도 얻지 못하게 된다. 거리의 파괴는 타자를 가까이 가져오기는커녕 오히려 타자의 실종으로 귀결된다.[3]

3. '우리'와 공동주체성

'우리'는 개별적 주체들이 상호 무관하게 모여 있는 상태가 아니다. 생각하고 말하고 행동하는 '나'가 '너'를 온전히 포용하면서, '너'를 생각하고 말하고 행동하는 온전한 주체로 긍정할 때, 비로소 '우리'가 되는 것이다. 서로 이기려고 덤벼들며 형성되는 경쟁 집단에 '우리'라는 표현은 어울리지 않는다. 나와 너의 교집합적 운동, 서로가 서로 속으로 들어가 상호 변화시키며 만들어 내는 운동이 '우리'이다. 비유하자면 '우리'는 비빔밥처럼 다양한 재료들이 서로 녹아 들어가 내는 새로운 맛과 같다. 저마다의 고유한 맛이 사라지는 것이 아니라, 도리어 살아남고 변화되면서 새로운 종합적 맛으로 승화하는 것이다. 새로운 맛으로의 승화는 나 혼자만의 주체성을 확보하는 것이 아니라, '공동의 주체성'을 형성해 간다는 뜻이기도 하다. 김상봉은 이렇게 말한다. "내가 너와 함께 우리가 된다는 것은 나와 네가 고립된 홀로주체성을 벗어나 보다 확장된 공동의 주체성을 형성한다는 것을 의미한다."[4]

'우리'라는 것은 나와 네가 더불어 형성하는 공동의 주체이다. 공동체에 대한 논의에서 중요한 것은 공동의 주체이다. 주체는 단위적 혹은 개별적 실체가 아니다. 그것은 공동체에 속하는 사람들이 그 공동체의 안과 밖으로 맺는 만남의 활동이다. 그 만남이 '우리'를 구성한다. 이것은 '우리'가 고정적이지 않고 계속 형성되는 역동적인 만남의 과정이라는 뜻이기도 하다. "나와 네가 자기의 동일성을 고수하려 한다면 나와 네가 우리가 되는 것은 불가능하다."[5] 밥 · 나물 · 채소 · 고기 · 갖은 양념들이 저마다 굳어진 자기동일성에 머물지 않고, 상호 수용과 조화를 통해 개별적 자기정체성을 뛰어넘을 때 맛있는 비빔밥이 되는 것이다. 비빔밥은 '우리'의 존재 원리를 비유적으로 설명해준다. 그리고 '우리'는 '공동체'의 원리를 간명하게 잘 보여준다.

'우리'에는 분명히 같이할 만한 공통의 그 무엇이 담겨 있다. 그 공통의 무엇을 확장시켜 온 고전적인 기제 중의 하나가 종교이다. 종교는 공통의 무엇을 공유하고 세계적으로 확장하면서 오늘날의 세계화 현상에 공헌하기도 했다. 벡이 분석한 바 있듯이, 개인의 내적 신앙을 중시하며 '자기만의 신(Der eigene Gott)'을 추구하는 경향이 기존의 수직적 위계와 범주에 도전하면서 새로운 질서의 기초를 놓았고, 새로운 경계를 세워 가는 동력으로 작용해 왔다. 혈연·지역·민족을 넘어서는 종교적 보편성이 오늘날의 세계화 현상의 견인차 역할을 해 왔다는 뜻이다.[6]

4. 세계화의 동력, 종교

종교가 세계를 바꾸는 경우는 막스 베버(Max Weber)의 연구를 통해 확인할 수 있다. 주지의 사실이기도 하지만, 베버에 따르면, '오직 신앙으로(sola fide)'를 강조하며 구원의 기준을 '개인'에게 두었던 프로테스탄트는 직업을 '소명'으로 간주하고 노동을 통한 재물의 축적을 신적 은총의 증거로 해석했다. 이것이 자본주의 탄생의 근거가 되었다는 것이다. 진리의 기준을 개인에게서 찾으며 개인의 주체성을 강조하는 프로테스탄트가 자본주의의 토대와 근대화의 기초를 제공했다는 것이다. 이런 식으로 오늘날 가장 세계적 현상인 자본주의와 '오직 신앙으로'를 내세운 종교적 주관주의의 관계는 밀접하다.

벡은 이러한 사실을 의식하면서 근대 이후 사회과학자들의 관심 영역에서 멀어졌던 종교를 사회학의 주요 연구 주제로 다시 가져온다.[7] 근대 이후 많은 이들이 종교를 사적 영역으로 제한시키고 공적 담론에서 제외시켰지만, 종교야말로 기존의 영토, 민족 혹은 국가적 경계를 넘어 새로운 경계를 세워 가는 세계화(globalization) 현상의 원조라는 것이다.

가령 "유대인이나 그리스인이나 종이나 자유인이나 남자나 여자나 그리스도 안에서 하나.(갈라디아서 3:28)"라는 성경 구절에 함축되어 있듯이, 종교는 혈연·민족·지역·성별의 무차별성을 선언하고서 실제로 기존의 영토와 경계를 넘어서 왔던 대표적인 사례이다. 유대교에서 출발한 기독교회에 이른바 '이방인'이 더 많아지고, 초기부터 아시아 유럽 곳곳으로 펴져가게 된 것은 그 사례이다. 이슬람도 발생 초기 3백여 년 동안 사우디아라비아 전역은 물론 서쪽으로는 스페인 그리고 북아프리카·중앙아시아·동남아시아에까지 확대되었을뿐더러 중세의 세계 문명을 선도했으니, 종교를 제외하고서 세계화로 대변되는 근대적 현상을 온전히 파악하기는 힘들다. 벡도 이러한 종교 현상을 중시하되, 일국주의(nationalism)적 관점이 아닌 세계의 주류 흐름을 반영하는 세계시민주의(cosmopolitanism) 관점을 견지하면서, 세계화 현상을 규명해야 한다고 강조한다.

물론 종교에 보편성만 있다든지 종교가 세계시민주의에 공헌하기만 하는 것은 아니다. 종교에는 양면성이 있다. 가령 '그리스도 안에서 하나'라는 말의 부사적 수식어('그리스도 안에서')에 함축되어 있듯이, 종교는 차별 없는 보편적 진리를 담았다는 자신들만의 전제도 늘 견지한다. 그리스도 '안에서 하나'라는 말은 그리스도 '밖'에 있는 이들에 대한 차별적인 언어일 수밖에 없다. 기독교의 경우 인류의 일치성도 '그리스도 안'에 있는 이들에게만 확인하면서, 이들을 중심으로 그리스도 안에 있는 이들의 정당성과 정체성을 확립해 나간다. 그 정체성을 공유하는 이들을 중심으로 새로운 영역을 확보해 가는 것이다. 기존의 경계를 넘어서면서도 그 전제에 동의하는 이들을 중심으로 새로운 경계를 세워 가는 자기중심적 양면성을 보이고 있는 것이다. 이런 식으로 세계화의 주역인 종교는 애당초부터 탈영토적·탈경계적이라는 의미에서 '세계적'이지만, 그와 동시에 자신만의 영토를 확보하고 경계를 세운다는 점에서는 자기집단 중심적이고 '지역적'이다. 경계파괴적/초월적이면서 동시에 경계수립적/내재적이다.

루만이 복잡한 사회로부터 복잡도가 덜한 부분체계(subsystem)로 분리되면서 그 부분체계의 경계도 설정되고, 부분체계는 자기 준거(self-reference)에 따라 자기생산(autopoiesis)되어 간다고 보았는데,[8] 이것은 종교가 복잡한 사회 안에서 자신만의 새로운 경계를 세워가는 과정과 비슷하다. 종교는 내적 자기준거에 따라 공동체를 형성해 가며 자신만의 새로운 경계를 설정하고 널리 확장해 간다.

5. 종교공동체의 경계

공동체의 경계수립적 현상은 종교의 필연성이기도 하다. 요아킴 바흐(Joachim Wach)가 정리했듯이, 크게 보면 종교는 내적 체험(experience)과 그 내적 체험의 외적 표현(expression)으로 구성된다.[9] 그에 의하면, 근대 이후 개인들이 표현의 자유를 획득한 이래 내적 체험은 언어적으로, 실천(윤리)적으로, 사회적으로 다양하게 표현되어 왔다. 사회적 표현의 일환으로 이른바 '공동체'도 형성되어 왔다. 종교공동체는 언어적, 실천적 표현들에 동의한 이들의 자기 확대 과정 속에서 형성하여 온 종교 조직이다. 종교현상이 내적 체험의 자기표현과 확장을 근간으로 하는 한 종교공동체의 형성은 자연스럽다. 윌프레드 캔트웰 스미스(Wilfred Cantwell Smith)가 종교를 내적 신앙(faith)과 외적 전통(cumulative tradition)으로 구분했을 때,[10] 신앙의 외적 표현으로서의 종교공동체도 기본적으로 내적 신앙이 사회적으로 확장된 결과이기도 하다.

브루스 링컨(Bruce Lincoln)의 해설을 빌려 좀 더 구체화하면, 종교에는 내적 체험 혹은 신앙과 관련한 담론·의례와 관련한 실천 행위·담론과 행위에 공감하는 이들의 공동체·공동체를 제어하는 제도의 네 영역이 있는데,[11] 이들 네 영역이 중층적으로 상호 작용하면서 서로를 강화시키거나 변화시킨다는 것이다. 그렇게 종교는 자기정체성을 유지하며 확대해 나가는 동적인 현상으로서, 그 과정에 공동체도 형성된다.

공동체는 차별적 정체성을 확보하기 위해 자신들의 종교 담론에 긍정적으로 동참하는 구성원들의 유대감을 도모하고 강화시키면서 형성된다. 신앙과 실천상의 독특성을 부각시키면서 타자와 자신을 구분 또는 분리시키는 방식으로 그들만의 경계를 형성하고, 각종 제도를 통해 이 경계를 뒷받침해 나간다. 제도의 정점에 있는 지도자들은 공동체의 지배 담론을 보존하고 해석하고 유포하며 공동체성을 강화시키는 주요 역할을 담당한다.

이때 이 글에서 관심을 기울이는 부분은 '동을 공유'하는 모임의 '경계' 문제이다. '같이하는' 행위가 함께·더불어·아울러·골고루·즉 어울림과 조화를 의미한다면, 그 어울림과 조화의 경계에 제한이 있는지 생각해 보아야 한다. 만일 제한이 있다면, 어울릴 수 있는 곳과 없는 곳의 경계는 가르는 기준은 무엇일지, 그 경계가 얼마나 두터운지 얇은지, 굳었는지 느슨한지 등에 대해 따져 볼 필요가 있다는 것이다.

만일 공동체적 경계의 기준이 종교적 제도가 영향을 미치는 마지막 지점이라면, 그 경계는 내적 체험을 그 종교적 체험으로 규정하고 승인하는 과정에 설정되고, 공동체는 저만의 준거에 따라 자기생산을 지속한다. 이 지점에서 공동체의 경계가 정해지기도 하고, 확장되기도 하고, 때로는 옅어지기도 한다.

물론 외적 표현을 통해 내적 체험이 승인되기도 하지만, 더 근본적으로는 승인된 체험이 표현의 범주를 변화·확장시킬 수도 있는 것이다. 내적 체험은 기존의 담론 질서·사회적 의미 체계 등 이미 주어져 있는 지평에서 발생하지만, 그 체험에서 사람들이 새로운 의미를 읽어 내면서 공동체적 경계의 설정과 그 성격에도 영향을 미칠 수 있게 되는 것이다. 종교를 설명할 때, 내적 체험의 중요성을 놓쳐서는 안 된다는 말이다. 이것은 스미스가 종교를 어떤 외적 현상만으로 규정하거나 설명해서는 안 되며, 더 핵심이 되는 신자들의 내적 신앙과 인격적 삶을 볼 수 있어야 한다고 주장했던 것과도 통한다.[12] 내적 신앙은 관찰 가능한 외적 표현을 통해 추론해 내야 하는, 불가시적이지만 더 근원적인 세계이다. 그 근원적 세계가 인간됨의 기초를 구성하고 있으며, 내적 신앙이 외적 표현에 대해 우선성이 있다는 말이다.

이것은 외적 제도로 내적 신앙을 규정하거나 경계를 명백하게 한정 지을 수 없으며, 공동체는 늘 새로운 체험에 개방적이어야 한다는 뜻이다. 공동체의 '경계'는 새로운 체험의 가능성에 열려 있어야 하고, 체험의 외적 표현에 자유로워야 하며, 그래서 늘 변화될 수밖에 없는 것이다.

하지만 이미 본 대로 종교가 자신만의 경계를 세워 나가는 과정에 새로운 경계의 가능성을 제한하기도 한다. 공동체의 경계는 융통성이 있고 개방적이어야 하지만, 공동체의 제도와 조직이 그 개방성을 규정하는 경향 탓에 실제로는 충분히 개방적이지 못하다. 제도는 내적 신앙의 외적 표현의 일환임에도 불구하고, 도리어 인간의 내면을 규정하면서 내면에 대한 기준 혹은 주인 노릇을 자임한다. 제도에 주인 의식을 내어주면서, 종교는 형식화하고 '최대주의(maximalism)'적으로 자기표현을 하게 된다.[13] 내적 신앙보다는 그 형식에 가까운 제도가 공동체의 경계를 규정하고 설정하는 것이다.

특히 최대주의적 종교는 신앙의 원리를 민족과 국가를 넘어 세계 전체에까지 확대시키려 한다. 실제로 기독교 · 이슬람 · 불교 등 세계의 대표적 종교 전통들은 – 물론 이들의 움직임 모두를 최대주의적이라 할 수는 없지만 – 특정 지역과 민족을 넘어 확장되어 왔다. 그 확장의 근본 동인은 개인들의 내적 체험 혹은 신앙에 있지만, 외적 제도가 그 내적 신앙을 규제하고 제어하면서 신앙을 최대주의적 자세로 형성시키고 선도한다. 종교의 제도화는 필연적이지만, 제도에 주체성을 내어주는 순간 종교는 최대주의적 성향으로 전환한다. 종교가 세계화의 중심축을 형성하는 동력이 되어 온 것도 이러한 최대주의적 성격에 따른다.

이때 종교는 자기 확장적인 다른 흐름으로부터 도전을 받기도 한다. 세계화 현상의 다른 흐름이나 축들로부터 저항을 받는다. 세계화 현상이 중층적이고 관계적인 만큼, 종교가 받는 영향도 중층적이고 복합적이다. 물론 종교 자체도 복합적 실재이다. 어느 종교든 그 종교를 민족이나 정치·윤리·예술·과학 자체와 단순 동일시할 수는 없지만, 종교는 그것이 무엇이든 기본적으로 민족적·정치적·윤리적·예술적·과학적이다. 그만큼 종교에만 해당하는 순수한 정체성을 분리해 내기는 힘들다. 이것은 종교가 세계로부터 영향을 받고 세계와 소통할 수밖에 없다는 뜻이기도 하다. 그렇지 않고 종교현상이 지속되는 법은 없다. 제도화한 특정 종교가 세계화의 흐름에 저항할 수는 있지만, 그 저항 이면에서 받는 종합적 영향력이 더 크다. 이런 식으로 종교는 세계화의 여러 축들, 즉 다른 종교·문명·제도 등은 물론 정치·경제·문화 등의 영역에서 근본적인 도전을 받는다. 종교가 종교의 영향을 받는 것은 물론이다.[14] 세계화의 한 축은 세계화의 다른 축의 도전을 받고 그에 영향을 받으면서 자의 반 타의 반 자기 변화를 시도해 나간다. 종교공동체는 이런 식으로 수천 년 이상 지속되어 왔다.

6. 최대주의적 종교와 폭력

이때 타자의 도전과 타자로부터의 영향을 긍정적으로 수용하는가 부정적으로 배제하려 하는가에 따라 두 가지 자세로 나뉜다. 종교공동체가 근본주의화하는가, 아니면 세계시민주의화하는가의 갈림길도 이 자세로부터 비롯된다. 자기만의 경계를 세워 가는 과정이 타자에게 불편과 피해를 입히는 정도로까지 나타날 때, 흔히 그것을 근본주의(fundamentalism)라 하는데,[15] 근본주의적 종교는 피해를 의식하는 타자에게 경계의 대상이 된다. 이것은 근본주의자들의 경계 설정 행위가 스스로 내세우는 보편적 원리와 버성긴다는 모순을 설득력 있게 해명하지 못하는 데서 비롯된다. 보편은 일방적·평면적 확장이 아니라, 다양한 표현들의 수용과 긍정으로 성립된다는 사실을 모르기 때문이다. 자신이 타자의 영역을 넘나들며 새로운 경계를 세워가듯이, 타자에 의해 수립되는 새로운 경계를 무시하는 데서 벌어지는 일이다.

경계를 새로 세우려는 종교는, 정도의 차이는 있지만, 근본주의적 자세로부터 자유롭기 힘들다. 물리적 폭력의 부당성을 폭로하고 극복하려 시도해온 지금까지의 종교적 공헌들을 과소평가할 수는 없지만, 기독교나 이슬람 같은 세계종교도 분리주의나 경계 짓기가 지닌 일방성 나아가 폭력성 자체로부터 자유롭지 못한 것이 현실이다. 분리주의나 경계 짓기가 근본주의적 종교의 자기정체성을 유지하기 위한 소극적 측면이라면, 자기중심적 확대는 근본주의적 세계관을 확대시키기 위한 적극적 측면이라고 할 수 있을 것이다. 이러한 적극성이 최대주의적 종교의 전형적인 태도이다. 최대주의적 종교의 모순이 폭로되고, 종교에 대한 대안적 이해가 요청되는 지점도 여기이다.

이와 관련하여 이 글에서는 명사로서의 '종교'와 형용사로서의 '종교적'을 구분한 바 있는 윌프레드 캔트웰 스미스(Wilfred Cantwell Smith)의 입장을 한 번 더 생각해 보고자 한다.[16] 스미스에 의하면, 종교를 가시적 측면, 즉 외적 전통 중심으로 사유하는 명사로서의 '종교'는 경계 안팎을 나누고 경계 밖의 존재를 이방인, 나아가 불신자로 규정한다. 그에 반해 굳어진 틀 혹은 현실을 넘어설 줄 아는 인간의 내적 능력 중심으로 사유하는 형용사로서의 '종교적' 자세는 자신의 정체성은 유지하면서도 그 정체성의 내용을 경계 밖에서도 확인한다. 명사 '종교'와 달리 형용사 '종교적'은 경계초월적이고 경계개방적이며, 다원적 경계성을 인정하기에, 딱히 이방인이나 불신자로 규정할 명백한 경계를 두지 않는다. 형용사로서의 '종교적' 차원에서 종교를 볼 때에야 세계화의 주역인 종교현상의 본질을 제대로 파악할 수 있게 될 뿐더러, 기존 경계를 넘어 새로운 경계를 세우고자 하는 종교의 보편주의적 정체성도 어느 정도 확보되는 것이다. 시인 함민복이 〈꽃〉에서 "모든 경계에는 꽃이 핀다."는 통찰적 문장을 남겼는데,[17] 그 '꽃'은 경계가 느슨해지거나 숨을 쉬는 곳에서, 달리 말하면 '형용사적인' 곳에서 종교가 참으로 생명력을 획득한다는 사실에 대한 적절한 은유가 된다.

이것은 공동체의 경계 설정 과정이 다른 세계화 흐름들과의 관계 속에서 융통성과 개방성을 가져야 한다는 뜻이다. 상호 간 영향력이 중층적으로 구조화되고 확대되는 과정 속에서 자신만의 경계를 확대하려 한다면, 그것은 타자의 동의를 얻지 못할 폭력적 행위일 수밖에 없다. 그런 점에서 자기 집단에만 해당하는 공동주체성은 모순이다. 더 큰 공동주체성, 즉 다른 사회적 실재와 흐름에 개방적인 세계시민적 주체성을 확보해 나가야 하는 것이다. 타자를 '우리'로 수용할 줄 아는, 그런 의미의 '형용사적' 종교로 전환할 때, 자신의 종교를 종교되게 해 주는 그 원리에도 충실하게 되는 것이다. 이것은 더 큰 상위의 질서를 '가정'함으로써 개별 종교들의 구체적 정체성도 보존하고, 새로운 가능성에 개방적이려는 종교다원주의적 입장과도 상통한다.

7. 근대 국민국가와 폭력

비슷한 상황이 근대 국민국가 체제에도 적용된다. 국가의 형성 과정이 정치가 영향을 미치는 외적 경계를 확정해 가는 과정이라면, 그것은 종교가 보여주었던 경계수립적 자세와 비슷한 구조를 지닌다. 하지만 기존 사회적 지평에서 세계를 새로 해석하게 해 주는 체험으로부터 새로운 종교가 발생되고 유지되는 데 비해, 국가는 기존의 압도적 폭력이 다른 폭력을 이기고 그 폭력이 정당화되는 과정에 성립

된다는 차이가 있다.[18]

물론 폭력만으로 국가가 성립되는 것은 아니다. 푸코(M. Foucault)가 잘 설명한 바 있듯이, 폭력의 영향력 안에 있는 이들이 그 폭력을 의식하고 동의하며 능동적으로 움직일 때, 폭력은 '권력'이 된다.[19] 폭력의 영향력 안에 있는 이들이 폭력의 가능성을 내면화하고 그에 동의하면서 권력이 성립된다는 말이다. 그렇게 권력이 되면서 국가의 기틀이 형성되고, 폭력은 정당화되고 공고하게 구조화된다.

하지만 그 행사 가능성에 대해 국민이 동의했기에 폭력은 구조화되고, 곳곳에서 작동하면서도 외형적으로는 베일에 가려진다. 벡은 이렇게 말한다: "강력한 국가는 궁극적으로 폭력을 독점했기 때문이 아니라 시민들의 '자발적인 복종' 때문에 강력한 것이다. 국가가 강한 것은 시민들이 애초부터 국가의 권력 질서에 동의하여 그 권력 질서에 갇히는 길을 자초했기 때문이다."[20] 막스 베버(Max Weber)도 진작에 "국가란 정당한 물리적 폭력 행사의 독점을 실효적으로 요구하는 인간공동체이다."[21]라고 규정한 바 있다.

종교가 법과 제도에 의해 내적 신앙과 자신의 종교 담론을 정당화하듯이, 권력도 자신 안에 법과 제도를 끌어들인다. 무엇보다 법으로 제정되면서 법을 제정한 권력 자체가 정당화된다. 그러면서 법도 정당화된다. 발터 벤야민(Walter Benjamin)이 폭력을 '법규정적 폭력'과 '법유지적 폭력'으로 구분한 바 있는데, 법을 만들고 법을 유지시켜 나가는 것도 폭력이라는 말이다.[22] 그러나 국민에 의해 승인된 폭력, 즉 권력이다. 그래서 합법적이고 정당한 것으로 받아들여진다.

여기서 도출되는 자연스러운 결론 가운데 하나는 권력의 목적은 권력 자신에 있다는 것이다. 폭력에서 살짝 가면을 쓰고 등장한 권력은 스스로를 유지하기 위해 기존의 폭력적 관성을 이용한다. 데리다(J. Derrida)가 벤야민의 폭력론을 분석하며 정리했듯이, "법 권리는 그야말로 자신의 이익과 관심을 위해서 폭력을 독점한다. … 이 독점이 목표로 하는 바는 정의에 합당한 동시에 합법적인 다양한 특정의 목적을 보호하는 것이 아니라, 법 권리 자체를 보호하는 것이다."[23] 폭력이 법을 제정하고, 법은 자신의 권리를 유지하기 위해 폭력을 독점한다. 그렇게 권력이 정당해지고, 권력은 스스로의 힘을 강화해 나간다.

그 최상의 방법은 자신의 부를 축적하는 것이다. 권력은 합법적으로 부를 축적하기 위해 세금을 징수한다. 동의를 통해 폭력을 권력으로 바꾸어 준 국민은 권력이 요구하는 세금을 납부한다. 만일 세금을 납부하지 않으면 처벌을 받는다. 납부하기 싫더라도 처벌을 피하려면 세금을 납부해야 한다. 들뢰즈(Gilles Deleuz)는 국가의 이러한 세금 징수 시스템을 '포획 장치'라고 명명한 바 있는데,[24] 국가라는 것이 그러한 포획 장치를 폭력이 아니라 정당한 권리로 여기고 선전하면서 출현하고 성립되는 것이기 때문이다. 그리고 그렇게 포획 장치가 작동하는 구간을 자신의 경계로 선포하고서, 내심 그 경계를 확대하고 싶어 한다.

이것은 종교가 인간의 종교적 체험이나 내적 신앙을 외적 제도 속에서 검증하고 그렇게 검증된 이만 신자로 규정하려는 시도와 구조적으로 다르지 않다. 종교사상적 차원과 비교해 보면, 가령 가톨릭에서는 인간이 신의 은총으로 창조된 그 자체로 귀한 피조물이기에 인간은 천부적으로 존엄하고 자율성도 부여받았다고 선포한다. 그러면서도 그 존엄성과 자율성도 결국 교회에 의해 승인될 때에만 진정성이 인정된다고 보는 자세도 견지한다. 이러한 자세는 국가권력이 미치는 범위 안에 있는 이들만 국민으로 인정하는 것과 구조적으로 비슷하다. 인간성이 교도권 안에서 긍정되면서 존엄성을 부여받듯이, 국가는 그 구성원을 국민으로 만들어 주는 일종의 '포획 장치'를 진작에 준비해 두고 있는 것이다. 권력으로 정당화된 폭력이 근대 국민국가의 기초를 놓았다는 점에서 국민국가의 주체는 국민이 아니다. 폭력의 영향력 안에 있는 이들이 그 폭력에 동의하면서 그저 국민으로 인정받았을 뿐이다. 권력은 국민이 국가의 주체라고 선언하고 있지만, 사실상 국민의 주체성은 국민이 주체적으로 획득한 것이 아니라, 권력에 의해 부여받은 것일 뿐이라는 사실이 그 선언 속에 이미 함축되어 있다.

8. 종교의 주체

이런 각도에서 종교의 주체에 대해서도 다시 물어야 한다. 종교의 주체를 어느 한 요소만으로 제한시켜 규정할 수는 없을 것이다. 이미 본 대로 종교는 복합적 실재이기 때문이다. 하지만 종교의 외적 표현인 조직과 제도가 사회적 실재로 간주되고 작동하는 현실에서, 외적 제도가 내적 신앙을 주도하거나 이들이 단순 동일시될 수 있는 가능성은 비판적 성찰의 대상이다. 바꾸어 말하면, 종교의 제도 혹은 외적 전통은 내적 신앙의 표현이자 그 신앙을 지시하는 수단 혹은 상징이니,[25] 상징과 그 상징이 지시하는 세계를 구분해야 할뿐더러, 제도와 같은 외적 형식에 대해 내적 신앙의 우선성을 확보해야 한다는 뜻이다. '유대인이나 그리스인이나 종이나 자유인이나 남자나 여자나 그리스도 안에서 하나'라는 선포에서 중요한 것은 '하나'라는 사실이다. '하나'라는 사실을 그리스도 '안'에서 인정하게 되었다 하더라도, 결국은 그리스도 '밖'에서도 그 '하나'를 인정할 수 있는 단계로까지 나아갈 때, '하나'라는 말의 원초적 진정성이 획득되는 것이라는 말이다. 여기야말로 종교가 종교로서 자리매김할 수 있는 지점이 된다.

이것은 이반 일리히(Ivan Illich)가 산업사회의 수단으로 전락해 버린 인간의 현실을 비판적으로 성찰하며 도구 또는 문명이 인간의 주체가 아니라 인간이 도구를 제어하는 자율적 주체가 되어야 한다고 강조했

던 것과 통한다.[26]

　여기서도 종교적 제도가 인간을 수단화하지 않고, 제도에 대해서 인간이 내적 자율성을 확보함으로써 종교적 조직이나 제도가 '인간의 얼굴'을 할 수 있도록 해야 한다는 사실을 읽어 낼 수 있다. '경계'에서 개방과 수용과 조화의 '꽃'을 피워야 한다는 말이다.

　이 지점에서 일체의 제한을 넘어서려고 하는 보편 지향적 종교는, 폭력으로 시작되었고 자기 유지를 속성으로 하는 권력과의 관계를 어떻게 설정해야 하는지도 비판적으로 재설정해야 한다. 교회의 선포가 세계를 변화시키기도 했지만, 그 과정에 경계를 수립해 가려는 조직으로서의 교회도 동시에 공고해져 왔다는 양면성을 직시해야 할 뿐만 아니라, 사실상 일방적인 '포획 장치'로 무장한 국가에 대해서는 더한 비판적 성찰이 필요하다. 그 비판은 수단이 인간을 포획해 스스로 주인이 되려는 시도는 경계하면서, 국민에게 부여된 주권이 정말로 주권으로 작동할 수 있을 때까지 지속되어야 한다. 그렇게 그 지점에서, 즉 인간이 제도와 권력의 자율적 주체가 될 수 있을 때, 종교와 주권은 하나로 만난다. 이런 맥락에서 "국가가 소멸하는 그곳을 형제들이여 바라보라! 그대들은 무지개와 초인의 다리를 바라보지 않겠느냐?"[27]는 니체의 요청은 국가라는 폭력적 경계를 넘어서려는 탈경계적 종교의 목적과 존재 이유를 잘 보여준다.

9. 국민국가를 넘어

이것은 상향식으로 몰아 준 주권을 다시 아래로 찾아와야 한다는 요청으로 이어진다. 역사적으로는 폭력이 정당화되는 과정에 주권이 하향적으로 획득되기는 했지만, 주권이 정말 주체적 주권이 되려면 그 폭력의 구조를 전복시켜 아래로부터 주체성을 확보해야 한다. 정부로 대표되는 국가론에 개의치 않고도 안전할 수 있고 평화로울 수 있는 내면의 힘을 키워 가야 한다. 이른바 권력에 의해 부여받은 대의민주주의를 통해 상향적으로 집중해낸 중심의 거대 권력을 다시 아래로부터 분산시켜 주변의 작은 권력들로 분화시켜야 하는 것이다. 그러면서 더 작은 권력들의 유기적 연결 고리를 확보해야 한다. 거대한 주권을 작은 주권들의 관계망으로 재구성해 내야 한다. 아래로부터의 공동주체성을 확보해 내야 하는 것이다.

니체는 국가의 소멸을 희망한 바 있지만, 우리의 주제와 관련하여 중요한 것은 소멸의 '내용'이다. 소멸되어야 할 것은 국가 자체라기보다는 국가라는 미명하에 가해 오는 위로부터의 폭력이다. 외적으로 제도화한 종교가 가해 오는 내적 체험에 대한 통제이다. 종교적 다양성이 필연적이어야 할 이유도 여기에 있다. 다시 정치·사회적 언어를 쓰자면, 분권화를 통해 작은 권력들의 유기적 연결 고리를 확보해, 폭력으로 구축된 국가 체제를 평화롭게 전복시켜 내야 하는 것이다.

물론 대번에 분권(分權)이 이루어질 수는 없을 것이다. 대의민주주의를 갑자기 바꿀 수도 없을 것이다. 국가를 갑자기 소멸시킬 수도 없을 터이다. 그럼에도 정치철학자인 웅거(Roberto M. Unger)의 소신을 빌리건대, 인간에게는 고정된 관점이나 사전에 형성된 체계 혹은 맥락에 안주하지 않고, 그것을 거부하고 초월하는 능력, 즉 '부정의 역량(negative capability)'이 있다. 이 역량은 '규칙과 일상이 예측하는 바에 굴하지 않으며 공식에 사로잡히지 않고 행동하는 힘이다.'[28] 그 초월의 역량이 구조 안에서 구조를 개혁하는 제도를 만들어 내고, 시민의 자원과 능력을 고양시키며, 하향식 거대 권력을 분권화한 형태로 다변화할 수 있다고 웅거는 일관되게 주장한다. 그가 신자유주의에 대한 경제적이고 정치적인 대안으로서 '강화된 민주주의(empowered democracy)'를 이룰 수 있다고 주장하는 근거에도 '부정의 역량'에 대한 신뢰가 놓여 있다.[29] 이 역량이 '제도적 장치, 고정된 역할, 경직된 의식 형태에 대한 저항'으로 이어지면서, "우리를 더욱 신성하고 인간적으로 만드는 특성을 재확인할 수 있다."는 것이다.[30]

그가 '부정의 능력'의 사례로 "많은 사람들이 기독교도임을 공언했을 때 이교도가 되었고, 어떤 사람은 이교도로 변했을 때 기독교도가 되었다. 즉 배교의 순간이 회심의 순간이었다."[31]고 말했는데, 우리의 주제와 관련지으면, 이것은 종교의 본질이 경계파괴적인 데 있다는 사실을 밝혀 준 것과도 다를 바 없다. 종교는 경계수립적이기도 하지만, 경계파괴 혹은 탈경계적 종교에 의해 알려진 인류의 연대성이 진정한 세계화를 추동하는 근간이자, 어느 제도에도 갇히지 않는 원초적 가치라는 사실을 말해 주고 있는 것이다.

10. '일국'과 '일국적' 그리고 세계시민주의

그러나 현실은 경계 안에 갇히거나 경계의 일방적 확장에 골몰하는 경우가 더 많다. 현실은 세계시민주의적이기보다는 여전히 일방적이고 폭력적이다. EU나 NATO 등 여러 국가 간 협력 체제들이 일찍이 발달한 구미에 비해, 아시아에서는 경제적으로는 엄청난 규모와 밀도로 상호 교환을 하면서도 이에 걸맞은 공동의 논의의 장을 형성하지 못한 채(이른바 '아시아 패러독스'), 19세기 유럽의 민족국가들처럼 서로 경쟁하고 군사적 충돌의 위험도 감수하는 국가 간 갈등이 지속된다.[32] 지역에 따라 종교적 최대주의가 여전히 횡행하거나 강화되고, 국가경쟁력이라는 미명 하에 신자유주의는 더욱 득세하며, 개인은 국가와 기업이 조종하는 자신과의 끝없는 싸움에 내몰린다.

굴기하는 중국에 대항하는 미국의 옹호 아래 일본은 군국주의화하고, 러시아가 신동방정책을 펼치며 아시아에 대한 영향력을 확장시키고 있다. 한국은 북한을 적대하는 가운데 열강들의 틈바구니에서 국가적 영향력의 확보와 확대에 골몰하고 있다. 주변국들의 이해관계와 권력의 자기유지적 성격에 휘말려 남북 간에는 여전히 대립과 갈등의 골이 깊다. 모두들 자기만의 경계를 확보하고 확장하려는 근대 국민국가 체제 안에서 벌어지는 일들이다. 근대 국민국가 체제를 취하고 있는 대부분의 국가는 물론, 법과 제도를 중심으로 자신만의 외적 경계를 분명히 하려는 상당수 종교공동체들도 이와 다르지 않은 양상을 보여주고 있다. 권력의 영향력에 기초한 자국 중심의 패러다임에 갇히고, '명사적' 종교관으로 타자를 배타하는 데서 비롯되는 일들이다.

하지만 울리히 벡의 분석을 빌려 전술했듯이, 근대 국민국가의 기초에는 조직이나 신분 등 외적 제도가 아니라 개인의 내적 신앙을 중시하는 종교적 세계관이 사회화하면서 형성된 개인화 현상이 놓여 있다. 개인적 선택을 중시하는 분위기에 따라 '자기만의 신'을 추구하는 경향도 생겼고, 이러한 경향이 기존의 수직적 위계와 수평적 경계에 도전하면서 새로운 경계를 세워가는 동력으로 작동해 왔다. 혈연이나 지역을 넘어서는 종교적 보편성이 오늘날의 세계화 현상의 견인차 역할을 해 온 동력이었다는 말이다. 바꾸어 말하면 새로운 경계를 세워 가는 과정에는 이미 자유로운 선택에 입각한 탈지역적, 탈경계적, 나아가 탈국가적 행위들이 선행하고 있다는 것이다.

종교는 이러한 원리에 좀 더 충실할 필요가 있다. 경계를 허무는 자유를 무시한 채, 자국 중심의 경계만을 확보하려 하거나, 자기 종교

중심의 최대주의적 확대를 위한 시도들은 모순이라는 뜻이다. 종교적 이념과 사상이 나름의 보편성을 내세우면서 세계화를 도모하면서도, 세계화를 지향하는 또 다른 보편성에 도전받으며 결국 자기 변화를 수용하게 되듯이, 종교적 보편성도 세계적 보편성에 도전받고 그것을 수용하면서 유지되는 것일 수밖에 없다. 국가 단위에서든 종교 단위에서든, 상호 중첩적으로 작용하며 변형되어가는 세계적 상황을 적극적으로 소화하는 자세가 더 요청되는 때인 것이다.

스미스의 형용사적 종교관을 다시 한 번 차용한다면, '일국'보다는 '일국적' 자세를 견지해야 한다는 것이다. 중앙 집중적 권력에 대해 그것을 요구하기보다는 – 권력은 속성상 그렇게 하기 힘들다 – 자발적인 분권화 운동을 통해 아래로부터 그러한 요청을 확대시켜 나가야 한다. 명사로서의 '종교'가 경계 안팎을 나누고 경계 밖의 존재를 이방인이나 불신자로 규정하듯이, 명사로서의 '일국주의'는 이주민이나 난민에 대해 무관심하고, 자국민 한 사람을 위한다며 타국민 열 사람을 무시한다. 그에 비해 형용사 '종교적'은 자신의 정체성은 유지하면서도 그 정체성의 내용을 경계 밖에서도 확인한다. '종교적'은 경계초월적이고 경계개방적이며, 다원적 경계성을 인정하기에, 딱히 죄인이라 규정할 명백한 경계를 두지 않는다. 형용사로서의 '종교적' 차원에 설 때 세계화의 주역인 종교현상의 본질도 제대로 파악할 수 있게 되듯이, 근대 국민국가의 일국주의도 명사로서의 '일국'이 아니라, 형용사로서의 '일국적'인 자세를 견지할 필요가 있다는 뜻이다.

한 국가와 다른 국가 간의 공통성에 좀 더 초점을 두고서, 그 상호 개방적 공통성을 중심으로 일국 중심의 경계 짓기를 완화시키는 공동 작업이 요청된다. 가령 비자 면제 협정을 확대하는 등, 기존의 경계를 넘어서거나 완화시키려는 시도가 더욱 요청된다. '부정의 능력'을 발휘해 구성원 한 사람 한 사람이 정치 및 경제적 주체 의식을 고양해야 하고, 그런 식으로 세계와 통하는 세계적 가치를 아래로부터 구체화시켜야 한다. 나아가 그 보편성에 저항하는 또 다른 보편성의 도전을 창조적으로 수용할 수 있는 개방성도 갖추어야 한다.

11. 나가는 말: 한국문화적 가능성

이러한 문제의식을 한국의 맥락 안에서 가져오면, 전술한 형용사적 세계시민주의의 정신은 단순히 서구의 개념이거나 한국인에게 낯선 개념들은 아니다. 가령 최치원(857~?)이 신라인의 깊고 묘한 도(道)라며 규정했던 '포함삼교(包含三敎)'는 오늘날의 세계시민주의적 정신과도 통할뿐더러, 원리상으로는 더 깊은 정신세계를 반영해 준다. '포함삼교', 즉 '삼교(유·불·선)를 포함하는' 행위와 자세[33]는 오늘의 언어로 바꾸어 말하면 다양성[三敎]을 융합[包含]해 내는 자세이다. 여러 가지의 물리적 뒤섞임을 의미하는 '포함(包涵)'과는 달리, '포함(包含)'은

화학적 융합의 상태에 좀 더 가깝다.[34] '포함(包含)삼교'는 삼교가 별개로 나열되어 있는 상태가 아니라, 비빔밥처럼 서로의 맛이 녹아 들고 있는 상태이다. 이러한 상태를 전술한 표현을 빌려 적용하면 '공동의 주체성'이라 할 만하다.

더 거슬러 올라가면, 화해(和解)와 회통(會通)의 사유 체계인 원효(617-686)의 '화쟁(和諍)'도 갈등[諍]을 조화[和]시키는 통섭적 자세이다.[35] 세계시민주의도 이러한 자세 없이 형성될 수 없다는 점에서, 한국 안에서 형성된 '포함'이나 '화쟁'의 정신은 오늘날 세계시민주의를 한국 안에서 가능하게 해줄 한국적 영성의 근간이라 할 만하다. 김태창이 한국 사상을 포함하여 동아시아적 공공철학의 원리에 대해 고민하면서, '활사개공(活私開公)'이라는 표현으로 공공성(公共性)의 원리를 간명하게 규정한 바 있는데, 사적 영역을 살리면서 공적 영역을 열어 간다는 '활사개공'도 공동체와 그 구성원 모두의 상생 방식을 잘 보여준다.[36]

'포함삼교'나 '화쟁'은 공동체의 경계가 분열의 '담'이 아니라 소통의 '꽃'이어야 하는 한국철학적 원리를 잘 보여준다. 프랑스에서 혁명과 반혁명을 거치며 정립해 낸 시민 의식의 정수인 '똘레랑스' 이상 가는 가치라 할 만하다.[37] 이들 모두는 제도 안에 갇히지 않는 개인의 내면이 새로운 경계 수립의 기초가 된다는 사실과 개인들의 내면을 긍정할 때 종교로서의 기본적 정체성도 확보된다는 앞에서의 서술을 잘 보여준다. 아울러 국민국가 체제의 필연인 '국경'이 구조적 연계 속에서 더 느슨해질 필요가 있다는 필연적인 논리도 반영해 준다.

오늘날 세계시민주의적 관점과 질서를 수용하는 과정에 혼란이나 갈등이 있을 수 있겠지만, '포함'이나 '화쟁'은 공동체의 한국적 가능성을 구체화시켜 줄 보이지 않는 동력이다. 이 정신은 오늘날 한국인이 세계시민주의적 자세를 소화하도록 이끄는 동력이자, 공동체의 원리와 공동의 주체성을 잘 설명해 주는 자세들이기도 하다. 한국인의 무의식 속에서 작동해 온 역사적 경험을 다시 소환하고 현재적 지평에서 결합시켜 냄으로써, 자신만의 최대주의적 경계 설정에 골몰하는 종교는 물론 자국 중심의 폭력적 근대 국민국가 체제 안에서 잊고 살았던 세계시민주의적 공동체성의 확보를 위한 기초를 찾을 때이다. 종교가 시대적 산물이면서도 시대에 저항하며 기존의 굳은 경계를 넘어왔듯이, '동(同)'을 '공유(共)'한다며 타자를 제거하는 폭력적 '나들(Is)'의 집단에서 벗어나, '공동의 주체성'을 공유하며 '같이(共) 사는(存)' '공존체(共存體)'를 모색해야 할 때이다. 그렇게 '우리'라는 인류의 연대적 공동체성을 확보해 내야 하는 과제를 지고 있는 것이다.

04

동아시아 평화공동체의 구축을 향해

- 종교 간 대화와 종교인의 사명

사나다 요시아키
(眞田芳憲, 주오대학 명예교수)

1. 지금 우리들의 문제

1) 기억 · 책임 · 미래

일본이라는 땅에서 태어나 동아시아에 사는 사람으로서 평화를 생각하는 데 가장 중요한 말은 기억 · 책임 · 미래 이 세 가지일 것이다. 2015년 8월, 일본의 아베 신조(安倍晋三) 수상은 〈전후 70년 담화〉에서 "과거를 계승하고 미래에 넘겨줄 책임이 있다."고 이야기 했다. 미래는 과거 안에 있다. 그리고 현재가 미래를 창조한다. '미래에 넘겨줄 책임'을 이야기할 때, 지금 우리들이 '계승해야 할 과거'는 어떻게 봐야 하는가? 전후 70년을 생각하는 것은 패전 이전 77년의 일본의 침략과 식민지 통치의 책임을 전제 조건으로 한다. 책임이야말로 일본 국민에게 기억과 미래를 연결하는 중간 단계가 되어야만 한다.

여기서 책임이란 무엇인가? 책임을 의미하는 영어 'responsibility'에 입각해서 말하면, 현재 여기에 사는 사람이 과거의 역사가 묻는 것을 직시해서 응답하는 능력(response+ability)이라 할 수 있다. 어떤 나라든 이러한 책임 없이는 개인 간에도 국가 간에도 인간으로서 신뢰 조성이 불가능할 것이다.

필자는 1937년에 태어났다. 필자는 청일전쟁(1894-1895)도 모르고 러일전쟁(1904-1905)도 모른다. 또한 한일강제합병(1910)도, 그리고 그 후 벌어진 제국주의적 침략과 식민지 통치도 모른다. 아직 태어나지 않았기 때문에 이러한 사실이 필자의 실체험으로 기억 속에 존재할 리는 없다. 그런데도 당시의 일본의 역사에 직접 관여한 당사자 선인들이 아니라, 기억의 체험을 공유하지도 않은 현재의 필자가 책임을 져야만 하는가? 바로 이때, 지금 여기서 살아가는 나는 대체 무엇인지, 지금 여기에서 살아가는 나라는 존재 자체의 의미를 물어야 하는 것이다.

2) 지금 여기에 산다는 것의 의미

인간은 누구라도 자기의 정체성을 가진다. 기독교인이라면 기독교의 가르침을 따라 자신의 정체성이 무엇인지를 생각할 것이다. 필자는 불교인이다. 불자인 이상 불교의 가르침을 따라서 나라는 존재의 아이덴티티를 생각한다.

불교의 중심 사상은 연기관(緣起観)이다. 원시 불전에서 말하는 연기는 "이것이 있으면 저것이 있고, 이것이 생기기 때문에 저것이 생기고, 이것이 없으면 저것도 없으며, 이것이 멸하기 때문에 저것도 멸한다."는 관념이다. 확실히 사람이든 물체든 이 세상의 일체의 사물 그 각각의 존재 자체는 다른 것들을 넘어서는 절대적 존재이다. 하지만 결코 고립되어서 존재하는 것은 아니며 모두 보편적인 시간적·공간적 관계성의 장에서 서로 관련되어 살아가고 또 살려지면서 존재하는 것이다.

이 불교의 연기관을 가장 상징적으로 가리키고 있는 것이 '제석(帝釈)의 그물(『범망경(梵網経)』)'이다. 제석의 하늘 궁전은 '인타라망(因陀羅網, 제석천의 궁전을 장식한 그물)'이라고 불리는 그물로 덮여 장엄하게 빛나고 있다. 이 그물의 하나하나의 매듭에는 모두 미러볼(mirror ball)과 같은 보석이 달려있으며 그 수는 무량하여 셀 수도 없을 만큼 많다. 또한 하나하나의 보물은 모두 스스로와 주변의 다른 보물 전체에 그림자를 비추고, 하나하나의 그림자 속에도 또 다른 모든 보물의 그림자를 비추고 있어 이렇게 서로를 비추는 보물들이 무한하게 교차하며 서로 거듭해서 무한으로 퍼져 나가고 또 감추며 장엄한 세계를 나타낸다. 이 비유는 한마디로 말하면 하나와 다수, 개체와 전체가 융합하여 거듭해서 무한한 상호 의존 관계에 있음을 시사한다. 불교의 연기관을 일본의 헤이안(平安) 후기의 승려인 융통염불(融通念仏)종의 개조(開祖)인 료닌 쇼닌(良忍上人, 1073?-1132)은 다음과 같은 구절로 간결하게 표현하고 있다.[1]

일인 일체인(一人一切人)　일체인 일인(一切人一人)

일행 일체행(一行一切行)　일체행 일행(一切行一行)

　인간은 한 사람 한 사람의 개인으로 구성되어 있지만 개인은 다른 사람과의 시간적·공간적 관계 속에서 생존한다는 의미에서 '일인 일체인'이며, 동시에 인간은 추상적 개념으로서의 전 인류가 아니라 한 사람 한 사람 개인으로서 전 인류를 이룬다는 의미로 '일체인 일인'이라 할 수 있다.

　인간의 행위도 마찬가지다. 개개인의 행위는 일견 독립한 개별 행위의 양상으로 보여도 자세히 보면 타인과의 밀접한 시간적·공간적 관계 안에서 성립된다. 전쟁은 말할 필요도 없이, 하나의 잘못된 반사회적 행동이 국가 간에 그리고 사회의 모든 사람들에게 악영향을 미칠 수 있으며 막대한 피해나 손해를 끼칠 수 있으니 '일행 일체행'이다. 그리고 또 전 인류의 행위 같은 추상적 행위가 아닌 모든 각각의 행위가 시간적이고 공간적인 관계 속에서 이루어져 존재하는 이상 '일체행 일행'이라고 할 수 있다.

　불교의 연기관에 의하면 전 인류는 나 하나 속에 존재하고 전 인류의 역사는 내 안에 응집되어 있는 것이다. 전쟁 전 77년의 군국주의·패권주의 일본의 침략의 역사도 당연하게 내 안에 응집되어 있으며 나는 그것으로부터 달아날 수는 없는 것이다.

3) 원 아시아의 하나(Oneness)라고 하는 것

이 글의 주제는 '원 아시아: 아시아의 일치(One Asia: Unity in Asia)' 이다. 여기에서 말하는 '하나(Oneness)'는 무엇을 의미하는가? '하나 (Oneness)'에는 '폐쇄된 하나(closed Oneness)'와 '열린 하나(open Oneness)' 가 있다. 그렇다면 '폐쇄된 하나(closed Oneness)'는 또 무엇인가? 영어 로 '광신도'를 의미하는 'fanatic'이라는 말이 있다. 'fanatic'은 라틴어 의 'fanaticus'에서 유래하고 이 말의 어원은 '신전·성소'를 의미하는 'fanum'이다. 사람이 다른 사람을 배제하고 자신의 신전 안에서 자신 의 세계 속에 틀어박혀서 자신만의 신을 절대시하고 자기의 종교의 가르침과 의식만이 옳은 것이라고 믿을 때 그 사람은 바로 광신자가 된다. 이것은 종교뿐 아니라 이데올로기라고 칭해지는 모든 것에 해 당될 것이다.

'열린 하나(open Oneness)'를 구체화하는 것으로는 일본의 명시인이 라고 추앙받았던 에도(江戶)시대의 시인 마쓰오 바쇼(松尾芭蕉, 1644-1694)의 다음과 같은 짧은 시구가 있다.

풀도 가지가지 각양각색 꽃의 덕일까

화초가 서로 겨루듯이 피어나는 언덕을 생각해 보자. 종류와 형태,

크기 그리고 색깔 등이 다 다른 다종다양한 화초가 각각의 화초에 걸맞는 특성을 힘껏 발휘해 생명을 개화시키고 있는 조화의 세계야말로 "다양성 속에서의 일치(Unity in Diversity)"이자 "일치 속에서의 다양성 (Diversity in Unity)"의 세계 아닐까? 그리고 그것이야말로 우리들이 원하는 평화의 세계가 아닐까? 2014년 8월 한국 인천에서 개최된 제8회 아시아종교인평화회의(Asian Conference of Religions for Peace: ACRP)의 주제인 '아시아에서의 일치와 조화(Unity and Harmony in Asia)'는 바로 '열린 하나(open Oneness)'의 구체적인 표현이었다고 말할 수 있다.

2. 일본의 근대화와 폐쇄된 하나, 핫코 이치우(八紘一宇)

1) 폐쇄된 하나의 허상, 개명(開明)의 세상 · 문화(文華)의 나라

아시아 근대사를 뒤돌아보면, 아시아 제국이나 아시아 사람들은 모두 서양 열강의 제국주의적 침략과 식민지의 획득 · 분배 · 확장의 공포에 노출되어 있었다. 당시의 일본 메이지(明治) 초기의 지식인은 이러한 아시아의 국제 환경을 다음과 같이 진술하고 있다.

소위 강국은 타국을 침범하고 빼앗는 데 급급하다. 오직 권모술수로 싸우며 천하를 그저 약육강식의 들판으로 여기고 민중을 사냥하는 승냥이 떼로 화한다. 의기양양하게 이것을 개명(開明)의 시대, 문화 (文華)의 나라라 칭송한다. 얼마나 어리석은 서인들의 망할 모습인 가.[2]

더욱이 다음과 같이 근심과 탄식의 말을 반복하고 있다.

해외 열국은 호탄랑식(虎吞狼食, 호랑이가 삼키고 늑대가 잡아먹는 다는 표현. 『삼국지』의 병법에서 유래한 말)과 같으며 사리사욕을 최상의 목적으로 하는 그 경쟁과 쟁탈의 상황은 마치 개가 무리 지어 썩은 고기를 두고 싸움과 같으니라.[3]

당시 유럽의 공법(公法)으로 출발한 국제법과 국제법상의 국가승 인 이론에 따르면, 지구 상의 인간은 문명인 지역, 야만인 지역, 미개 인 지역 세 곳으로 나뉜다고 한다. 문명인 지역에서는 절대적이고 무 조건적인 정치승인(=평등조약의 체결)이, 야만인 지역에서는 부분적 정 치승인(=불평등조약의 체결)이, 미개인 지역에서는 자연적·인적 승인 만이 주어진다고 여겼으며, 그 승인 결정권은 당연히 문명국가에만 있다고 주장했다. 그리고 문명인 지역은 유럽 제국 및 북·남아메리 카의 여러 주, 야만인 지역은 중근동이나 아시아에서도 오랜 역사를 가지는 나라들 예를 들면 오스만투르크(OttomanTurks)·페르시아·인도·중국·샴(Siam)·일본 등의 나라들이 있으며, 마지막으로 미개인 지역에는 아프리카 대륙이나 오스트레일리아 대륙에 사는 원주민의 생활 영역을 포함하고 있었다.[4]

서구 열강이 탐욕스럽게 아시아를 침략하고 식민지화했던 현실과, 야만인 지역이라는 위치가 부여된 일본의 도쿠가와(德川)막부(幕府)가 체결할 수밖에 없었던 불평등조약을 어떻게 개정할지는 새로운 일본의 운명을 짊어진 메이지(明治) 정부에서 반드시 이루어야 할 국가적 과제였다.

그러나 조약 개정을 위해서는 일본이 문명인의 지역에 속하는 국가라는 사실을 당시의 서양 세계에 인지시켜야 했다. 따라서 메이지 정부는 이 정치 과제의 돌파구로서 서구 열강을 모범으로 삼아, 부국강병 정책에 기초를 두는 개명(開明) 세상과 문화(文華)의 나라, 즉 문명국 건설을 시도하게 되었다.

2) 폐쇄된 하나의 사상적 선구자, 요시다 쇼인(吉田松陰)

메이지유신(明治維新)의 지사(志士, 뜻을 같이하는 사람)들을 육성하며 이토 히로부미(伊藤博文)나 야마가타 아리토모(山縣有朋) 등 장래의 메이지 정부의 지도자를 길러 낸 요시다 쇼인(吉田松陰, 1830-1859)의 이른바 국수주의적인 예언자 발언이 이러한 사정을 여실히 드러내고 있다. 당시 옥사에 있었던 그는 국사를 지인의 한 사람인 구리하라 료조(来原良三)에게 맡기고 다음과 같은 서신을 보냈다.

> 지금의 계략을 말하자면, 화친을 맺은 두 포로(미국과 러시아를 칭함)를 저지하고 그 사이에서 일본을 풍족하게 하며 병력을 키운 후, 에미시(蝦夷, 현재의 홋카이도(北海道))를 개척해 만주를 빼앗고 조선을 점령하여 나아가서는 남부를 병합하면 후일 자연스레 미국을 쳐부수고 유럽을 꺾을 것이고 이기지 못할 일이 없다.[5]

두 포로는 두 적 또는 야만인, 구체적으로는 미국과 러시아를 가리키며, 에미시(蝦夷)는 현재의 홋카이도에 살고 있던 토착민 아이누(Ainu)족의 땅을 의미한다. 다시 말해 일본이 중요하게 여겨야 할 것은 미국과 러시아와 화친을 맺어 양국의 세력을 누르고 그 사이에 부국강병에 힘쓰며 에미시를 개척하고 만주와 조선을 일본 영토로 삼은 다음, 남아시아 지역을 병합하고 적절한 때 미국이나 서구의 세력을 제압하는 것이라고 쇼인은 주장했다.

물론 쇼인(松陰)의 이러한 침략 사상을 대아시아의 외교적·군사적 전략으로 이용한 메이지 정부의 권력자를 규탄한 우국의 의사도 결코 적지 않았다. 예를 들면, 우치무라 간조(內村鑑三), 가타야마 센(片山潛), 고토쿠 슈스이(幸德秋水) 등으로 결성된 〈평민사(平民社)〉에서 비전론과 반전론, 제국주의와 군국주의 절대 반대 등을 주장한 수많은 사회주의자들이 바로 소중한 지사들이었다. 여기에서는 사회주의자 쪽에 가담하지 않고 서양의 파워 폴리틱스(power politics)을 배제하며 동양 평화를 위해 살았던 지청(知淸)과 퇴역 군인 아라오 세이(荒尾精, 1859-1896)[6]가 국가의 도의성을 염려하며 개탄한 구절을 인용하고자 한다.

권모술수로써 패권을 세우려 한다. 야만스런 서인이 타국을 침범하고 빼앗는 모습을 문화개명(文華開明)의 진경이라 하니 …(중략)… 권모술수를 가지고 권모술수와 싸우고 폭력으로 폭력에 대응하는 꼴이다. 이런 식으로 세계 연방 강국과 주변을 포함해 팔방의 나라를 감싸려 한다. 그러면서 대성(大成)을 바라고 있으니, 위로는 지성으로 천황(眞皇)을 받들고 아래로는 충효의 양민을 지니는 데 급급하여 호탄랑식(虎吞狼食)을 본받는 꼴이라. 야만스런 서양인보다도 심하지 않은가.[7]

3) 폐쇄된 하나의 함정, 핫코 이치우(八紘一宇)

그러나 시대의 흐름은 무력에 의한 세계 지배로 힘차게 나아간다. 일본의 중국 및 동남아시아 침략을 정당화하는 슬로건으로 제창된 것이 바로 핫코 이치우(八紘一宇)였다. 핫코(八紘)는 세계, 이치우(一宇)는 하나 혹은 한 집의 지붕을 의미한다. 핫코 이치우(八紘一宇)가 최초로 공식 인용된 것은 1937년 제1차 근위내각 시대였으며, 그 이후 1940년에 제2차 근위내각의 기본국책요강에서는 "황국(皇国)의 나라는 핫코 이치우(八紘一宇, 세계는 하나)로, 필국(肇国, 바른 나라)의 대정신을 기본으로 하고 세계 평화 확립을 근본으로 하며, 황국을 중심으로 일본과 만주를 강국으로 만들어, 대동아(大東亞)의 신질서를 건설한다."[8]고 설명되어 있다.

핫코 이치우(八紘一宇)는 일본의 지휘 아래 사방의 지역 확보를 세계정신으로 삼는 이데올로기이며, 문자 그대로 폐쇄된 하나(closed Oneness), 다시 말해 일본에 대한 무조건의 봉사와 예속을 요구하는 독선적 슬로건이었다. 청일전쟁(1894-1895)과 러일전쟁(1904-1905) 이후 한국에 대해서는 강제합병과 동시에 제국주의적 식민지로 삼고 중국을 침략했으며, 중일전쟁을 벌이고, 1945년 일본이 패전에 이르기까지 77년의 역사는 폐쇄된 하나가 전쟁의 길이자 멸망의 길로 통하는 것이며, 문명론적으로 말하면 죽음의 문명을 초래하는 것임을 시사한다.

3. 열린 하나의 고난과 좌절의 길

1) 오카쿠라 덴신(岡倉天心)과 아시아를 하나로

서양 열강을 추종하며 제국주의 국가의 길을 걷기 시작한 일본을 보고, 서양의 땅에서 문명론적으로 아시아 문화공동체론을 논하고 아시아의 평화를 주장한 선각자가 있었다. 오카쿠라 덴신(岡倉天心, 1862-1913)이다. 오카쿠라 덴신은 도쿄(東京)미술학교(후의 도쿄미술대학)의 교장을 역임하고 미국 보스턴 미술 박물관의 동양부 고문으로 활약하며 일본미술은 물론 동양의 미술 부흥에 위대한 공헌을 한 인물이었다.

오카쿠라 덴신은 러일전쟁이 벌어지기 1년 전인 1903년에 영문으로 『동양의 이상(The Ideals of the East)』이라는 책을 펴내 세상에 물었다. 그는 책의 첫 권의 벽두에서 힘 있게 "Asia is one(아시아를 하나로)"이라고 외쳤다.[9] 이 말은 본 프로젝트의 주제인 〈원 아시아: 아시아의 일치〉의 선구적 제창이라고 할 수 있겠다. 러일전쟁이 끝난 후 이토 히로부미(伊藤博文)를 초대 통감으로 하는 일본 통감부가 설치된 1906년, 오카쿠라는 런던에서 영문으로 『차(茶)의 책(The Book of Tea)』을 출판했다. 그는 이 저서에서 다음과 같이 진술하고 있다.

서양인은 일본인이 평화롭게 문예에 열중하고 있던 때에는 야만국으로 간주했다. 그런데 만주의 전장에서 대규모의 살육을 시작하자 문명국이라 부르고 있다. … (중략)… 만약 우리들이 문명국이 되기 위해 그 피비린내 나는 전쟁의 명예에 따라야 한다면 오히려 언제까지라도 야만국에 만족하자. 우리들은 우리의 예술과 이상에 마땅한 존경이 따르는 시기가 오기를 기뻐하며 기다리자.[10]

여기에서 앞서 말한 근대 국제법의 문명인의 지역, 야만인의 지역, 미개인의 지역이라고 하는 국가론을 다시 한 번 상기해 보자. 우리들은 문명, 문명국과 야만, 야만국 혹은 미개, 미개 지역이 서양 우월성의 시점에서 사용된 실로 특수한 이데올로기적 특성이 부여된 용어인 것을 알아차릴 수 있을 것이다.[11]

2) 안중근의 동양평화론

일본을 필두로 열강 제국의 침략에 의한 민족 · 국가존망의 위기에 처한 조선 땅에서 국가피탈(国家被奪)의 조국에 생명을 바친 투사 가운데 안중근(1879-1910)이 있다. 1910년 8월 22일 한일합병조약을 체결한 뒤 대일본(大日本)제국은 대한제국을 병합하고 한국에 관한 일체의 통치권을 획득했다. 그보다 한 해 전인 1909년 10월 26일 한국 황해도 해주 출신의 안중근이 한국 통감부 초대 통감이었던 이토 히로부미를 중국 하얼빈 역전에서 저격하여 암살하는 사건이 발생했다. 안중근은 뤼순(旅順)의 재판소에서 사형 판결을 받고 불과 한 달 후인 1910년 3월 26일 뤼순 감옥에서 사형에 처해졌다.

안중근의 이토 히로부미 저격 사건의 이유와 시대 인식을 알기 위해서는 그의 자서전 『안응칠(安応七) 역사』와 처형 직전까지 집필하고 있었던 미완성의 '동양평화론'을 읽어야 한다.[12] 안중근은 왜 이토를 노린 것인가? 그는 하얼빈 일본제국 총영사관에서 행해진 검찰관의 심문에서 15개조에 걸쳐 이유를 진술하고 있다. 여기에 보이는 그의 기본 사상은 자서전인 『안응칠(安応七) 역사』와 부합한다. 이토 히로부미 저격에 이르는 그의 시대 인식은 다음의 두 가지로 요약할 수 있다.

첫 번째로 일본이 러시아와 전쟁을 시작하면서 일본 천황이 선전 포고한 조서 안에는 동양의 평화 유지와 한국의 독립이 명문화되어 있다. 그럼에도 이토는 위로는 천황을 속이고 밖으로는 열강을 속이고 간책을 농하는 등 비도가 한계에 달하고 있다. 이 도적을 처벌하지 않으면 한국은 반드시 멸망하고 동양은 사라지고 말 것이다.

두 번째로 현재 서구 세력의 동양 침략이라는 재난은 동양 인종이 일치단결해서 막는 것이 제일 상책이다. 그러하기에 청국의 민중은 일본의 승리를 환영하고 환희를 같이 나누었다. 그럼에도 불구하고 일본은 같은 동양인 이웃 나라를 약탈하고 동양 사람들의 기대와 희망을 배반했다. 동양 전체가 멸망하는 참해를 수수방관하며 좌시하고 있을 수는 없다. 그러하기에 동양 평화를 위한 의전(義戰, 의로운 전쟁)을 하얼빈에서 시작한 것이다.

안중근은 자신의 이토 히로부미 저격사건을 단순한 사적 원한이나 개인의 테러가 아니고, 민족의 독립과 동양의 평화를 위협하는 침략군과 싸우는 의병 투쟁의 연장으로 위치 짓고 있었다. 그의 '동양평화론'은 바로 동아시아 공동체의 평화와 그 실현을 위한 한국·청국·일본 민중을 향한 동양 연대를 구상하는 글이었다. 이러한 안중근의 주장은 메이지(明治) 천황의 선전포고의 조칙을 보아도 정당하게 간주되어야 할 것이었다. 그 조칙(詔勅)의 핵심 부분을 적출해 보자.

즉위 이래 20여 년 동안 평화스러운 치세에서 문명개화를 이루며 외국과 분규를 일으키는 것은 참으로 해서는 안 되는 일이라 믿고 우방 정부에 대하여 언제나 우호국으로서 우호관계가 강해지도록 노력해 왔다. …(중략)…그러나 청(淸)국은 일이 있을 때마다 스스로 조선을 속국이라 주장하고 음으로 양으로 조선에 내정 간섭하고 그에 내란이 일어나니 속국의 위기를 구한다는 구실로 서둘러 조선에 병사를 내보냈다. …(중략)… 다시 말해 청(淸)국의 계략은 명확하게 조선국 치안의 책무를 짊어진다는 명목으로 일본을 부정하고…(중략)…

마찬가지로 일본의 외교적·군사적 행동은 선전포고 조칙에서 선언되었던 국제 공약에 위배한다는 엄중한 논란이 당시의 메이지(明治)의 지식인 안에서도 있었고, 국가의 도의성에 어긋나는 것이라고 규탄한 열사도 있었다. 예를 들면 앞서 말한 아라오 세이(荒尾 精)는 다음과 같이 말하고 있다.

청국을 향한 선전포고는 조선을 안전하게 독립시키기 위함이며 동양의 평화를 확고히 하는 데 목적을 둔다. 현 시점에서 청국이 앞으로 조선의 자주를 침범하지 않고 동양의 평화를 갈취(攪擾)하지 못하도록 하는 조건으로 맹약을 걸어야 하는 것은 처음부터 당연하다. …(중략)… 동양의 평화를 깨는 적이 단지 청국만은 아니고 동양의 재난에 굴복하는 것이 단지 조선만은 아니다. 따라서 동양의 평화를 영원히 유지하려면 오직 청국의 사명을 제지하며, 적어도 일본이나 조선이 단합을 표명할 필요가 있을 뿐더러 나아가서는 동양의 근간인 일본과 청국의 양국 부강을 꾀하고 소위 서력동점(西力東漸)의 조류를 배각해야만 한다.[13]

3) 안중근과 대역(大逆)사건의 고토쿠 슈스이(幸德秋水)

이토 히로부미(伊藤博文)는 두말할 필요도 없이 일본의 근대국가의 초석을 쌓은 영웅 중 한 사람이다. 일본의 시점에서 보면 그 국가적 영웅을 죽인 안중근은 암살자이자 테러리스트가 된다. 반면 한국의 시점에서는 한일협약을 강요하고 조선 망국의 원흉이 된 이토 히로부미를 제거한 민족의 영웅이다. 그러나 일본에게는 악랄한 테러리스트인 안중근을 칭찬하고 안중근의 행동이 의거라며 지지한 사람도 있던 것을 기억해야 한다.

1910년 12월 고토쿠 슈스이(幸德秋水) 등 24명의 사회주의자들이 천황의 암살을 준비 내지 공모했다는 피의 사건에 대한 재판이 이루어졌다. 이것이 이른바 '대역(大逆)사건'(천황을 모함하거나 음모를 꾸민 사건)인데, 주모자로 지목된 고토쿠 슈스이(幸德秋水)의 이름을 따서 고토쿠(幸德) 사건이라고도 불린다.

이 사건은 즉시 대심원(당시의 대법원)의 특별법정에서 한 사람의 증인도 채택되지 못한 채 심의가 종결되고 1911년 1월 18일에 판결이 선고되었다. 그리고 판결 후 일주일도 채 지나기 전인 1월 24일, 슈스이(秋水) 외 12명의 피고인에게 사형이 집행되었다(사형자 중에 슈스이의 내연의 처 간노 스가(管野須賀)는 다음 날인 25일에 사형 집행). 이 대역 사건은 메이지(明治) 사회주의·아나키즘에 대한 정부의 정치적 탄압을 강화하기 위해 꾸며 낸 사건으로 알려지고 있고, 근대 일본의 재판사상 최대의 암흑재판이라는 평가를 받고 있다.

고토쿠 슈스이가 체포될 때 소지했던 검은 가죽 가방 속에서 엽서

한 장이 발견되었다. 그 엽서에는 안중근의 초상과 안중근을 찬양하는 슈스이(秋水)의 한시가 적혀 있었다.

舍生取義	생을 버려 의를 취하고
殺身成仁	몸을 던져 인을 이룬다
安君一擧	안군의 일거에
天地皆振	온 천지가 흔들린다[14]

슈스이의 이러한 사회주의적 사상과 행동은, 당시 전쟁을 반대하면 애국심 없는 비굴한 놈 혹은 나라의 역적이라고까지 비난받던 일본 사회에서 반전 캠페인을 벌여 가며 러일전쟁에 반대하고 조선 인민의 자유독립 자치권리의 존중[15]이라는 주장을 이어 갔던 그에게는 당연한 일이었다. 여기에 바로 크기는 작지만 그 정신만큼은 커다란 열린 하나, 하나된 아시아의 길이 준비되어 있었다고 말할 수 있을 것이다.

전후인 1961년, 대역 사건은 사회주의 운동 괴멸을 노린 국가권력에 따른 포악한 국가적 범죄이며 악랄한 원죄(冤罪)사건이었다는 이유로 도쿄 고등법원에 대역 사건 재심청구가 제기되었다. 그러나 1967년 대법원은 변호인 측이 제출한 무죄를 입증하는 새 증거자료를 자세히 조사하지도 않고 항고 기각 결정을 내렸다. 이 결정으로 대역 사건은 원죄 사건으로서의 법적인 해명의 길이 끊어져 고토쿠 슈스이를 포함한 24명의 국가법상 명예회복이 불가능해졌다.

때를 1911년으로 되돌리자. 대역 사건 관련자 처형 8일 후인 2월 1일, 저명한 문학자 도쿠토미 로카(德冨蘆花)가 구 제일고등학교 대교정에서 '모반론(謀叛論)'이라는 제목의 강연을 했다. 여기서 로카(蘆花)는 슈스이(秋水) 등 12명의 사형을 국가권력의 암살이라 규탄하고, 국정의 요직에 있는 사람의 부정을 언급했다. 또한 12명의 사형수를 '자유롭고 평등한 세상을 꿈꾸며 몸 바쳐 인류를 위했던 현세의 지사이자 순교자'라며 애석하게 여겼다.[16] 그리고 강의 마지막에는 "토쿠 일당은 잘못된 판단으로 난신적자(乱臣賊子)가 되었다. 하지만 백 년 후의 여론은 반드시 그 사건을 애석하게 여기고 그 뜻을 슬퍼할 것이다. 요컨대 인격의 문제. 제군, 우리는 인격을 갈고 닦는 것을 소홀히 해서는 안 된다."[17]고 논하며 강의를 마쳤다.

계속해서 국가권력에 의한 사회주의자 사냥이 전국적으로 이어지고 있었던 1918년경의 일이다. 지방 도시인 시코쿠 마쓰야마(四国松山)의 사회주의 운동가들 사이에는 "이에 백 년 이백 년 후 일본국은 공화정치에 이르러 고토쿠의 행적을 신으로 받들어 모셔야 한다."고 회자되었다고 한다.[18]

천황제 수호의 군사국가의 시대라면 모르지만 민주국가인 전후 사회에 있어서조차 고토쿠 슈스이 등의 복권은 국가에 의해 거부되었다. 조선의 의사 안중근과 일본의 사형수 고토쿠 슈스이 등 양자 사이에 놓인 천지의 차이와도 같은 이 시대의 격절을 지금 우리들은 어떻게 생각하면 좋을 것인가?

4. 작은 열린 하나에서 큰 열린 하나로 살아간 선각자들

1) 무기 앞에서 법률은 침묵한다

"Silent leges inter arma(무기 앞에서 법률은 침묵한다)"는 법과 관련된 격언이다. 국가 간의 전쟁이든 테러리스트라고 불리는 조직과의 전쟁이든, 전쟁이라는 현실 앞에는 생명도 자유도 박애도 국익 혹은 조직의 이익에 반하는 일체의 가치 그리고 일체의 정신적・문화적 힘은 강압적으로 배제되고 법률은 침묵할 수밖에 없다. 전쟁 전 77년 간의 일본 역사가 말하는 것처럼 폐쇄된 하나의 세계가 폭력적으로 사람들을 지배하게 된다.

그럼에도 불구하고 이러한 현실 속에서 열린 하나의 길, 즉 타인의 아픔에 공감하고 타인과 함께 사는 공생과 연대와 협동을 바라며 고난의 길을 걷는 것을 기쁨으로 여긴 수많은 선인이 있었던 것도 사실이다. 이러한 위대한 선인들 중에는 태어난 나라도 믿는 종교도 다르지만 필자가 평생의 스승처럼 존경하고 경애해 마지않는 한국인 종교자 두 사람이 있다. 그분들이 향했던 길을 배워 보고자 한다.

2) 김용성 선생의 길을 배우다

김용성(1919-2003) 선생은 생전에 기독교 신자로서 한국의 사회복지의 향상과 발전을 위해서 대단한 공헌을 하였고 '한국의 사회복지의 아버지'라고 불린 종교인이다.[19] 한국인 중에도 그의 인품이나 공적에 대해서 알고 있는 사람이 많을 것이다.

김용성 선생은 네 살 때인 1923년 항일 지하운동을 위해 망명한 부친을 따라 모친과 함께 시베리아로 건너갔다. 하지만 그는 머지않아 모친과 사별하는 비운을 겪는다. 한편 부친은 일본군 헌병에게 체포되어 구 만주 지역, 현재의 중국 연변 조선족 자치구의 옌지(延吉)시에 소속된 헌병대사령부 내 형무소에서 고문당한 끝에 옥사한다. 이후 선생은 열 살 때부터 천하에 고독한 인생을 걸어가게 되었다.

2001년 6월 필자는 〈세계종교인평화회의(World Conference of Religions for Peace/Religions for Peace) 일본위원회〉 대표단의 일원으로서 김 선생의 일행과 옌지(Yanji)에서 합류하여 북한 지원 사업을 위한 현지조사를 했다. 그 조사의 여정에서 방문한 구 헌병대 사령부 건물 앞에서 김 선생은 부친의 옥사 사실을 담담하게 이야기했다. 우리들 일행은 선생의 말씀 한마디 한마디에 가슴이 메어지고 일본인으로서 죄

송스러워 그저 참회의 기도를 드릴 수밖에 없었다.

1944년 3월 김 선생은 구 만주에 가까운 회령(会寧)시에서 조선인 고아와 일본인 고아를 위한 회령보육원을 창설한다. 당시 선생과 일본인 고아의 만남은 참으로 감사한 일이었으며 김 선생의 깊은 인간애에 큰 감동을 받았다. 종전 전후의 한반도, 특히 북한에서 부모와 떨어져 우왕좌왕 도망 다니며 어둠 속 추위와 굶주림과 공포에 떨며 숨어 살던 일본인 고아들, 그 어린아이들을 껴안아 주고 보호했던 당시의 정황을 말하는 선생의 한마디 한마디 또한 눈물 없이 들을 수 없는 내용이었다.

1950년에 발발한 한국전쟁 당시 김 선생은 관헌에게 사상범으로 주목받자 목숨을 걸고 경주(慶州)로 도망한다. 1972년 10월 경주에서 그는 1945년의 종전 후 친척도 지인도 없이 한반도에 남겨진 일본인 과부들을 구제하기 위한 사회복지시설 경주 나사렛원을 창설한다.

반일 감정이 강할 수밖에 없는 시기였다. 그 자신도 일본으로부터 수많은 차별을 받은 쓰라린 경험을 지닌 사람이었다. 게다가 같은 한국인들로부터 "왜 증오스러운 일본인을 돕느냐."는 비난과 비방을 받았을 때, 그는 "동포 청년을 사랑해 준 일본인 여성, 더욱이 차별하는 쪽에 설 수 있었던 일본인 여성인데도 차별받는 한국인 청년의 아내가 된 사람을 모른척 할 수는 없다. 그러한 사람들을 방관하면 나의 인간으로서의 면목이 서질 않는다."고 늘 이야기했다. 경주 나사렛원은 바로 조선인 남성과 결혼하여 전쟁 전과 그 후의 혼란기에 한반도에 건너온 후, 한국전쟁으로 남편을 잃어 고독과 곤궁에 처한 일본인 과부를 보호하고 지원하기 위해서 창립된 시설이었다.

3) 신정하 선생의 길을 배우다

신정하(1930-) 선생은 한국 기독교 구나회(救癩会)의 창립자이다. 회장이자 이사장(현재는 명예이사장)으로 봉사하면서 한국은 물론 아시아, 특히 필리핀에서 나병 치료 활동에 종사하신 기독교인이다.[20] 한국인 중에서 나병 치유에 중점을 둔 신정하 선생의 사회 활동이나 실적에 대해서 알고 있는 사람도 많을 것이다.

내가 신 선생과 만난 것은 1990년 12월 부산에서 차로 약 1시간 30분 거리의 산간에 위치한 경상남도 함안군의 여명(黎明) 농원과 득성(得城) 농원 두 군데의 정착 마을에서 있었던 대한민국 구나노인복지원 준공식에 참가했을 때였다. 당시 한국에서 구나 활동은 사회적으로도 그다지 알려져 있지 않았고, 의료 지원은 있어도 거주 환경의 지원까지는 제도적으로 정비되어 있지 않았다. 현장에서 볼 수 있던 것은 목조 오두막집에 빨강색의 빛바랜 철판 지붕뿐인 빈약한 주거 환경이었다.

세계종교인평화회의(WCRP) 일본위원회는 신정하 선생이 주재하는 한국 기독교 구나회가 일본위원회의 가맹 교단인 쇼로쿠신토 야마토야마(松緑神道 大和山)의 지정기부를 받아 설립하려는 구나노인 복지 시설 건설을 위한 지원 활동을 다녀왔다. 1990년은 그 활동이 시작된 지 정확히 5년이 되었던 해로서, 이미 8개 마을에 18동의 양로 시설을 건설했고 이번에는 여명마을과 득성마을에 2동을 더해서 총 20동이 되었다.

12월 11일 이 준공 기념식에는 그 마을 관계자와 주민들 100여 명이 참여했다. 이 기념식에서 한국 기독교 구나회장인 채창학(蔡昌学) 씨의 축사에 이어 쇼로쿠신토 야마토야마(松緑神道 大和山)의 다자와 도요히로(田澤 豊弘) 씨는 다음과 같은 격려의 인사를 했다. 그 일부를 인용하도록 하겠다.

저희들 쇼로쿠신토 야마토야마(松緑神道 大和山) 교단의 지도자 다자와 고자부로(田澤康三郎) 씨의 WCRP 정신에 맞추어 세계 평화를 기원하며 한 끼를 거르고 한 번의 욕구를 절제하는 행동을 실천한 지 올해로 16년이 되었습니다. 이 운동에 참여한 이들이 매월 18일 아침 한 끼를 거르고 욕구를 절제하며 모은 기부금을, 적은 액수라고는 하나 한 명 한 명이 모아서 불치병 때문에 좌절하고 세상을 덧없이 여기며 때로는 세상을 저주할 만큼 괴로워하거나 먹을 음식마저도 부족해 괴로워하는 분들께 도움이 되고 싶은 마음으로 아시아 각지에 사랑의 시설과 자비의 시설을 제공해 왔습니다. 한국에 설치되는 이번 시설이 스무 번째 건물이 됩니다. 이 건물은 보시다시피 결코 큰 시설은 아닙니다. 그러나 우리는 생명의 귀중함을 전하며 앞으로 이 정도 규모라도 괜찮으시다면 한국의 100군데 정착 마을에 꾸준히 평화의 집·사랑의 집을 제공해 드릴 준비가 되어 있습니다. 이 복지원은 많은 사람들의 선한 마음으로 완성된 것입니다. 아무쪼록 여러분께서 이 마음을 받아 주시길 바랍니다.

여명 농원과 득성 농원 두 정착촌에서 기념식이 진행될수록 두 마을에는 각각 열린 하나의 꽃이 되어 나갔다. 민족을 뛰어넘고 국경을 넘어, 그리고 문화와 종교를 넘어선 선의의 꽃·사랑과 자비의 꽃으로 색칠된 작은 원 아시아의 세계가 모습을 나타낸 것이다. 그러나 신정하 선생은 여기에 이르기까지 험하고 가파른 길을 거쳐야만 했다.

두 마을에서 기념식이 벌어지기 전날의 일이다. 신 선생과 이야기를 나누는 중에 한국에서의 구나 활동 상황이나 앞으로의 과제 등이 화제가 되었다. 당시 한국에 등록된 한센병 환자가 2만 5000명, 미등록 환자가 2만 5000명이라는 현실에서 구나 활동은 사회적으로 알려지지 못한 보잘것없는 활동이었다. 한국 기독교 구나회의 활동으로 구나노인복지시설의 건설 외에 한센병에 걸린 재일 한국인의 고향 방문, 한센병으로 사망한 재일 한국인의 유골을 유언에 따라 서울 시내에 있는 망향의 언덕에 매장하는 것 등 여러 의제에 대해 대화를 나누었다.

그중에서 지금도 필자의 뇌리에서 떠나지 않고 있는 것은, 구나 활동에 대한 사회적 편견 문제였다. 신 선생은 본인의 은사 중 한 사람이 다음과 같이 말했다고 한다. "너 정도로 재능도 풍부하고 우수한 청년이 왜 구나활동 같은 일을 하는가.", "게다가 증오스러운 일본인의 자금 지원까지 받아가며 왜 구나 활동을 하는 것인가."라고. 이러한 한국 내에서의 사회적 편견이나 비난과 싸우면서도, 한국 내의 구나 문제에 어느 정도 전망이 서자 다음에는 아시아 특히 필리핀의 구나 활동에 착수하고 싶다며, 그는 하나 되는 아시아의 꿈을 열정적으로 말했다.

김용성 선생도 신정하 선생도 하나 되는 아시아의 길은 멀리 있는 것이 아니고 발밑에 퍼진 진흙탕부터 시작해야 한다는 것을 깨닫고 계신 지도자(知道者)이며 그 진흙탕 위로 고난을 쌓아 가며 건너간 개도자(開道者,『묘법연화경(妙法蓮華経)』 약초유품 제5)였다. 이 두 사람이야말로 민족을 뛰어넘고 국경을 넘고 적아를 초월하여 미움이나 원망을 넘어선 사람이었다. 상대와의 차이를 받아들이고 신뢰하며, 서로 인정하고 항상 약한 사람들과 함께 걷고 하느님의 사랑으로 산 사람이었다. 『신약성서』의 유명한 구절을 빌린다면 두 선생은 실로 '평화를 만들어 내는 사람'(마태 5:9)이며, 불교적으로는 동비동고(同悲共苦, 같이

슬퍼하고 함께 고생을 나누다)의 자비를 실천하는 보살이다.

5. 원 아시아의 길을 추구하며

1) 원 아시아—동아시아 평화공동체 구축 앞에 가로놓인 것

오늘날 한반도를 비롯한 동아시아에는 심각한 긴장과 분쟁이 존재한다. 이런 국제 환경 속에서 경제적 상호 의존 관계가 점차 증대하며, 또한 실질적 협력 관계를 강화하기 위해 국가 차원의 원 트랙 교섭이 정력적으로 진행되고 있다. 그에 더해 민간 차원의 투 트랙 교섭도 각계 각층의 협력 관계하에 창조적으로 전개되고 있다.

하지만 그 상호 의존 관계의 기초은 지극히 취약하다. 왜냐하면 이러한 의존 관계를 유지 강화하는 데 절대적 조건인 마음의 신뢰 조성이 극히 열약하기 때문이다. 오늘날 여전히 한일·중일의 사이에는 일본의 패전 이전 77년의 식민 통치와 전쟁의 후유증으로 역사와 영토의 문제가 이른바 미처리된 지뢰와 같이 깔린 채 방치되어 언제 어디에서 폭발할지 예측 불가능한 위험성이 내포되어 있다.

지뢰를 지금 즉시 완전히 폐기 처리할 수는 없다 해도 폭발을 방지하기 위해서는 신뢰 조성을 향한 최대한의 노력이 필수적이다. 신뢰 조성에는 다른 사람을 자기의 거울이라 여기고 스스로를 상대화하며 재음미하는 성숙한 관용과 자비의 정신이 요구된다. 같은 의미에서 다양성 안의 일체성이라는 통일된 정신세계를 구현하려면 종교적 노력이 필요하며, 그 힘을 행사하는 종교인의 역할과 사명은 지극히 크다.

동아시아에는 유럽연합의 기독교나 아랍연맹 지역의 이슬람처럼 지역 정체성에 입각한 하나의 공통 종교가 없다. 불교·신도·유교·도교·기독교·이슬람·애니미즘 등 각양각색의 종교가 혼재하고, 종교문화와 정신문화도 다채로운 모습을 보여주고 있다. 그만큼 동아시아 평화공동체의 구축을 위해서는 종교인에 의한 종교 간 대화와 종교협력이 중요하다.

2) 동아시아 평화공동체의 구축을 향한 종교 간 대화, 협력 그리고 종교인의 역할

어떠한 종교든 살아 있는 온갖 생명의 존엄성을 궁극적 진리로 여기고, 인류의 행복과 세계 평화 실현을 목표로 한다. 모든 종교의 가르침이나 신앙의 실천, 그리고 신앙인의 신심은 이 궁극적이고도 절대적인 진리에 따른 인간의 응답인 셈이다. 응답의 형태가 다른 역사적·자연적·사회적·문화적 상황 속에서 각각 다른 다양성을 가지는 것은 당연하다고 볼 수 있다.

그렇기에 현상의 차이만 가지고 바로 이질적인 신앙이라 단정하고 감정적으로 그것을 경시하고 배척하는 것도, 자신의 신앙이야말로 유일하고 진정으로 절대적이라는 독선적 주장도 용서받기 어렵다. 따라서 종교인은 자기 종교의 궁극에 있는 보편적 진리 실현을 향해 서로 마음을 열고 적극적으로 상호 이해를 깊이 하며, 관용의 마음으로 서로가 지적·정신적 연대를 강화하여 종교 간 대화와 종교 협력의 길에 매진해야 하는 사명을 지니는 것이다.

여기에서 필자가 참가하고 관여해 온 세계종교인평화회의(WCRP)의 과거 두 번의 세계대회와 아시아종교인평화회의(ACRP)의 인천대회 및 세계종교인평화회의(WCRP)의 최근 동향 그리고 일본·한국·중국의 종교인과 학자들의 '동아시아의 평화공동체 구축'을 주제로 하는 국제 세미나를 조금이나마 다루고자 한다.

2006년 8월 26일~28일 제8회 세계종교인평화회의 세계회의가 일본 교토(京都)에서 개최되었다.[21] 1970년의 제1회 이래 36년 만에 교토에서 다시 개최된 본 대회에는 100개국이 넘는 나라와 지역에서 500명의 정식 대표자를 포함해 약 2,000명이 참가해 WCRP의 역사상 최대 규모의 대회가 되었다.

'평화를 위해서 모이는 종교들―모든 폭력을 극복하고 함께 모든 생명을 지키기 위해(Religions for Peace: Confronting Violence and Advancing Shared Security)'를 주제로 하는 본 대회에서, 참된 평화 실현을 위해 폭력은 무엇인가, 모든 생명이 보호되는 세계는 어떻게 구축해 갈 것인가 하는 구체적 방책을 둘러싸고 활발한 토론이 전개되었다.

본 대회의 마지막 날에 채택된 '교토(京都) 선언'의 핵심 사상은 함께 모든 생명을 지키는 것을 목표로 하는 '공유되는 안전보장(Shared Security)' 개념을 따라 구성된 것이었다. 이 개념은 안전보장에 새로운 방향성을 제기했고 대회 이후 국제정치 및 외교 분야에서 주목받게 되었다.

인간은 시공간의 관계성 속에서 서로 의존하는 가운데 살려져서 살아가는 존재이다. 타인의 안전 없이 자신의 안전은 없다, 다른 사람의 희생 위에 자기의 안전을 바라는 것은 진정한 안전이 아니다, 한 나라의 안전을 추구할 때 타국의 안전을 훼손해서는 안 된다, 이것이야말로 공유되는 안전보장의 윤리 기준이다. 바꾸어 표현하면 이 윤리 기준은 다음과 같은 황금률로 집약할 수 있다.

> 우리들에게 생명의 권리가 있다면 우리들에게는 다른 사람의 생명을 존중해야 할 의무가 있다.
> 우리들에게 자유의 권리가 있다면 우리들에게는 다른 사람의 자유를 존중해야 할 의무가 있다.
> 우리들에게 안전과 평화의 권리가 있다면 우리들에게는 다른 사람의 안전과 평화를 존중해야 할 의무가 있다.

2013년 11월 20일~22일 제9회 세계종교인평화회의 세계대회가 '타인과 함께 사는 기쁨—인간의 존엄을 지키고 지구시민답게 행복을 나누기 위한 행동—(Welcoming the Other: Action for Human Dignity, Citizenship and Shared Well-being)'을 주제로 오스트리아 비엔나에서 개최되었다.[22]

본 대회에서 채택된 비엔나 선언에서는 "종교공동체는 평화에 대한 매우 중요한 위협인 동시에 평화에 대한 타자의 긴급한 위협과 해결의 열쇠로서 『타자』에 대한 적의에 직면해야만 한다."고 논하면서, 세계 각지에서 계속 증가하는 타자에 대한 적의」 풍조에 대해 경고하고 여러 종교를 통해 깨닫는 타자와 함께 사는 기쁨이야말로 평화의 비전이라 외치고 있다. 그리고 다른 사람과 함께 사는 기쁨은 서로가 타인 속에서 자신을 보는 것이며 타자 안에서 자기 자신을 보는」 것에 의해 처음으로 서로 간에 신뢰가 조성되고 타인과의 사이가 강고해져서 활동력 넘치는 공감과 연대, 그리고 협동의 길이 열린다고 주장한다.

본 대회에는 처음으로 북한의 종교 대표자가 참가했다. 지역의 특성이나 지역이 안고 있는 과제에 대해서 논의하는 지역별 모임에서 북한의 대표와 서로 대화를 주고받은 일은 지극히 의미가 있는 일이었다.

다음 해인 2014년 8월 25일~28일, 제8회 아시아종교인평화회의의

(Asian Conference of Religions for Peace: ACRP)가 한국 인천에서 개최되었다.[23] 16개국에서 모인 아시아의 종교인은 기본 주제 '아시아의 다양성에서의 일치와 조화'를 둘러싼 논의를 거듭한 끝에 '인천 선언'이 채택되었다.

본 대회의 기조 발제 초반에 아시아종교인평화회의(ACRP) 공동회장인 일본의 니와노 닛쿄(庭野日鑛)는 불신과 싸움의 연쇄를 차단하기 위해서, "원망을 원망으로 답하면 그 원망은 결국 사라지지 않는다. 원한을 버릴 때야말로 그것이 사라진다."고 설한 『법구경(法句経)』을 인용하며, 원한을 버리기위해서는 대단한 인내와 노력이 필요하지만 그 길로 나아가는 것만이 참된 일치와 조화로 연결된다고 강조했다. 그리고 ACRP의 사명은, 아시아의 종교인으로서 세계를 평화로 인도하고 세계가 하나 될 수 있는 빛을 던지는 것에 있다고 제언한 것이다.

본 대회에서는 정치의 벽에 가로 막혀 북한 대표가 참가하지 못했다. 그 대안으로 '한반도의 화해와 일치'를 주제로 하는 워크숍을 진행하였다. 핵무기를 둘러싼 문제, 미국과의 관계, 중국이나 일본을 비롯한 이웃 여러 나라와의 관계 등 다양한 시점에서 한반도의 평화를 위한 대처와 그에 요구되는 자세와 종교인의 역할이 논의되었다. 그리고 마지막으로 본 대회에 모인 아시아의 종교인은 이 워크숍의 성과로 한반도 평화선언을 채택했다.

2012년 2월 1일에 반기문 유엔 사무총장이 유엔총회에서 주장했던

'세계 인도(人道) 정상회담'이 2016년 6월 5일 터키 이스탄불에서 개최되었다. 이 세계 인도 정상회담은 유엔을 중심으로 한 국제사회가 재해·난민·분쟁·테러 등으로 고생하는 사람들을 위한 인도적 지원에 보다 효과적으로 대응하기 위해서 열린 것이다.

최근 종교인이나 종교 조직에서 인도적 지원의 중요성 인식이 확산되며 이 정상회담에서도 종교인·종교 조직의 적극적인 참가가 기대되는 추세다. 이러한 국제 여론 속에서 WCRP 국제위원회는 이 세계 인도 정상회담에서 국제적인 종교계의 목소리를 모으고 종교인의 입장을 우선적으로 제언해야 할 것이다.

2016년 9월에는 중국 베이징에서 한국 종교평화국제사업단(IPCR)이 주최한 제8회 국제 세미나가 개최되었다. 본 세미나는 '동아시아에서의 평화공동체 구축'을 기본 주제로 2009년부터 매년 개최되고 있으며, 한·중·일 종교인과 학자가 참가하고 종교인의 역할 등에 대해서 논의해 왔다.

3) 열린 하나를 위한 종교 자원의 활용성

지금 한국·일본·중국을 포함하여 동아시아 사람들의 과제는 '폐쇄된 하나', 다시 말해 자기 이익을 보편적 이념으로 할지 아니면 열린 하나, 즉 타인과 함께 사는 기쁨을 보편적 이념으로 할 것인지로 나뉜다. 역사 속에서 폐쇄된 민족주의, 폐쇄된 국가주의가 다른 사람을 부정하고 사람들을 다툼과 전쟁으로 밀어 넣은 지옥의 길이었다는 것에 비추어 보면 후자야말로 평화의 길인 것은 자명한 진리다.

우리들은 타인과 함께 사는 기쁨을 동아시아 사람들의 보편적 가치로 두어야 할 것이다. 함께 이 가치의 빛을 받으며 국경을 넘어 타국의 사람들 – 종교에 국한하지 않고 정치 · 경제 · 학문 · 교육 · 문화 등 모든 분야에서 시민이 상호 간 교류와 대화를 깊이 하고 공감의 고리를 넓혀 가면서 관용과 호양(互讓)의 정신으로 자신들의 이익을 서로가 인정하며 함께 번영의 길을 걷는 노력을 해 나가야 한다. 그 원동력이 되는 것이 종교이며, 원동력을 짊어지는 것이 종교인이다. 종교인의 사명은 참으로 크다고 말할 수 있다.

각각의 종교전통은 각각의 평화 이념과 그것을 실현하기 위한 고유의 책무 및 제도 · 조직과 방법을 가지고 있으며, 평화에 대한 깊은 책임을 공통적으로 가지고 있다. 그렇기에 다른 종교 간의 대화와 협력은 평화 실현을 향해 다양한 주도권을 발휘하게 된다. 평화를 위한 종교 간의 대화와 협력은 세계의 종교 커뮤니티가 가지는 종교의 영적 · 정신적 · 사회적 · 조직적 · 윤리적 · 문화적 · 교육적 자원을 종합적이고 유기적으로 활용하도록 돕는 위대한 힘을 담고 있다.

오늘날 세계 65억의 총인구 가운데 약 80%에 해당하는 50억의 사람들이 어떠한 형태로든 종교와의 관련을 가진다고 한다. 종교 커뮤

니티가 소유하는 모스크·교회·시나고그(synagogue, 유대교 회당)·사원·신사 등의 종교 조직은 사실상 세계 각국에서 모든 시읍면 수준에 이르기까지 상호 역학적으로 연결되어 있다. 그 범위를 WCRP로 한정 짓더라도 이 연결망은 잠재적으로 20억 명 가까이 영향을 끼치는 것으로 분석된다.[24] 종교가 가지는 이 사회적·조직적 자원은 각 종교의 관계자를 평화와 개발을 위한 담당자로 삼아 대화의 수단을 제공할 수 있다. 바로 그 때문에 평화를 위한 종교 간 대화·종교 협력은 종교인에게 부과된 아주 중요한 사명인 것이다.

4) 폐쇄된 하나의 사랑과 열린 하나의 사랑

사랑에는 폐쇄된 하나의 사랑과 열린 하나의 사랑이 있다. 폐쇄된 하나의 사랑이 세계를 멸망으로 몰고 가는 모습을 읊어 낸, 평생 잊을 수 없는 시 하나가 있다. 그것은 1994년 11월 이탈리아 바티칸에서 개최된 제6회 세계종교인평화회의(WCRP, VI)에 참가한 여성 대표 리리아나 마코비치-블라시크가 단상에서 외친 시 〈당신의 적을 사랑해라(Love Your Adversary)〉다. 그녀의 나라는 아직 전쟁이 수습되지 못하여 서로 죽이기가 여전히 계속되는 비참한 생활을 할 수밖에 없었던 구 유고슬라비아의 한 나라인 크로아티아였다. 긴 문장이기에 여기서는 전반부만을 소개하는 것으로 마치며 전문은 주석에 싣도록 하겠다.[25]

당신의 적을 사랑해라

마코비치-블라시크 / 이이자카 요시아키(飯坂良明) 번역

저런 놈을 위해서 기도하라고?

말도 안 돼!

주여, 그런 무리한 주문을 하다니!

나는 친구를 사랑하고 그리고 들판도 숲도 바다도…

식물에게도 동물을 위해서도 나는 기도할 것이다.

이들이 죽으면, 우리들의 지구도 죽는 것이기에.

하지만 저런 놈이나 다른 쓰레기들을 위해 기도를 하라니!

너무하지 않은가?

아니, 아니. 너무하다니 그럴 리가.

당신의 사랑이 친한 것에만 한정되어

당신의 사랑이 패싸움을 만들어 내고

우리들은 이쪽, 그들은 저쪽

친구는 이쪽, 그들은 저쪽

친구는 이쪽, 적은 저쪽

그런 식으로 세계를 나눈다면, 당신에게 신앙은 없다.

당신에게 신앙은 없다. 가령 세례를 받은 사람이라도

주일 미사에 참석하려 외출을 한다고 해도

자신의 헌옷을 자선단체에 내놓았다 한들

친구만을 사랑하는 한 당신에게는 신앙이 없다.

그런 당신으로는 세상이 변하지 않는다.

무엇이든 지금과 조금도 바뀌지 않고

당신의 사랑으로 지구는 서서히 죽어 가겠지.

우리들의 사이에는 눈에 보이지 않는 벽이 있다. 민족의 벽, 국경의 벽, 언어의 벽, 역사와 생활의 벽, 종교와 문화의 벽, 그리고 마음의 벽이 있다. 사실은 이 벽이야말로 신의 은총이며, 서로 대화하고 서로 이해해서 평화롭게 살기 위한 배움의 양식으로 삼으라는 하느님의 축복으로 주어진 벽이라 할 수 있다. 이 벽은 결코 미움이나 폭력으로는 부술 수 없다. 만약 미움이나 폭력으로 부수게 되면 그 벽은 적의라는 벽으로 변모하고, 벽의 격차는 점점 거대해질 것이다. 반대로 기독교인의 말을 인용하여 서로 소중한 형제자매로서 서로를 이해하고 허락하고 화해를 위한 노력을 거듭할 때, 조금씩 이 벽을 넘어 열린 하나의 길이 열리고 반드시 그것은 동아시아 평화공동체, 하나 되는 아시아로 결실을 맺을 것이다. (번역: 이사호)

05

신유교의
대동과
화합의
공동체 구상

신현승
(상지대학교 교양과 조교수)

1. 머리말

동아시아 세계를 한자문화권이라는 시각에서 볼 때 대동(大同)이라는 단어만큼 역사가 오래되고 광범위하게 사용된 용어도 드물 것이다. 잘 알려져 있듯이 이것은 유교 경전인 『예기(禮記)』에 출전을 두는 단어이면서도 그 이후 동아시아 유교사상사에서 핵심적인 키워드로 사용되던 용어였다. 동아시아 역사라는 큰 틀에서 보면 이 대동이라는 단어는 인명과 지명, 더 나아가 각 왕조의 연호까지 폭넓게 사용되었다. 또 후에 대동에 단결이라는 단어가 합해져 대동단결(大同團結)이라는 말도 등장하였다. 이 대동단결이라는 말은 한국 근대의 역사 속에서 하나의 선언문으로 발표되기까지 하였다. 즉 대동단결선언이 그것이다. 이것은 1917년 이상설, 신규식, 박은식 외 다수의 독립운동가들이 만들어 발표한 선언이었다. 사전적 정의에 의하면, 이 말은 많은 사람이나 여러 집단이 하나의 공동 목표를 위하여 크게 하나로 뭉친다는 뜻이다. 공동과 공동체 및 사회 통합이라는 개념을 쉽게 연상할 수 있는 용어라고 할 수 있다. 이뿐 아니라 국내 대학에서 학생들이 주축이 되어 봄 혹은 가을에 개최하는 대학 축제의 다른 명칭도 대동제(大同祭)이다. 이처럼 대동은 동아시아 한자문화권에서 기나긴 역사를 자랑하는 용어답게 21세기가 된 지금의 시점에서도 그 생명력을 유지하고 있는 것이다.

주지하다시피 동아시아 역사 발전의 각 단계에서 유교의 영향력은 지대하였고, 유교에서 그리는 최고의 이상 사회가 대동 사회라는 점을 상기해 보면 오늘날 대동이라는 개념이 가지는 의미야말로 시사해 주는 바가 크다 할 수 있다. 그러므로 여기에서는 장구한 유교사상사 속에서 10세기 이후 주자학(넓게는 朱子 이전의 二程을 포함한 정주학)과 양명학으로 대변되는 신유교(Neo-Confucianism)의 시대에 초점을 맞추면서 그 신유교 계열 유학자들이 제시하는 대동 세계 구상 및 신유교 가운데 특히 양명학의 대동 사상, 더 나아가 그 연장선상에서 청대 지식인 담사동(譚嗣同, 1865-1898)의 대동 이념 등등에 관하여 고찰해 보고자 한다.

신유교 유파 가운데 양명학은 고대 선진유가에서 공자의 핵심 개념인 인(仁) 개념을 대동 세계의 주요한 이념으로 수용하면서 인(仁)의 공동체 구상을 전개하였다. 그리고 근대 중국의 대표적 지식인 담사동의 인학(仁學)은 다양한 제 학문(불교·도교·서양의 자연과학 등)과 선진 유가 및 양명학의 연장선상에서 새로운 인(仁)의 공동체 구상을 전개하였다. 사실 양명학적 시각에서 보면 그것은 다름 아닌 만물일체지인(萬物一體之仁)의 공동체 구상이며, 이 만물일체지인 개념은 대동 사회 구현의 이념적 준거이기도 하였다. 동아시아 전통의 유학은 내세를 말하지 않으며, 기독교에서처럼 천국행을 보장하지도 않는다. 대신 현세에서 열정적인 사랑을 하라고 가르친다. 특히 양명학이 그렇다. 양명학은 만물일체지인의 공동체를 구상하면서 '지금 이 순간'의 미학을 설파한다. 주지하다시피 조선은 유학의 여러 유파 가운데 성리학의 시대였다. 양명학의 경우는 성리학의 그것과 대척점에 서 있었지만, 성리학 없이는 나올 수 없는 학문이기도 하였다.

이런 내용을 염두에 두고 이 글에서는 동아시아 신유교의 대동 세계 구상과 인(仁)의 공동체에 관해 고찰하도록 하겠다. 구체적으로는 신유교, 특히 양명학의 이상 사회론과 대동 이념에 관한 고찰, 양명학의 사회통합의식과 만물일체지인의 공동체에 관한 고찰 등을 이 글의 첫 번째 본론 부분에서 다룰 것이다. 이어서 중국 근대 지식인 담사동의 인(仁)의 공동체 구상과 대동 사상에 관한 고찰을 양명학적 사유의 연장선상에서 두 번째 본론으로 다루기로 한다. 주로 담사동의 대표적 저서인 『인학』을 논증 자료로 삼으면서 그의 대동 사상과 인(仁)의 공동체 및 평등에 기초한 사회통합의식 등에 관하여 고찰해 보기로 한다.

2. 신유교의 이상 사회론과 인(仁)의 공동체

1) 신유교의 이상 사회론과 대동 사회

주지하는 바와 같이 유교의 시조인 공자의 중심 사상은 그가 문하생들과 주고받은 문답 형식의 언행집인 『논어』에 잘 드러나 있다. 그리고 이 『논어』의 핵심 사상은 '인(仁)'이었다. 사람이 반드시 취해야 할 모든 행동의 궁극적 지향점이 바로 인(仁)이라는 것이 공자의 생각이었다. 또 인은 공자의 정치관과 교육관에서 가장 중심이 되는 개념이기도 하였다. 『논어』에서 인은 하나의 문장으로서 명백한 개념으로 정의되지 않았으나, 대체로 어짊 · 박애(博愛) · 도덕(道德) · 선(善) 등의 광범위한 뜻을 지니는 심오한 휴머니즘의 표현으로서, 정치적으로는 정명(正名, 이름을 바르게 함)이었고, 그에 따라 임금은 임금답게 신하는 신하답게 책임과 본분을 다 하는 것으로 나타나기도 하였다. 결국 공자가 생각하는 인은 인간의 최고 도덕과 윤리 개념이었다. 그 후 인은 장구한 유교사상사 속에서 인간과 사회, 우주만물을 가장 잘 조화롭게 표현하는 절대적 최고 이념의 자리에 위치하게 된다. 10세기 이후 태동한 신유교에서도 인은 더욱 중시되어 신유교의 절대정신으로 자리매김하였다.

주자학 확립 이전의 도학자 가운데 한 명인 북송 시대의 정호(程顥,

1032-1085)는 인을 천지만물일체로 이해하였는데, 그의 인설(仁說)은 후대 신유교 학자들에게 많은 영향을 끼쳤다. 그는 다음과 같이 말한다.

仁이란 천지만물을 한 몸으로 여기니, 나 아닌 것이 없다. 만물이 바로 자기임을 체득한다면 도달하지 못할 게 무엇이겠는가? 만일 자기에게 없는 것이라면 자연히 자기와는 아무런 상관이 없는 것이다. 예를 들어 손과 발이 말을 듣지 않고 氣가 통하지 않는다면 모두 자기에게 속하지 않는 것[1]이다. 학자는 모름지기 먼저 仁을 체득해야 한다. 仁이란 혼연히 만물과 한 몸이 되는 것으로, 의·예·지·신이 모두 仁이다. 이러한 이치를 안다면 誠과 敬으로 그것을 보존할 뿐이지 방비하거나 애써 찾으려 할 필요가 없다. 만일 마음이 느슨하다면 방비해야 하겠지만, 느슨하지 않다면 무슨 방비가 필요하겠는가? 이치를 알지 못하므로 애써 찾아야 하는 것이다. 오래도록 보존하면 자연히 명백해질 텐데 애써 찾을 필요가 있겠는가? 이러한 道는 사물과 상대되는 것이 아니므로 너무 커서 무엇이라 명명할 수 없지만, 天地의 작용은 모두 나의 작용이다. 孟子는 "만물이 모두 나에게 갖추어져 있다."고 말했다. 반드시 스스로를 반성하여 진실해야만 커다란 즐거움이 될 것이다.[2]

여기에서 정호(程顥)가 말하는 인(仁)의 최고 정신 경지로서의 특징은 자신과 우주 만물을 긴밀히 연관되는 하나의 전체로 간주하고, 우주의 모든 부분을 자신과 직접적으로 연계된 것으로 생각하고 있다는 점이다. 심지어 자신의 일부분이라고까지 여긴다는 점이다. 다시 말해 이러한 경지에 도달한 사람이 이해하는 '나' 또는 '자기'란 결코 개체적인 소아(小我)가 아니다. 오히려 만물이 모두 '나'의 일부분이다.[3]

그런데 이러한 정호(程顥)의 '인(仁)'에 관한 담론은 같은 시대의 유학자 장재(張載, 1020-1077)와도 서로 통하고 있다. 즉, 정호가 말하는 "천지만물을 일체로 여기고", "만물 가운데 자기 아닌 게 없다."고 하는 것은 장재가 말한 "천하의 어떤 사물도 나 아닌 게 없는 것으로 간주한다."[4]는 사상과 같다. 이와 관련해서는 정호의 동생인 정이(程頤, 1033~1107)도 다음과 같이 인(仁)에 관하여 강조한다. "인이란 천하의 공(公)이자 선(善)의 근본이다."[5] 즉 인이란 공공성의 최고 개념이자 공동체의 최우선시되는 덕목으로서 모든 선의 근본이 되는 것이었다.

이처럼 11세기 무렵 주자학(朱子學)의 선구자인 북송 대의 신유교주의자들에게 인(仁)은 이제 인간의 도덕적 영역을 넘어 그 정당성의 근거를 찾는 작업으로 더 넓은 영역으로까지 확대되었다. 바꿔 말해 인(仁)의 영역은 인간의 덕성 혹은 윤리 관념에서 자연과 우주의 이법으로서의 도(道)라는 개념까지 확대된 것이다. 그리고 신유교의 주자학파와 쌍벽을 이루는 중국 명 대의 양명학파에서도 주자학자들과 마찬가지로 인을 공동체의 기본 원리이자 대동 세계 구상의 핵심 이념으로 간주하게 된다.

　주지하다시피 명대 왕수인(王守仁, 1472-1529, 호는 陽明)이 주창한 양명학(陽明學)은 중국 선진유학(先秦儒學, 혹은 孔孟儒學)을 원류로 삼고, 주자학의 연장선상에서 10세기 이후 주자학과 함께 신유교(Neo-Confucianism)의 양대 주류를 형성한 송명리학의 한 분파이다. 따라서 양명학의 이상 사회론은 중국 선진 시대의 유학이 추구한 대동 사회적 이상 사회론 및 주자학의 인 개념을 매개로 하면서도 그 구체적 방법론에서는 진일보한 내용을 담고 있었다. 왕수인은 신유교(송대 이후의 도학)의 학술적 전통하에서, 특히 북송 대 정호(程顥)의 만물일체설을 계승하면서 이상적 인간 사회로서 유기체적 대동 사회를 추구하였다. 이에 관한 주요 논거는 그의 발본색원론(拔本塞源論)에 잘 드러나 있는데, 다음은 인간 사회를 하나의 유기적인 생명체로 파악하면서 인의 마음과 인의 관계망에 의해 유지되는 이상적 인간 사회, 즉 유기체적 대동 사회에 관한 왕수인의 언설이다.

　무릇 聖人의 마음은 천지만물을 한 몸으로 삼으니, 세상 사람을 보는 데 안과 밖, 멀고 가까움의 차별을 두지 않는다. 血氣가 있는 것은 모두 그의 형제나 자식의 친속이기 때문에 그들을 안전하게 하고 가르치고 길러서 萬物一體의 염원을 성취하고자 한다. 세상 사람의 마음은 처음에는 역시 성인과 다름이 없으나, 다만 나만 있다고 하는 사사로움에 離間되고, 物欲의 가리워짐에 격단되어 큰 것이 그 때문에 작아지고, 통하는 것이 그 때문에 막혀서 사람마다 제각기 사사로운 마음이 생겨났고, 심지어 자신의 부모와 자식, 형과 아우를 원수처럼 여기는 자가 생기게 되었다. 성인께서 이것을 우려하여 그의 천지만물을 한 몸으로 삼는 仁心을 미루어서 세상 사람들을 가르쳐서 모두 그 사사로움을 이기고 그 가리워짐을 제거하여 누구에게나 똑같은 마음의 본체를 회복하게 하셨다.[6]

이것이야말로 왕수인의 대동설이 어떠한 양상인지를 가장 잘 표현한 문장이라 할 수 있을 것이다. 여기에서 왕수인은 천지만물이 하나의 생명체이고, 따라서 인간 사회 구성원들은 상호 간에 자신의 신체를 기준으로 인위적으로 서로를 분리할 수 없으며, 더욱이 서로의 거리가 상대적으로 멀다고 하여 서로를 분리시켜 자신과 무관한 존재로 취급할 수 없다고 전제한다. 또 이를 근거로 하여 왕수인은 우주 또는 지구의 한 부분으로서의 인간사회를 하나의 유기적인 생명의 관계망으로 볼 수 있는 가능성을 제시한다. 그렇다면 '만물일체의 인(仁)'은 사회 구성원 개개인을 하나의 생명 현상으로 연결시켜 주는 교량이 되는 동시에 유기적인 생명체로서의 인간 사회를 온전하게 유지시켜 나가는 생명력이라 할 수 있을 것이다.[7] 결국 만물일체의 인을 회복하여 실현시킬 수 있는지 없는지가 인간사회를 온전하게 유지시킬 수 있는 관건이 되는 셈이다.

왕수인 사후 '만물일체지인'에 바탕을 둔 대동 사회 구상은 모든 신유교 양명학자들에게 공통되는 사항이 되었다. 그런데 왕수인은 만물일체의 인을 이루기 위해서는 모든 사람들이 양지를 발휘해야 된다고 역설하였다. 주지하다시피 그의 양지설은 맹자가 말한 양지(良知)를 『대학(大學)』의 치지(致知) 개념과 연결시켜 치양지(致良知)라는 실천 지향적인 관념으로 발전시킨 것이었다. 맹자의 경우, "사람이 배우지 않고도 할 수 있는 능력은 양지(良知)이며, 사려하지 않고도 알 수 있는 능력은 양지(良知)"[8]라는 것이었다. 왕수인은 이러한 맹자의 양지 사상을 계승하여 다음과 같이 말한다.

> 마음으로 자연히 알 수 있다. 아버지를 보면 자연히 효도를 알게 되고 형을 보면 자연히 공경을 알게 되며, 어린아이가 우물에 들어가는 것을 보면 자연히 측은함을 알게 된다. 이것이 바로 양지이며, 쓸데없이 밖에서 구할 필요가 없다.[9]

자연스럽게 마음으로 아는 것이 양지라는 것이다. 본래적으로 타고난 인간의 도덕적 자각 능력이 바로 양지이며, 그것은 인간의 본래적인 도덕 판단과 도덕 평가의 체계이다. 결국 왕수인은 『대학』의 치지(致知)에서 지(知)를 양지(良知), 치(致)를 능동적 실천과 실현의 개념으로 인식하여 치양지(致良知)라는 새로운 개념을 만들어 낸 것이다. 이 치양지는 모든 인간의 선천적, 보편적 마음의 본체인 양지를 실천하고 실현하는 것이다. 다시 말해 모든 사람이 본래적으로 갖추고 있는 올바른 도덕적 판단력(=양지)을 실천하는 것이 곧 치양지의 핵심 관념인 것이다.

이처럼 왕수인은 맹자의 양지 사상을 자기의 양지학(良知學)으로 삼으려고 했음을 알 수 있다. 그는 양지학을 밝혀 천하인들이 모두 양지를 현실사회에 실현시켜[致良知] 이상 사회를 만들려고 한 것이다. 그리고 그 자신이 갈망한 이상 사회는 바로 대동 사회였다. 그는 역사적으로 요순의 대동 사회가 존재했듯이 자신이 살았던 당대에도 모든 사람들이 양지를 발휘하여 '만물일체의 인'을 이루면 대동 사회를 실현시킬 수 있다고 믿었다.[10] 더불어 양명학의 치양지의 공부 내용은 자기가 하는 일에서 사리사욕에 빠지지 않고 본래적 도덕 자각 능력인 양지를 실현하는 사상마련(事上磨鍊)과 사적인 욕심을 근원적으로 막아 그 근원을 뽑아 버리는 발본색원(拔本塞源)을 통하여 도달한 대동 사회를 지향한 것이었다.[11] 이 사상마련은 실제의 사물에 나아가 정신과 의지를 연마하는 것으로서 결국은 모든 사람들이 일상생활 속에서 양지를 갈고 닦아야 하는 것이다. 관념을 통해서가 아니고, 실제적인 일에 종사하면서 양지 정신을 단련한다는 뜻이다.

결국 양명학을 포함한 신유교의 이상 사회와 대동 세계는 왕수인이 주장하는 것처럼 먼 이상과 관념 속에서 추구한 것이 아니라, 철저히 현실과 일상에 기초를 두고 양지의 발휘(치양지)→만물일체지인 실현→대동 세계 실현이라는 체계를 구상한 것이었다. 그리고 그 양지의 실천과 발휘, 즉 치양지는 발본색원과 사상마련의 구체적 실천 방법을 통해서였다. 다음 절에서는 좀 더 상세히 양명학의 만물일체지인과 대동공동체의 연관성에 관해 살펴보기로 한다.

2) 양명학과 만물일체지인의 대동공동체

신유교의 만물일체지인 관념과 대동 사상은 신유교의 두 주요한 유파가 그 학문적 방법론에서 미세한 차이점을 보임에도 불문하고, 주자학파와 양명학파 양 진영 모두에서 추구하고자 했던 유교 공동체의식의 하나였다. 특히 양명학파에서는 만물일체지인의 관념이 대동 사회의 실현과 연관되어 강한 실천적 의미를 갖고 있었다. 이 관념은 말 그대로 인간과 만물 모두에 인(仁)이 깃들어 있으므로 일체가 된다는 사상이며, 중국 북송대의 정호가 체계화하였고, 명 대에 이르러 왕수인이 한층 더 발전시킨 것이었다. 조선 성리학을 예로 들면, 조선 주자학의 대표라 할 수 있는 퇴계 이황도 중국 신유교(주자학과 양명학)에서 주창하는 만물일체지인(萬物一體之仁) 의식과 유사한 인(仁)의 공동체 의식을 소유하고 있었다. 한편 조선에 전래된 양명학을 체계화한 정제두의 저술 가운데에도 만물일체설이 존재한다. 퇴계는 그의 인설에서 인(仁)을 공적인 것이자 공동체 의식의 가장 중요한 의식으로 삼고 있다. 그는 『성학십도(聖學十圖)』의 「인설도(仁說圖)」에서 주자의 인설(仁說)을 인용한 뒤 다음과 같이 말한다.

> 公이라고 하는 것도 仁을 본체로 하고 있는 것이다. 마치 "사사로운 자기를 극복하고 禮에 돌아가는 것을 仁이라 한다"고 한 뜻과 같다고 하겠다. 무릇 無私公平하면 어질고(仁), 어질면 사랑(愛)하게 된다. 孝悌는 이것들을 用함이고, 恕는 이들을 남에게 베푸는 것이며, 知覺한다는 것은 바로 이것들을 아는 것이다.[12]

세상사의 공적인 모든 것은 인(仁)을 근본원리로 삼는다는 것이다. 그것은 극기복례(克己復禮)인 것과 같으며 '무사공평'이 곧 인(仁)이라고 하는 논리이다. 이와 같은 사(私)의 극복이자 공적 가치로서의 인(仁)의 의미는 유교의 오래된 전통이었고, 신유교에서도 이를 계승하고 있는 것이다. 『논어』에는 인(仁)에 관한 안연의 유명한 물음이 있는데, 공자는 이에 대해 "(사사로운) 자기를 이기고 예(禮)로 되돌아가는 것이 인(仁)을 실천하는 것이니, 하루라도 사사로운 자기를 이기고 예(禮)로 되돌아가면 천하가 인(仁)으로 돌아갈 것이니, 인(仁)을 실천함은 자기로 말미암지 남으로 말미암는 것이겠는가!"[13]라고 대답하였

다. 극기복례(克己復禮)가 곧 인(仁)이라는 뜻이다. 결국 유교 사상 속
에서 사적 영역으로서의 기(己)를 극복하고, 공적 영역으로서의 인(仁)
을 발휘해야 함은 공평하고 공정한 공동체 사회의 가장 중요한 공적
가치가 되는 셈이다.

공(公)과 인(仁)의 결합은 신유교, 특히 양명학파의 만물일체지인 사
상으로 더욱 발전하였다. 그것은 인과 양명학의 핵심 가치인 양지와
의 결합이었다. 이 세상의 모든 만물은 하나의 유기체 내지는 물체이
기에 타인의 고통은 자기 스스로의 고통이며, 만물 속에 인이 깃들어
있다는 것은 만물이 양지를 가지고 있음과 동일한 논리이다. 양명학
의 창시자 혹은 심학의 대성자라 할 수 있는 왕수인(王守仁, 1472-1528)
은 「대학문(大學問)」 속에서 만물일체지인에 관하여 다음과 같이 말하
고 있다.

大人은 天地萬物을 한 몸으로 여기는 사람이다. 그는 천하를 한집안
으로 보며, 나라 전체를 한 사람으로 본다. 그 사이에서 형체를 가지
고 너와 나를 나누는 사람은 小人이다. 대인이 능히 천지만물로써 한
몸으로 삼는 것은 의도적으로 그런 것은 아니다. 그 마음의 仁이 본
래 이와 같이 천지만물과 하나가 되는 것이다. 어찌 대인만이 그렇겠
는가? 비록 소인이라도 그렇지 않음이 없으니, 그가 오히려 스스로
를 작게 할 뿐이다.[14]

여기에서 왕수인이 말하는 만물일체는 인간·금수·초목·와석을 포함한 천지만물이 하나임을 직각하는 일체론이기도 하지만, 인간 세계의 정치적 또는 사회적인 하나 됨을 의미하기도 한다. 양명학의 경우 만약 인을 단순한 가족주의에만 국한한다면 그것은 사사로운 이기심의 발로이지 양지의 진정한 발현이 아니다. 그러므로 양명학의 대동 사회에서는 사람들이 자기 부모만 부모로 여기지 않으며, 자기 자식만을 자식으로 여기지 않는다.[15] 타인과 나, 그리고 자연만물에 깃든 양지 또는 인을 적극적으로 발휘할 때 대동 사회가 이루어지는 것이다. 그런데 왕수인에게 마음의 본체이자 인간의 본래적 도덕 자각 능력인 양지는 사람에게만 국한된 것이 아니었다. 사람에게만 국한된다면 그것은 천지만물과 내가 일체가 될 수 없기 때문이다. 따라서 그는 다음과 같이 말한다.

주본사가 물었다. "사람에게는 텅 비고 영묘한 것이 있기 때문에 良知가 있는 것인데 풀과 나무라든가 기와와 돌 같은 것에도 역시 양지가 있을까요?" 선생님께서 말했다. "사람의 양지란 바로 풀과 나무라든가 기와와 돌의 양지와 같은 것이니라. 만약 풀과 나무라든가 기와와 돌 등에 사람의 양지가 없다면 그것들은 풀과 나무와 기와와 돌로서 존재하지 못할 것이다. 어찌 풀과 나무와 기와와 돌뿐이겠는가? 하늘과 땅도 사람의 양지가 없다면 하늘과 땅이 될 수 없을 것이니

라. 이처럼 천지만물은 사람과 일체이다. 그 가운데 感官으로서 정묘한 사람 마음의 한 가지가 靈明한 작용이다. 바람과 비, 이슬과 우레, 해와 달, 별과 별자리, 새와 짐승, 풀과 나무, 산과 강, 흙과 돌 따위는 모두 사람과 원래 일체인 것이다. 그러므로 오곡이라든가 새와 짐승들로서는 모두 사람들을 양육할 수가 있고, 약이라든가 돌침[藥石] 따위는 모두 사람의 병을 치료할 수 있는 것이다. 이런 것들은 오직 똑같은 한 가지 氣로 이루어져 있기 때문에 서로가 통할 수 있는 것이다."[16]

이것은 양지가 결국 유교 사상의 핵심인 인의 개념처럼 모든 만물에 깃들어 있음을 설명한 문장이다. 양지는 인간에게만 있는 것이 아니라, 천지만물 모두에게 있음을 강조함으로써 인간과 사회 및 자연 세계를 통합하는 진정한 만물일체론을 제기한 것이다. 이렇게 볼 때 왕수인과 양명학의 '여천지만물일체(與天地萬物一體)'의 관념은 현대사회의 평등하고 조화로운 사회 실현과 생태 문명의 건설에도 일정의 영향을 줄 수 있는 참다운 가치를 제공할 수 있을 것이다. 그렇다면 천지만물을 일체로 보는 경지에 이르기 위해서는 반드시 공공성의 최대 적인 사욕(私欲)을 버리고 자연만물을 사랑하고 아끼며, 만물을 대하고 만사를 이룸에 자신의 생명처럼 자기를 사랑하는 마음, 즉 인과 양지의 마음으로 사랑해야만 된다. 그리고 이를 바탕으로 인간과 자연이 조화롭고 생태의 발전이 자연스럽게 이루어진다면 대동 사회도 자연히 이루어지는 것이다. 그것이 곧 유학과 신유교 등이 추구하는 대동공동체의 이상이었다.

이제 중국 명 대 양명학의 시대는 저물고 청 대 고증학의 시대를 지나 대동이라는 명칭으로 체계화되지 않았던 대동 사상의 완결판이 근대 중국에서 다시금 등장한다. 그것이 강유위(康有爲)의 『대동서(大同書)』이다. 그의 대동서에는 유교 사상뿐만 아니라, 도가와 불교 심지어 서양 사상까지 포괄한 대동 세계를 구상하고 있다.[17] 그는 맹자가 최초로 말한 불인지심(不忍之心)을 바로 인(仁)으로 풀이한다.

(남의 아픔을) 차마 참지 못하는 마음이 仁이다.… 일단 이 '참지 못하는 마음'이 밖으로 드러나면 곧 남의 불행을 참지 못하는 정치이다. … 그러므로 일체의 仁政은 모두 '참지 못하는 마음'에서 생겨났으며, 모든 교화의 바다이고, 모든 것의 뿌리이고, 모든 것의 근원임을 알 수 있다.… 사람의 도리 중에 仁愛, 人道의 문명, 인도의 진화, 태평과 大同에 이르는 것이 모두 이것에서 생겨났다.[18]

이와 같이 강유위는 그의 공동체 구상에서 공맹의 인(仁) 개념에 근거한 정치 및 대동의 이상 사회를 건설하고자 하였다. 즉 불인지심에 근거한 인의 공동체가 그의 대동공동체이자 대동 사회의 청사진이었다. 더불어 그는 다음 절에서 불인지심의 정치가 바로 인의 정치라고 강조하며 말하고 있다.

> (남의 고통을) 차마 참지 못하는 사람의 마음이 仁心이다. 차마 참지 못하는 사람의 정치가 仁政이다. 비록 안과 밖, 체와 용이 달라도 그 道는 또한 仁일 따름이다.[19]

강유위는 이렇듯 불인지심으로서의 인(仁)을 핵심 개념으로 삼으면서 인(仁)의 대동공동체를 구상한 것이다. 한편 근대 한국의 양명학자 박은식(朴殷植, 1859-1925)도 양명학의 핵심 이념을 만물일체지인으로 이해했으며,[20] 이에 근거하여 대동 사상을 체계화하였다. 그는 다음과 같이 말한다.

> 어린아이가 우물에 빠지는 것을 보면 측은한 마음이 반드시 일어나니 이것은 나의 仁이 어린아이와 하나 됨이요, 금수의 슬피 우는 것을 보면 不忍之心이 반드시 일어나니 이것은 나의 仁이 鳥禽과 하나 됨이요, 초목이 꺾이는 것을 보면 憫恤한 마음이 일어나니 이것은 나의 仁과 초목이 하나 됨이요, 瓦石의 훼손됨을 보아도 애석한 마음이 반드시 일어나니 이것은 나의 仁과 瓦石이 하나 됨이 아닌가. 그러므로 만물을 일체로 하는 仁은 사람이면 누구나 가지고 있다.[21]

여기에서 박은식은 강유위와 마찬가지로 유교 전통의 인(仁) 개념을 바탕으로 양명학파의 '만물일체지인'에 의거한 대동 사회 구상을 제시하고 있다. 하지만 박은식의 대동 세계 구상은 양명학의 만물일체지인의 관념에만 함몰된 이론적 주장에 그치는 것이 아니었다. 그는 선진유가 공자 시기의 대동론과 명 대 신유교의 양명학 대동론 및 중국 근대기 강유위의 대동 사상 등의 영향을 받아 대동 사상의 현실적 구현으로서 대동교 운동까지 전개한다. 게다가 박은식의 대동 사상은 당시 서양에서 들어온 진화론[物競天擇]을 '천지만물일체'라는 양명학의 사상에 결합시켜 세계평화주의를 표방한다. 이 대동 원리는 사덕사리(私德私利)를 극복하고 공덕공리(公德公利)를 추구하여 세계평화에 기여할 수 있는 사상이었다. 치열한 경쟁 시대에 그는 종교에서 세계 평화의 기초를 찾은 것이다. 불교의 널리 구제함[普度]과 그리스도교의 박애는 유교의 대동(大同)과 함께 평화주의가 아닌 것이 없다고 하였다. 이것은 각 종교의 가르침을 외적인 형식에 얽매이지 말고 그 내적인 정신을 살펴보면 유불야교(儒佛耶敎) 모두 평화주의를 표방하고 있다는 말이다. 박은식은 그와 같이 자신의 양명학에서 유교·불교·야교(耶敎=그리스도교)의 삼교 합일을 도모하였던 것이다. 그것은 오늘날 종교 간의 대화에서도 매우 중요한 의미가 있다.[22] 결국 양명학의 만물일체지인의 사상은 공동체 구성원 상호 간의 유기적이고 상보적인 관계망 속에서 인(仁)과 양지(良知)라는 인간 도덕의 근원적 보편성의 사회적 실현을 목표로 했는데, 그것은 그들이 추구하는 대동공동체 실현의 이념적 준거 틀로 자리매김하였다. 또 이러한 양명학의 만물일체지인의 대동공동체 구상은 청나라 말기의 강유위(康有爲), 담사동 등이 주장한 대동 사상에도 그대로 반영되었다.

3. 담사동의 인(仁)의 공동체 구상과 대동

1) 인학과 대동 사상론

통설적으로 소통과 평등 및 변통으로 잘 알려져 있는 담사동의 유교 사상적 경향을 평가할 때면 종종 신유교의 주자학과 양명학 가운데 양명학의 심학적 사유 방식을 우선 언급한다. 즉 담사동은 양명학 계열의 연장선상에서 평가받고 있다는 것이다. 그렇더라도 담사동은 유교뿐만 아니라 묵가 · 도가 · 불교는 물론이고 서구 사상인 진화론이나 자연과학 및 사회과학(평등 · 자유사상 등) 등도 적극적으로 수용하며 학제 간 융합을 넘나들던 열린 사상가였다. 즉 자신의 저서 『인학』에서 그는 유교와 대승불교(혹은 불학), 기독교와의 대화에 입각하여 그것들의 방법론을 사용했을 뿐만 아니라, 세 종교와 학문의 뛰어난 이론을 융합하고 영적평등, 남녀평등, 군민평등의 대동 사회를 만들고자 하였다.[23] 그런데 『인학(仁學)』의 논리는 형태상으로 볼 때 양명학적인 만물일체지인 사상의 근대사상사적 귀결점이라고도 할 수 있다. 따라서 우리는 양명학의 만물일체지인 사상의 연장선상에서 담사동의 인학을 바라볼 필요가 있는 것이다. 중국 근대의 저명한 지식인 양계초(梁啓超)는 담사동의 『인학』의 의의에 관하여 다음과 같이 말한다.

> 『仁學』은 무엇을 위해 쓰여진 것인가. 훌륭한 강남해(康南海, 康有為) 선생의 이념에 따라 세계의 성인과 철인의 사상을 고찰하고, 전 세계 중생을 구하고자 한 것이다. 강남해 선생의 가르침에는 "仁을 구하는 것을 이념으로 하고, 大同을 원리로 한다. 처음에 중국을 구하는 것을 지향하고 그 다음에는 자기희생에 이른다"고 한다. 『仁學』이야말로 이 말을 자세히 논한 서적이며, 열사 譚君이야말로 이 말을 실천한 인물이다.[24]

이와 같이 '인(仁)-대동'의 연계망은 양명학의 만물일체지인 관념에서 여실히 드러나는데, 여기에서 양계초가 이해한 담사동의 인학은 "인(仁)을 구하는 것을 이념으로 하고, 대동을 원리로 한다."고 하는 말에서 쉽게 간파할 수 있다. 요약하면 인학의 최종 지향점은 '인(仁)의 공동체' 사회 구현이고 그 원리는 대동이라는 것이다. 담사동은 『인학』「자서(自敍)」에서 인의 의미에 관하여 상세한 설명을 덧붙이고 있다.

仁은 二와 人으로 구성된다. 둘이 짝한다는 의미이다. 元은 二와 인 (儿)으로 구성되는데, 儿은 人의 고자이다. 이 또한 仁이다. 無에 대해 허신(許愼)은 元은 無에 통한다고 했다. 이 無 또한 二와 人을 따른다. 또한 仁이다.[25]

우선 담사동의 인은 글자 그대로 두 사람 이상의 관계를 의미하며, 그것은 사회 속에서의 인간관계를 뜻하고 있다. 다시 말해 인은 일종의 관계 방식이다. 얼핏 보기에 그것은 본질적인 실체 같지만, 사실 그것은 사물들 그리고 인간 사이에서 일어나는 관계 방식의 일들이다. 그리고 이 문장에서 보면 인(仁), 원(元), 무(無) 셋은 서로 통한다는 논리인데, 이런 견해는 담사동의 새로운 해석이었다. 주지하다시피 인은 공맹 이래 유교 대동 사상의 대표적 개념인데, 담사동은 이와 같은 유교 사상의 개념을 자신의 방식대로 변형시킨 것이다.[26] 그런데 원과 무라는 용어로 인을 해석하면 그 의미는 명확하지 않다. 그럼에도 담사동은 인(仁)이 지닌 본원성과 절대성을 표현하고자 근원으로서의 '원'과 무궁으로서의 '무'를 가지고 해석하고 있다. 그것은 인(仁)을 세계 본원의 지위에 올려놓기 위한 담사동의 철학적 근거이기도 하였다.

그리고 담사동이 인학에서의 인(仁)이 원과 무의 뜻을 지닌 것으로 상정한 것은 사상사적으로도 의미하는 바가 크다. 중국에 우약빈(愚

弱貧, 어리석고 약하고 가난함)의 질곡을 조장해 온 망라(網羅)를 충결하기 위해서는 그것을 끊임없이 재생산하고 있는 근본 관념이 비판되지 않으면 안 되었기 때문이다. 그에 의하면 그 근본 관념은 다름 아닌 천(天)의 관념이었다.

> 하늘[天]과 사람[人]이 불평등하게 되면 사람과 사람 사이의 불평등은 더욱 심하게 된다. 중국에서는 땅이 하늘로 통하는 것을 끊어 버리게 됨으로써 오직 天子만이 하늘에 제사를 지낼 수 있게 되었다. 天子가 하늘을 세워 천하를 압제하기 시작하자 천하는 天子를 황공하게 하늘[天]로 추앙하게 되었고, 천하 전부가 잔혹한 지경에 처해도 하늘의 명령이라 여기고 감히 받아들이지 않을 수 없었다.[27]

이러한 하늘[天]의 권위를 떨어뜨리지 않는다면 하늘의 전권(全權)을 막을 수가 없고, 명청(明淸) 이래 온갖 불평등을 조장해 온 하늘이 부여한 혈연관계로서 정립된 '충효=상하적 질서'를 근본부터 부정할 수가 없다. 따라서 하늘에 대한 부정 없이는 그의 독창적인 새로운 패러다임 형성이 불가능한 것이 된다. 여기에 고대에는 하늘의 전권을 악(惡)이라 하여 원(元)의 이름으로 다스렸고 『역경』에도 『춘추』에도 원(元)이 하늘을 통리(通理)한다고 되어 있다는 것이다. 이때문에 그는 하늘을 넘어서는 元을 상정한 것이고, 그의 모토인 인(仁)은 그러한 원

(元)의 관념에 의해 설명되었다. 또 불교적 사변에 의거하여 하늘·천명(天命)의 관념이 법집(法執, 일체의 사물이 각기 고유한 본체와 성격을 가지고 있다는 생각에서 생겨나는 집착)이라고 비판한다든지, 영혼의 육체에 대한 우위설에 근거하여 비판하고 있다.[28]

그리하여 담사동은 자신만의 독특한 인학을 제창하고 전통 유교의 하늘[天] 개념을 초극하여 새로운 패러다임을 구축하고자 하였다. 그 것은 동서양을 통합, 통일하고자 하는 그의 학문 정신에 의거한 것이기도 하였다. 한편 담사동은 『인학』을 통해 학(學)에 궁극적으로는 타인과 같은 자기를 확인하고 그 동일성을 실천하는 도덕적 의미를 부여하였다. 다시 말해 그는 평등한 성원들이 구성하는 화합되고 통일된 공동체로서 대동 세계를 상정한 것이다. 그는 다음과 같이 말한다.

무릇 仁學이라고 부르는 것은 佛書에서는 華嚴 및 心宗, 相宗의 書에 있고 서양서에서는 『新約』 및 算學, 格致, 사회학의 書에 있고 중국서에는 『易』, 『春秋公羊傳』, 『論語』, 『禮記』, 『孟子』, 『莊子』, 『墨子』, 『史記』 및 陶淵明, 周茂淑, 張載, 陸九淵, 王陽明, 王夫之, 黃宗羲의 책에 있다.[29]

이처럼 담사동의 인학은 세계적 보편성 혹은 동질성을 추구하고 있었으며, 그에게 중학(中學)과 서학(西學), 중학(中學) 내에서 유불도의 구분은 무의미하였다. 따라서 그의 인학은 다른 무엇보다도 일원적 세계의 통일을 실현하기 위한 개체의 실천으로서 인(仁)을 말하고 있었던 것이다. 또 인(仁)이라는 실천적 덕목을 학(學)이라는 실천과 결합시킨 인학(仁學)은 제도적 측면에서의 시스템의 변화만이 아니라, 학(學)이 성원의 평등과 그들이 서로 다가서며 서로 이익을 주어야 한다는 도덕의 개혁을 의미하는 것이었다.[30]

그 도덕 개혁의 양상은 인(仁)이라는 유교적 중심 개념으로부터 불교와 도교 더 나아가 서양 과학과 만나고 동서양의 모든 것이 회통하며, 자국뿐만 아니라 전 세계의 보편적 이념으로까지 확대되는 새로운 패러다임이었다. 사실 담사동의 인 개념에는 북송 대 신유교의 이정 형제와 명 대 양명학의 만물일체지인, 즉 인의 공동체로서의 대동론이 유교사상사적 연장선상에서 그대로 투영되어 있다. 앞에서 살펴보았듯이 북송 시대의 정호는 '인'을 '천지만물일체'로 이해하였고, 왕수인을 창시자로 하는 양명학은 더 나아가 이상 사회의 대동론으로 천지만물일체를 전면에 내세웠다. 그 유명한 문장이 "인이란 천지만물로써 일체를 삼는다.(仁者天地萬物爲一體)"고 하는 것이었다. 담사동은 그와 같은 대동 사상적 전통 하에서 다음과 같은 인식의 틀로 인을 에테르로 대체하여 설명한다.

에테르[以太]는 천지만물, 그리고 다른 사람[人]과 나[我]를 통하여 한

몸[一體]이 되게 한다.[31]

여기에서 담사동이 사용한 에테르는 양명학의 만물일체 관념을 포괄하는 인(仁)과 동일한 개념으로 간주되고 있다. 즉 서양의 과학개념으로 인을 설명하고 있는 것이다. 사실 에테르는 19세기까지의 서양 고전물리학에서 상정된 주로 빛을 전달하는 매질(媒質)을 나타낸 술어였다. 근대 중국에서 에테르 개념은 전통 중국철학에서 말하는 영(靈)·기(氣) 개념의 연장선상에 놓이고, 바깥 우주와 내면세계와의 긴밀한 조응 관계를 찾는 것으로 간주되었다.[32] 그리고 그러한 에테르의 평형을 유지하려는 기능에 대해서 담사동은 다음과 같이 말하고 있다.

열은 쏜氣의 에테르 속에 있어서 늘 팽창하여 사방으로 나가고자 한다. 그 본래의 열을 감소시킴으로써 열이 없는 것을 달궈 서로 고르게 평형을 이루는데, 에테르는 그 팽창을 위해 차례대로 열을 전한다.[33]

어느 한쪽으로 치우치지 않는 자연계의 평형이 에테르의 기능에 의거하는 것으로 간주한 담사동의 관심은 인간 사회의 모든 영역도 그처럼 평형 또는 평등해야 한다는 데 있었다. 에테르의 서로 고르게 평형을 이루는 성질로 볼 때, 우주의 본질은 결국 평등이자 대동이라는 것이었다.[34] 이처럼 담사동의 『인학』은 복잡하고 혼란스럽다. 유교의 인(仁) 개념을 전면에 내세우면서 불교·전통·학문·학파를 회통시키려 하고, 중국과 서구(혹은 서양 과학)를 혼합하고, 유교와 불교를 융합하기도 한다. 이런 복잡함과 혼란함이 가장 적나라하게 드러난 지점은, 이미 앞에서 보았듯이, 에테르[以太]를 다루면서 인(仁)·원(元)·성(性)·겸애·자비·흡입력을 하나로 뭉뚱그려 이야기하는 것이었다.[35] 하지만 궁극적으로 담사동은 전통 유교에서 최고의 가치로 규정 짓는 인이라는 관념에 학(學)을 덧붙여 인학(仁學)이라는 명칭으로 그 자신의 핵심적 철학을 규정하였다.

이처럼 『인학』의 세계관은 분명히 철학적 관점으로는 사물의 특수성을 부정하고 사물 사이의 차이를 완전히 없애고자 하는 것이었다. 또 기울거나 치우치지 않는 균형성에 입각하면서 어느 한쪽의 절대적 가치를 인정하지 않는 상호주의적 입장에 서 있다고 볼 수 있다. 결국 담사동의 인학은 전통 유교의 중심 사상인 인의 바탕 위에서 더 진일보하여 묵가와 불교 및 기타의 제 사상과 서학(西學) 정신 등의 총체적 융합으로 창출해 낸 새로운 사상 체계였다. 그리고 그는 인의 학술적 의미 및 인과 통(通) 간의 관계성을 규명하면서 '인-통'의 소통과 평등, 더 나아가 그때까지의 대동론을 새롭게 재구성하고자 했던 것이다. 다음 절에서는 '인-통'의 소통과 평등의 양상이 어떠한 것인지 살펴보기로 하자.

2) 인(仁)-통(通)의 소통과 평등

동서고금의 역사를 따지지 않더라도 작금의 한국 사회에는 사회 양극화, 정치권과 시민 간의 불통(不通), 계층 간의 경제적 불평등 문제에 따른 갈등, 이념과 가치에 따른 갈등, 지역 간의 갈등, 세대 간 갈등, 다문화 간의 갈등 등 수많은 모순과 갈등이 존재한다. 따라서 그와 같은 사회 속의 모순과 갈등을 해결하는 용어로 공동체 의식과 더불어 사회 통합이라는 말을 자주 사용한다. 사실 사회 통합이란 이질적이고 다양한 사람들로 이루어지는 사회 구성원이 그 사회 또는 공동체의 정체성을 갖도록 통합하는 일이다. 따라서 이 통합이 이루어지지 않으면, 그 사회는 갈등과 대립 및 모순이 극심하게 나타난다. 우리의 역사가 그랬고, 나아가 동아시아와 아시아 및 전 세계의 각종 사회가 그러하였다. 그렇다면 담사동은 모순과 갈등을 어떻게 해결하고자 했던 것일까? 소통 부재의 시대라 일컬어지는 작금의 한국 사회에 담사동이 19세기 말엽에 던진 메시지를 우리는 어떻게 받아들여야만 할까.

사물의 모순과 운동, 변화와 발전에 관한 변증법적 요소는 담사동 사상의 핵심적 관점이다. 담사동은 이 관점을 주로 '인-통(仁-通)'에 관

한 학설로 설명했다. 그는 자신의 주요 저작인『인학』에서 인(仁)의 개
념을 강조하여 주장했고, '인(仁)'을 축으로 삼아 모든 사상을 전개했
다. '인(仁)'이란 무엇인가? '인(仁)'은 본질적으로 승화되고 추상화된
객관세계의 총법칙이다. 그리고 '통'이란 대략 사물의 평등한 소통, 연
계, 일치, 통일을 주요한 내용으로 한다. 담사동은 세계가 고립·격절되
어 있지 않으며, 표면적으로는 아무런 관계가 없는 듯한 사물도 모두
상관관계가 있음을 지적한다. 객관적 의미에서 보면 '인-통(仁-通)' 사
상은 본래 중외(中外)의 소통, 상하의 소통, 남녀 내외의 소통, 다른 사
람과 나의 소통을 요구하는 것으로 각 방면의 현실적 내용과 투쟁의
의의가 있다.[36]

담사동은 다음과 같이 통(通)에 대해 상세히 말하고 있다.

通에는 네 가지의 의미가 있다. 中外通은 대부분 그 의의를『春秋』
에서 따 왔는데, 太平世에는 遠近, 大小의 나라가 한결같다고 하였기
때문이다. 上下通과 男女內外通은 대부분『易經』에서 따 왔는데, 거
기에서는 陽이 陰에게 낮추면 吉하고 陰이 陽에게 낮추면 吝嗇하다.
왜냐하면 그것들은 泰卦와 否卦에 속하기 때문이다. 人我通은 대부
분『佛經』에서 그 의미를 따 왔는데, '남의 形象도 없고[無人相], 나의
形象도 없는 것[無我相]'이기 때문이다.[37]

여기에서 통(通)은 모든 대상 혹은 상대세계와의 일체감의 공유로 볼 수 있는데, 그것은 통(通)이 통일·동질성·전달·통과·전파·방해하지 않기 때문이다. 그것은 간격의 해소를 통해 인간관계가 평등으로 되는 기능의 측면이기도 하다.[38] 또한 통(通)은 평등의 의미로도 풀 수 있는데, "통(通)의 모습은 평등이다."라고 한 대목이 『인학(仁學)』의 총강 27조 가운데 하나로 자리하고 있기 때문이다. 그런데 위 인용문에서 특히 평등의 의미로 풀 수 있는 것 가운데 상하통(上下通)과 남녀내외통(男女內外通)이 『주역(周易)』을 반영한 것이라고 말하고 있음을 확인할 수 있다. 즉 인간관계의 평등 설정에 『주역』의 사유인 "양(陽)이 음(陰)에게 낮추면 길(吉)하고 음(陰)이 양(陽)에게 낮추면 인색(吝嗇)하다."고 함으로써 상하 관계와 남녀 관계의 불평등 해소를 꿈꾸고 있음을 볼 수 있다.[39] 그럼 다시 담사동이 정의하는 인이란 구체적으로 무엇인지 살펴보기로 하자.

그는 다음과 같이 말한다.

무릇 仁은 以太의 用이다. 천지만물은 이것에서 나고 이것에서 통한다.[40]

仁은 소통을 第一義로 삼는다. 이태(에테르)나 電氣, 心力은 모두 소통의 공구를 가리킨다.[41]

담사동이 볼 때 고대 유교에서 가장 중요한 개념인 인(仁)은 이태(以太)인데, 이것은 곧 에테르를 일컫는다. 여기에서 그는 인(仁)을 에테르의 용(用)이라 하면서 그 체(體)로서 '에테르'라는 원질을 상정한다.[42] 또 '이태(에테르)나 전기, 심력' 등은 통(通)의 표현 수단을 의미하는 것이라고 말하고 있다. 이 말은 인(仁)의 가장 중요한 작용이 통(通)이라는 것이다. 그는 인(仁)하면 통(通)하고 불인(不仁)하면 통(通)하지 않는다는 유교 관념의 전통 하에서 "인(仁)과 불인(不仁)의 구별은 통(通)과 색(塞[閉塞])."[43]이라고 말하고 있는데, 인과 불인은 결국 통하느냐 막히느냐의 차이이고, 현대어로 하면 소통과 불통의 차이라고도 볼 수 있을 것이다.

그리고 담사동이 통(通)의 의미를 '도통위일(道通爲一)'[44]로 설명한 것은 대도(大道)가 모든 것에 관철(관통, 감통)되고 있다는 것을 표현한 것이며, 이는 곧 사물 사이에는 서로 관련성을 가지고 있으면서도 하나의 통일성을 가지고 있다는 것을 말하고 있다. 이것을 "인(仁)은 하나[一]일 뿐이다."라고도 표현한 것이다.[45] 그가 여기에서 말하는 대도(大道)란 곧 인(仁)인 것이고, 인은 유교의 인만을 의미하는 것이 아니라, 동양의 유불도 더 나아가 서양 과학의 모든 것을 포함하는 관념이었다. 불교와의 연관성에 관해서는 담사동의 인학계설을 보면 "인이란 천지만물의 근원이다. 그것은 유심(唯心)이고 유식(唯識)이다."[46]라고 말한 데에서도 쉽게 알 수 있다. 그는 이제 여기에 더해 다음과 같이 말한다.

통의 象은 평등이다.[47] 평등이란 궁극적으로 하나[一]에 이른다는 의미이고, 하나이기 때문에 通하고, 통하기 때문에 仁인 것이다.[48]

또 담사동은 "(세계의) 원초적 본질의 근원에 관해 말하면, 이는 곧 하나의 이태(에테르)일 뿐이다."[49]라고 말하고 있는데, 이는 곧 세계가 하나의 이태(에테르)로 이루어져 있으므로 질적 차별이 존재하지 않고 하나로 통해 있다고 하는 논리이다. 이처럼 담사동이 그리는 소통과 평등의 대동 세계는 일체의 질적 다양성이 거부되고 사회현상이나 자연현상이 무차별적으로 평등한 가운데 양적으로 배열되어 있을 뿐이다. 다시 말해 질적으로 비슷한 사물이 상호 관련성을 가지고 상호 소통하면서 생생불식하는 것이 그가 상정한 대동 세계였던 것이다.

그런데 담사동이 에테르·전기와 더불어 심력(心力)과 유심(唯心) 및 유식(唯識)이라는 용어에 주목한 것은 그 자신이 불학 부흥의 입장에 서서 일종의 응용불학을 전개하였기 때문이다. 불학 부흥의 지향은 출세간(出世間)이 아니라 입세간이었고, 그것은 시작하자마자 동아시아 신유교 내부의 비주류였던 심학과 연계했고, 또다시 서학(西學)과 호응한 결과였다. 그는 중생 평등을 인류 평등과 결합시켰고 심력으로 위기를 극복하고자 하였다.[50] 즉 출세의 불교적 숙명론을 현실적인 입세(入世)의 사명감으로 바꿔 놓으면서 반명교(反名敎)의 윤리를 부각시킨 것이다. 이제 구체적으로 담사동은 인(仁)이 서로 통하는 사회적 현실로 눈을 돌려 국제적 통상을 통해 실현되는 상인(相仁)에 주목하였다. 그는 다음과 같이 말한다.

通商은 相仁의 도리이며 兩利의 도리이다. 손님[客]의 利가 공고해지면, 主 또한 더욱 利를 본다. 서구인이 중국에 통상하여 그 화물로써 우리를 仁하게 하고 우리의 재물을 삼으로써 저쪽을 仁하게 한다.[51]

이 문장에서 보면 원래 국제무역이나 경제적 측면에서는 이익 혹은 최소한의 경제 윤리에 비추어 볼 때 상호 간의 이익만이 전면에 드러나야 할 법이지만, 담사동은 오히려 도덕적 측면인 인(仁)의 상호 발현에 주목하고 있다. 이렇게 그는 인(仁)의 유교 사상사적 의미를 부각시킴으로써 보다 넓은 해석의 여지를 제공한다. 다시 말해 그는 전통 유교사상에서 대극의 위치에 있던 인(仁)과 리(利)를 이분법적으로 구분한 것이 아니라, 인 속에서 리를 사고했으며 이로움을 단일한 방향이 아니라 쌍방향적인 것으로 생각했다. 묵가의 겸애(兼愛)나 불가의 자비, 기독교에서 나와 같이 남을 사랑하라는 도덕적 덕목은 통상(通商)과 같은 물질적이고 현실적인 세계에서 상호 간의 적극적인 행동으로 이어진다. 상인(相仁)은 자기가 싫은 것을 타인에게 베풀지 않는 소극적인 것이 아니다. 이와 달리 통상(通商)은 무엇인가를 상대방에게 주며 자기 자신도 이익을 취하는 것이다. 다시 말해 인(仁)은 단순한 소통에 멈추는 것이 아니라, 소통을 통해 서로가 이익을 보는 적극적인 행위여야 했다. 이것 역시 인(仁)이 작용이며 힘이라는 것을 보여준다. 따라서 담사동의 인(仁)은 자리를 지키고 앉아 있는 것이 아니며 상대방에게 다가서는 것이었다.[52] 원래 전통 유교사상 속에서는 리(利)와 인(仁)은 상호 대립하고 배척하는 개념이었다. 하지만 담사동의 인학에서는 이 대립하는 두 개념이 상인(相仁)의 논리 속에 포괄되어 상호 조화를 이루는 인(仁)의 공동체적 의미가 부각되고 있는 것이다.

결국 담사동은 통(通)에 의해 유교의 기본 이념인 인(仁)을 해석함으로써 서양 과학, 불교의 심학, 주자의 리학(理學), 왕양명의 심학(心學) 등을 넘어서 새로운 인통학(仁通學)을 만들어 내고자 하였다. 말하자면 담사동의 인통학은 개인의 수양, 국가 제도의 질서, 사회윤리의 테두리보다 더 큰 자연, 세계, 우주와 연결되는 동양적 근대화의 이론이라고 할 수 있다.[53] 이렇게 볼 때 담사동이 구상한 '인-통(仁-通의 소통과 평등'의 대동 세계는 사람과 사람, 세계와 세계가 평화롭게 공존할 수 있는 차별 없는 공동체였다. 그리고 이 대동 세계는 바로 중외통·상하통·남녀내외통·인아통(人我通) 등 네 종류의 소통과 평등이 이루어지는 차별과 갈등이 없는 상태의 세상이었다. 담사동의 사통(四

通)을 더 구체적으로 보면 당시 중국과 외국과의 관계, 상하 봉건적 계급 관계, 남녀의 사회적 관계, 사람과 사람의 인간관계로서 자기와 타자와의 관계이다. 통(通)은 결국 인(仁)이라는 글자가 의미하듯 관계의 미학이자 차별과 대립이 없는 공동체 네트워크의 최고 이념이었다. 그리고 최종적으로 담사동은 '인통'이 유기적으로 관계하는 인의 공동체를 구상했던 것이다.

4. 맺음말

동아시아에서 대동 사상의 역사는 오래된 유교 경전 『예기』에서부터 시작된다. 그 이후 대동(大同)사상은 시대가 변함에도 불구하고 끊임없이 유교 지식인들의 이상적 유토피아 담론으로 발전하여 현대 동아시아 언어권에서도 대동이라 하면 공동체 의식과 사회 통합의 이미지를 떠올릴 만큼 생생히 살아 숨 쉬는 고유명사가 되어 자주 언급되고 있다.

따라서 이 글에서는 그와 같은 대동이라는 용어를 핵심 논제로 삼아 동아시아 유교사, 구체적으로는 신유교의 대동 세계 구상이 어떠했는지, 신유교의 한 유파인 양명학이 추구한 대동공동체의 양상이 어떠했는지를 만물일체지인이라는 문구에서 찾아보고자 하였다. 한편 그것과 더불어 근대 중국의 지식인 담사동의 『인학』에 주목하여 그 자신이 어떻게 인의 공동체 구상을 전개했는지, 또 담사동이 구상한 '인-통'의 소통과 평등이 어떠한 것이었는지를 논의하였다.

주지하다시피 중국 선진 시대의 인 개념은 공자에 의해 유교의 보편적 덕으로 정립되면서 가장 근본적 개념이 되었다. 그는 인을 보편적 덕으로 정립하면서 다른 모든 덕목들의 종합적 완성으로서 인을 제시했던 것이다. 그리고 뒤를 이어 맹자는 인을 인간의 본성이라 말하면서 인의 예시와 논증에 열중하였고, 그 자신의 왕도 정치 구상에 인정(仁政)의 이념을 핵심으로 삼는다. 시대는 바야흐로 신유교의 시대가 되어 정호는 인을 만물일체와 연결시켜 만물일체지인을 확립한다. 양명학은 이 만물일체지인의 관념을 더욱 발전시켜 올바른 사회의 궁극적 지향점으로서 대동 세계를 구상하였고, 이는 동아시아 근대로까지 이어져 강유위의 대동 사상과 근대 한국의 박은식이 전개한 대동 사상 및 이 논고에서 다룬 담사동의 '인-통'의 소통과 평등의 대동 세계를 상정하는 데에까지 면면히 이어져 왔던 것이다. 이처럼 동아시아 신유교의 대동 세계 구상은 전통 유교의 인 개념을 바탕으로 양명학적 사고와 담사동과 같은 융합학적 사고(유불도 및 서양 과학의 융합) 등에 의해 세계 보편적 사상의 수준까지 도달했던 것이다. 그것은 다름 아닌 인의 공동체 구상이었고, 이는 곧 대동 세계의 구상이었다. 더불어 신유교 계열의 지식인들과 담사동의 사상은 결국 대동 세계를 목표로 한 소통과 평등의 사상이었다.

대동(大同)은 같은 것이 아닌 다른 것들의 조화로운 만남이다. 대동은 화합과 조화를 기저로 하면서 '같이 함께하자'는 것이다. 공동체라는 것은 똑같이 똑같은 생각을 하는 것이 아니다. 다른 생각을 하더라도 배척하지 말자는 것이다. 공동체 안에는 갈등과 대립이 필연적으로 존재한다. 물론 그것들과 더불어 모순도 함께 존재한다. 대동은 다만 그런 것들을 최소화하자는 것뿐이다. 유학에서 주장하는 것은 결국 유토피아일 수 있다. 인(仁)에 관하여 『논어』에서는 수없이 반복하며 설명한다. 예를 들면 "무릇 인이라는 것은 자기가 서고자 하면 남을 먼저 서게 하고, 자기가 도달하고자 하면 남을 먼저 도달하게 해준다."는 구절이 있다. 바로 이것이 배려의 마음에 기초한 인의 공동체 구상이었다.

아시아 평화공동체
174

06

안중근과
동북아
평화공동체의
모색

김 대 식
(대구가톨릭대학교 강사)

1. 반평화적 상징인 이토에 대한 안중근의 저격 사건 이해

안중근(安重根, 1879-1910)의 어머니 조마리아는 아들이 죽기 전에 다음과 같은 편지를 보냈다. "장한 아들 보아라. 네가 어미보다 먼저 죽는 것을 불효라고 생각한다면 이 어미는 웃음거리가 될 것이다. 너의 죽음은 한 사람의 것이 아닌 조선인 전체의 공분(公憤)을 짊어진 것이다. 네가 항소를 한다면 그건 일제에 목숨을 구걸하는 것이다. 나라를 위해 딴 맘 먹지 말고 죽으라. 대의를 위해 한 일이거든 죽는 것이 어미에 대한 효도다. 아마도 이 편지는 어미가 쓰는 마지막 편지가 될 것이다. 네 수의를 지어 보내니 이 옷을 입고 가거라. 어미는 현세에서 너와 재회하길 기대하지 않으니 다음 세상에는 선량한 천부의 아들이 되어 이 세상에 나오너라." 편지의 내용은 비장하고도 장엄하다. 조금의 미련이나 안타까움도 담겨 있지 않다. 오로지 아들이 장렬한 죽음을 맞이하기를 바라는 마음이 넘칠 뿐이다.

잘 알다시피 안중근은 1909년 10월 26일에 중국 하얼빈역에서 조선 침략의 원흉인 이토 히로부미(伊藤博文)를 저격한 인물이다. 그날 이토 히로부미는 러시아 재무장관 코코프체프(V. N. Kokovsev)와 만나 동양침략정책을 협상하는 하얼빈 회담에 참석하기 위해서 하얼빈역에 도착하기로 계획되어 있었다. 일본은 회담이 끝나면 조선을 지나 중국과 러시아를 잇는 영토가 일본의 지배하에 들어올 것이라고 생각했다. 이를 통해 일본은 러일전쟁 후 침체된 자국의 경제를 한국과 만주의 식민지정책으로 회복해 보자는 속셈이었으며, 철도를 정비하고 항만을 관리하여 무역으로 이익을 얻어내자는 계략이었다. 영국과 미국도 포츠머스조약을 통해서 조선이 일본의 지배를 받는 것이 정당하다고 인정을 하였으니 거칠 것이 없었다. 30세의 청년 안중근은 그와 같은 굴욕적인 식민 지배를 받아들일 수 없었다. 자신이 원하는 동북아시아의 평화는 그런 것이 아니었기 때문이다.

후대의 학자들 중에는 안중근을 아예 테러리스트로 단정 짓는 평가도 있지만, 어디까지나 그의 이토 히로부미 살해는 개인적 차원의 원한이 아니라는 것을 분명히 짚고 넘어갈 필요는 있다. 그의 포살(砲殺) 명분은 한국의 독립과 동양 평화의 유지에 있었다. 그가 이토 히로부미를 살해한 이유를 공적 죄악상 15개 조항에 걸쳐 명시하고 있는데, 그것을 나열해 보면 다음과 같다.

    1. 대한제국 명성황후를 시해한 죄(韓國閔皇后 弑殺之罪)
    2. 대한제국 고종황제를 폐위시킨 죄(韓國皇帝 廢位之罪)

3. 5조약(1905년의 을사5조약)과 7조약(1907년의 한일신협약, 즉 정미7조약)을 강제로 체결한 죄(勒定五條約與七條約之罪)

4. 무고한 대한인들을 학살한 죄(虐殺無故之韓人之罪)

5. 국권을 강제로 빼앗은 죄(政權勒奪之罪)

6. 철도, 광산, 산림, 천택을 강제로 빼앗은 죄(鐵道鑛山 與山林川澤 勒奪之罪)

7. 제일은행권 지폐를 강제로 사용하게 한 죄(第一銀行券紙貨勒用 之罪)

8. 대한제국의 군대를 해산시킨 죄(軍隊解散之罪)

9. 민족의 교육을 방해한 죄(敎育妨害之罪)

10. 대한인의 외국 유학을 금지시킨 죄(韓人外國留學 禁止之罪)

11. 국어, 역사 등 교과서를 압수하여 모조리 불태워 버린 죄(敎科書 押收燒火之罪)

12. 대한인이 일본인의 보호를 받고자 한다고 세계를 속인 죄(韓人 欲受 日本保護云云 而誣罔世界之罪)

13. 대한제국과 일본 사이의 계속되는 싸움으로 살육이 끊이지 않는 데, 대한제국이 태평무사한 것처럼 천황을 속이는 죄(現行日韓 間 競爭不息 殺戮不絶 寒國以太平無事之樣 上欺 天皇之罪)

14. 동양 평화를 파괴한 죄(東洋平和 破壞之罪)

15. 일본 천황의 아버지 태황제를 죽인 죄(日本天皇陛下 父 太皇帝

弑殺之罪)

　이와 같은 항목들을 볼 때 안중근이 반평화적인 일본의 폭력과 침탈, 그리고 살인 등에 대해서 얼마나 분노하고 있었는지를 짐작할 수 있을 뿐만 아니라 국제정치에 대한 식견도 해박하였음을 알 수 있다.

　또한 이 조항들은 안중근이 폭력과 침탈, 살인 등의 반평화적인 행위를 일삼는 일본을 적으로 간주하였음을 말해 준다. 안중근은 인류의 평화를 깨뜨리는 일본을 한국의 적이자 세계의 적이라고 규정하였다. 물론 처음부터 안중근이 일본을 적으로 간주한 것은 아니었다. 처음에는 일본을 포함하여 중국과 한국이 함께 동북아시아의 평화공동체가 될 수 있다는 신뢰감이 있었다. 그러나 그러한 상호 신뢰가 일본의 폭력과 침탈에 의해서 깨지게 됨으로써, 군인이라는 정체성을 가지고 조선의 독립을 위한 정당방위로서 정의로운 전쟁을 수행하기에 이른 것이다(의전론). 이것은 그의 유묵인 '위국헌신군인본분(爲國獻身軍人本分, 나라 위해 헌신함은 군인의 본분)에서 확인할 수가 있다. 따라서 그를 단순히 복수를 자행했던 자, 혹은 테러리스트로 규정하는 것은 속단에 불과하다(살인론과 오해론). 그의 이토를 향한 저격 행위는 국가의 지배와 폭력에 맞선 저항과 반항, 그리고 대항의 정신에서 비롯된 사건이라고 해석해야 할 것이다(국적론). 이런 점에서 가능한 한 가톨릭의 살인에 대한 교리에 저촉되는 안중근을 변론하려고 시도하는 황종렬의 경우에, 그의 저격 행위는 보복이 아니라 정당한 전쟁이요 의로운 행업(righteous act)이라고 주장한다. 그의 저격 행위를 정의로운 의거와 의로운 대의를 실현한 쾌거라고 평가하는 이유는 앞에서도 언급하였듯이, 이토의 한국에 대한 제국주의적인 군사 지배와 억압 통치에서 기인한 것이기 때문에 단지 민간인을 공격한 전쟁이나 테러가 아닌 그에 대한 '차별성의 원칙'에 따라 수행된 총격 사건으로 봐야 할 것이다. 더군다나 만일 안중근이 이토 이외의 다른 제국주의자나 침탈자들을 향해서까지 보복을 하려고 했다면 그의 총에 장전된 모든 탄알을 다 사용했을 것이다.

그러나 안중근은 이토의 암살 목적 이외에는 탄알을 더 이상 소모하지 않았다는 것을 보아도 그가 하려던 직접적 행동의 대상과 목적이 무엇이었는지를 분명하게 알 수가 있는 것이다. 오직 전쟁을 위한 일념이었고 테러와 살인을 목적으로 하는 테러리스트였다면 아마도 하얼빈역 현장에 있었던 타자들에 대한 배려는 전혀 없었을 것이다. 하지만 그는 타자를 배려하는 선택적 저격 혹은 선택적 살인을 하였다는 점에서 차별성의 원칙에 위배되지 않는다고 볼 수 있다. 그러므로 이토는 일본 제국주의 침략의 선봉자요 국가원수요 침략국의 대변자라는 점에서, 그에 대한 안중근의 포살 동기는 개인적인 복수와 원한에 의한 것이 아니라 약소민족의 억압에 의한 민중의 한을 풀어 주려는 살신성인의 행동에 있었다는 것이다.

2. 안중근 의거의 종교적 배경과 평화공동체를 위한 종교의 역할

안중근의 의거는 유교적 가치관에서 비롯되었다. 어렸을 적 안응칠(安應七)이라고 불렸던 그는, 황해도에서 성장하면서 부친에게 『논어』를 공부하며 인(仁), 즉 군자가 행해야 할 것을 깨우쳤다. 조부 안인수(安仁壽)는 일찍이 진해 현감을 지낸 인물로서 너그럽고 후덕한 성품을 지닌 인자한 부호이기도 했지만, 자신의 재산으로 자선을 베풀 줄도 아는 사람이었다. 그가 낳은 6남 3녀의 자녀들은 모두 학문이 출중하였지만, 특히 3남인 태훈(泰勳)은 9살 때 이미 사서삼경(四書三經)을 통달하였다고 전해진다. 학문에 두각을 보인 그는 성균진사(成均進士)가 되었고 슬하에 3남 1녀를 두었는데, 그중에 장남이 바로 안중근이었던 것이다. 안중근은 아버지가 만든 서당에서 사서삼경 등의 유교 경전과 『통감절요(通鑑節要)』를 수학하였고, 그 외 당나라 시인들의 시문모음집인 『당음(唐音)』을 읽었다. 그뿐만 아니라 『주교요지(主教要旨)』, 『칠극(七克)』이라는 천주교 서적과 갑오경장 이후 학부 편집국이 간행한 『조선역사』와 『만국역사』, 『태서신사』 등의 사기류(史記類)를 읽으면서 자랐다. 그런 가문과 학문적인 배경에서 자란 그는 타자가 위험에 처했을 때 자신의 몸을 희생하여 인(仁)과 의(義)를 실천하는 것이 군자(君子)의 도리(道理)라고 생각하였던 것이다. 이것은 수평적인 인간관계적 측면에서의 사람과 사람 사이의 사랑과 정의를 어떻게 범주주적인 차원으로까지 실천할 것인가에 대한 고민으로 확장되었을 것이다. 그뿐만 아니라 안중근이 토마스(St. Thomas, 1897년에 입교)라는 가톨릭 세례명을 가지고 있었고 그에게 영세를 준 빌렘(Joseph Wilhelm, 한국명 홍석구) 신부와의 관계로 볼 때, 그리스도교적인 사상에 입각하여 저격의 의지를 품을 수 있었던 것이 아닌가 하는 추론을 하기도 한다. 그는 비록 일본이 조선의 식민 지배자이기는 하지만 일본조차도 하느님의 동반자요 형제로 보는 이른바 사해동포주의적인 인식을 가지고 있었다. 나아가 조선과 일본, 그리고 중국이 한 분이신 하느님에 의해서 부름을 받은 생명적 존재로서 온 인류를 한 형제요 자매로 보았다. 유교적 측면에서 한국과 일본은 한 가족의 구성원이라고 생각할 수 있었고, 그리스도교적 측면에서 이것과 연관하여 한 하느님에 의해서 창조된 형제자매라는 종교적 사유를 할 수 있었다. 이 점에서 안중근에게는 유교적 인식과 그리스도교적인 인식이 동시에 나타나고 있다고 볼 수 있다.

유교적 관념과 더불어 선대 아버지의 개종이라는 배경에 더하여 토마스라는 세례명을 가지고 있었던 안중근은 가톨릭적인 신앙관도 철저했다. 그의 공판 기록의 신문 내용에서도 "나는 천주교 신자다."라고 말했으며, 1910년 2월 7일 열린 재판장에서도 "나는 매일 아침 기도를 올린다."고 말할 정도로 신앙심이 남달랐다. 또한 체포 직후

신문 과정에서 이토가 죽었다는 사실을 알게 된 순간 십자 성호를 그으면서 하느님께 감사의 뜻을 표했다고 전해지고 있다. 게다가 안중근은 자신의 사형집행일을 당시 가톨릭의 성주간의 전례력에 따라 성금요일인 3월 25일로 해 줄 것을 신청하였다. 하지만 일본은 이토의 한을 위로해야 한다는 이유로 이토가 죽은 날짜의 죽은 시간에 안중근을 교수하기로 하고 3월 26일 10시 4분에 처형대에 올렸다. 이런 측면에서 안중근의 저격 사건과 죽음은 동아시아의 유교적 전통과 그리스도교적 전통이 맞닿아 있었던 정신적 사건이라고 봐야 할 것이다.

안중근은 자신의 신앙과 민족의식을 통합하면서 이른바 천명(天命, the will of God), 즉 하늘의 뜻, 하늘이 바라는 생명의 질서에 따르고자 하는 소리를 명령으로 삼는 종교적 행위와 사상으로 무장하고 있었다. 앞에서 언급하였듯이, 안중근은 이미 유교적 인식과 학문적 소양을 갖춘 인물이었다. 그는 『중용』의 "하늘이 명한 것을 성이라 하고, 성을 따르는 것을 도라 하며, 도를 수양하는 것을 교라 한다(天命之謂性率性之謂道修道之謂敎)"는 철학과 맹자(孟子)의 "자기의 마음을 다하는 사람은 자기의 성을 알고, 자기의 성을 아는 사람은 곧 천을 알게 된다(盡心則知性知天)"는 철학, 그리고 『논어』의 "천명을 알지 못하면 군자라 할 수 없다(不知命, 無以爲君子也)"는 철학을 몸소 잘 알고 있었다. 안중근은 이와 같은 유교 사상과 그리스도교 사상을 천명이라는 독특한 언어로 풀이하였다. 그래서 그는 자신의 독립운동과 저격 사건을 바로 하늘의 뜻을 실현하는 것으로 이해하였던 것이다. 그는 '동양평화론'에서도 여러 차례에 걸쳐 하늘의 뜻을 설파하면서 이토 히로부미는 바로 국제정치의 그 형이상학적 바탕을 저버린 인물로 치부하였다.

그럼으로써 하늘의 뜻에 역행하는 것과 부정의, 그리고 불의한 식민 지배에 항거하지 않는 것은 오히려 죄라고 하는 확신을 갖기에 이른다. 하늘의 뜻은 온 인류의 형제자매가 서로 협력하고 평화를 이루며 사랑하는 공동체로 살아가는 것인데, 이것을 거스르는 죄악에 대해서는 침묵할 수 없다고 본 것이다. 제국주의적인 침략에 대해서 정당하게 항거하고 독립과 평화를 위해서 일본의 만행을 회피·묵과하지 않는 것이 바로 천명을 따르는 것이라는 그의 강한 신념은 종교적인 것과 사회적인 것, 그리고 정치적인 것을 분리해서 생각하지 않았다는 것을 알게 해 준다. 가톨릭적 측면에서 저격 사건 즉 살인이라는 것이 교리·신앙적으로 문제가 될 수 있는 소지가 있는 것은 사실이지만, 이것을 종교적 측면의 사건으로 해석할 것이냐(물론 안중근은 가톨릭 신자이다!) 아니냐, 그래서 죄인이냐 아니냐 하는 것은 여기에서 심도 있게 다뤄야 할 사안은 아니다. 하지만 굳이 안중근의 의거에 대한 심정을 헤아리기 위해서라도 다음의 신문 문답은 거론해야 할 듯 싶다. "문) 천주교 신자로서 살인을 하는 것은 인도주의에 어긋나는 것 아닙니까? 답) 성경에도 살인은 죄악이라고 했습니다. 그러나 남의 나라를 약탈하고, 인명을 살상하는 것을 수수방관하는 것 역시 죄악입니다. 내 행위는 그 죄악을 청산한 것에 불과합니다(안중근의 의거론)". 안중근의 의거는 성 아우구스티누스(Aurelius Augustinus)나 성 토마스 아퀴나스(Thomas Aquinas) 등이 주장한 정당한 전쟁(Bellum justum)이다. "다른 국가의 부당한 군사적 침략, 국가영토와 주권의 보류, 국가의 핵심이 되는 상업적 이익 및 기타 치명적 이익들의 침해 등이 있어야 한다."는 조건에 부합하기 때문에 그의 포살 행위는 정당하고, 그를 살인자로 규정할 수 없다. 더군다나 그는 단순히 애국심과 민족주의만을 강조하는 국수주의를 넘어서 세계의 민중이 평화롭고 평등하게 살아갈 수 있는 정의로운 세상을 꿈꾼 그리스도교적인 예언자였다는 것을 기억해야 한다. 이런 안중근의 의거론에 대해서 여전히 비판적인 입장에 서 있는 가톨릭에 대해서 황종렬은 이렇게 강변한다. "신앙이 그에게 의거를 하게 하지는 않았다. …오히려 자기의 의거를 지탱해 갈 에너지를 신앙에서 길어 올렸다고 말할 수 있다. 하지만 …교권은 그의 저격을 살인죄로 단죄했다." 그렇다면 다음과 같은 중세 철학자 토마스 아퀴나스의 법철학적 견해로 안중근의 저격 사건을 유연하게 해석·적용할 수 있을까? "인간을 완전한 공동체의 부분적이라고 본다면 공동적인 행복에 질서를 배려하는 것이 법의 고유의 역할이 아니어서는 안 된다. … 법이란 것이 모든 것에 우선하여 공통선을 위한 질서를 놓는 것으로 말할 수 있는 것이라면, 특수적인 어떤 활동에 관계되는 어떤 명령이라고 할지라도 공통선에 질서를 두지 않은 것이라면 법으로서의 본질을 지녔다고는 할 수 없는 것이다. 그러므로 법은 공통선에 질서를 두고 있다."

이러한 근거에서 안중근의 비판을 완화시킬 여지는 있을 수 있다. 또한 그의 천명관의 교회법적 타당성을 인정받을 수도 있다. 그런 이유로 그의 천명관이 "하느님의 정의에 대한 믿음을 근본 바탕으로 삼고 있다."는 황종렬의 주장은 오히려 안중근을 가톨릭이라는 종교에만 국한시켜 해석하려는 것 같다. 하지만 그가 제기하는 안중근의 가톨릭적 신앙관과 그에 따른 저격 의도는 안중근의 유교 사상적 토대를 희석시키면서 동시에 그의 살인죄에 대한 변론을 부추기는 방향으로만 몰고 갈 수 있다. 애초에 천명이라는 개념은 유교적 관념이기 때문이다. 안중근의 천명, 즉 하늘의 뜻에 대한 의식은 인간관계를 중시하는 유교의 의리 관념과 가정 및 국가에 대한 효충 관념에서 비롯된 것이다. 여기서 그를 변론하는 것은 또 다른 문제이다. 우선해서 생각해야 할 점은 그의 저항과 대항 정신, 그리고 독립운동의 정신이 종교적 사상 속에서 배태되었다는 데에 있다는 것이다. 또한 그것이 오늘날 동북아 평화를 위해서 어떤 기여를 할 수 있느냐, 다시 말해서 종교문화가 평화운동과 평화공동체 실현을 위해 어떤 역할을 할 수 있느냐를 찾아야 하는 것이 온당할 것이다. 그의 독립운동과 평화 사상, 그리고 동북아 평화공동체론은 종교적 정신에서 출발한 것이지만 동시에 이것은 보편적 평화 정신, 보편적 평화공동체를 만들어 가기 위한 자신의 보편적 사유였을 것이다. 따라서 그의 평화 정신과 보편적 평화공동체론을 단순히 신학적 사고로만 규정짓는 것은 그를 너무 협소하게 평가하는 것이다.

그가 독립운동과 동북아 평화를 위해서 저격 사건을 행동으로 옮긴 것도 종교적 차원과 연관된 보편적 인간애에서 비롯된 것이다. 이를테면 그가 내세운 『시경』의 "하늘이 사람을 내어 세상이 모두 형제가 되었다(天生蒸民)"는 보편적 인간의 평등사상과 인류애의 가치가 그것이다. 그는 이러한 종교적·보편적 인류애에 기초하여 모든 인간은 존엄해야 하고 평등해야 한다는 의식을 갖게 됨으로써, 이에 반하는 일본의 제국주의적인 침략에 대해서 항거하는 이념적 토대로 작용하게 된다. 모든 인류는 하늘 아래에서 하느님의 집안 식구들이기에 서로 협력하고 사랑해야 한다. 동일한 인류로서 인종차별주의나 배타적인 국수주의, 민족주의적인 우월성조차도 천명을 따르는 인간으로서는 위험한 발상들이다. 이것은 『시경』의 '천명불역천명불가신(天命不易天命不可信)'과 맹자의 '순천자존역천자망(順天者自存逆天者亡)'이라는 사상을 유교와 그리스도교의 만남을 통해서 이루어낸 실천적 행동 지침과 통한다. 그에게 한국의 독립과 평화를 유지하는 것은 순천이지만, 한국 및 동북아시아를 전쟁으로 유린하는 것은 역천인 것이다.

그는 이와 같은 유교 사상과 그리스도교 사상을 자신의 정의로운 행동과 세계 평화를 위한 보편적 가치와 기준으로 확장시켰다. 그것은 동북아 평화, 그리고 세계 평화 질서의 유지라고 하는 공동선·공공의 가치로 나타났다. 공공의 윤리를 실현하기 위해서 비록 한 인간에 대한 저격이라는 사건이 발생하였지만, 그것은 인류의 공공 생활이 결코 사적 인간과 사적 행동에 의해서 유린당해서는 안 된다는 신념의 현실적 행동이었다는 것을 기억해야 한다. 모든 인류는 보편적 인간으로서 평등한 인격체를 가지고 자신의 고유한 영토에서 귀중한 생명을 누려야 한다. 그렇게 보편성과 인격, 그리고 영토와 생명이 담보되려면 모두가 공동체 안에서 형제자매라는 공동인류의식을 가져야 한다. 그와 같은 공동체성, 공동인류의식을 뒷받침해 줄 수 있는 유교와 그리스도교적 사상은 안중근의 시대나 오늘의 시대에도 여전히 중요한 가치임에 틀림이 없다.

　우리는 이와 같이 안중근이 유교 사상과 그리스도교 사상에 의해 동양 평화와 정의를 실현하려고 했던 사실을 비추어 볼 때, 현재의 동북아 평화공동체를 이룩하기 위한 단초 역시 한·중·일의 유교적, 그리스도교적 관념(마테오리치의 『천주실의』도 유교와 그리스도교의 융합)의 공통적 사상에 바탕을 둔 동북아 사상의 구축이 필요하다는 것을 절감하게 된다. 한·중·일은 유교적 공통분모가 있다. 앞에서 필자는 안중근의 의거 배경에는 종교적 사상이 자리 잡고 있다고 말했다.

특히 유교의 효와 공동체 인식은 떼려야 뗄 수 없는 관계이다. 사랑[仁]이라는 유교의 가치는 개인의 특수성인 동시에 사회 공동체 혹은 사회적 공공성(公共性)의 보편적 박애 정신이기도 하다. 이것은 유교 전문가 김상준의 논문에서 제기된 바 있다. 즉 유교의 특징은 한마디로 '천하위공(天下爲公, 『禮記』의 「大同」에 등장)'이라는 것이다. 이를 토대로 동북아시아는 공공성에 입각한 정의로운 공동체를 발전시켜 나갈 수 있는 저력이 있다고 본다. 따라서 가족에 대한 사랑을 강조하는 안중근의 유교적 관념이 사랑의 보편적 실천, 공동체 전체의 인륜성으로 확대되어 나타났다고 볼 수 있다. 이로써 우리는 유교적 가치를 좀 더 현대화하고, 그 사상을 바탕으로 각 나라의 종교와 진지하게 대화하면서 평화적 사상과 정신의 기틀을 마련한다면 동북아시아 평화의 가능성을 찾을 수 있을 것이라고 본다.

3. 안중근의 동양평화론과 한반도 중립화론

안중근은 1910년 2월 14일 뤼순(旅順) 고등법원 원장인 히라이시 우지히토(平石氏人)와 면담을 가지면서 다섯 가지의 동양평화론을 3시간에 걸쳐서 설파했는데, 그 첫 번째 항목은 다음과 같다. "일본은 뤼순을 중국에 돌려주고 중립화하여 그곳에 한·중·일이 공동으로 관리하는 군항을 만들고 3국이 그곳에 대표를 파견하여 동양평화회의를 조직하도록 한다. 재정 확보를 위해 회비를 모금하면 수억 명의 인민이 가입할 것이다. 각국 각 지역에 동양평화회의의 지부를 두도록 한다." 뤼순은 중국이나 일본에게 전략적 요충지이기 때문에 각국의 분쟁 지역이자 전쟁터가 될 수밖에 없는 지역이다. 이런 국가의 한 지역을 중립화하자는, 이른바 지역중립론을 내세운 것이다. 전략적 요충지요 분쟁 지역을 각국의 공동 사용권, 공공의 지역, 공동선을 위한 지리적 장소로 확정 짓자는 안중근의 발상은 평화를 위한 중립 지대가 필요하다는 생각에서였을 것이다.

그는 한·중·일의 동양 평화를 위해서 뤼순의 군사·경제적 자원을 공동으로 이용하자고 제안하였을 뿐만 아니라 그와 같은 상태를 유지하기 위해서 평화적 경제 시스템·평화적 공동체·평화적 연대·평화적 합의 기구를 만들자고 하였다. 그러기 위해서 외국어를 통한 의사소통과 이해·상호 관용적 태도가 반드시 필요하며, 뤼순항에 정박하기 위한 상호 간의 군사적 지출·군비·군사적 무기를 최소화할 수 있어야 한다. 다시 말해서 군사 및 군비를 축소하면서 무리하게 군비경쟁을 할 필요가 없어질뿐더러 무기를 통한 전쟁 위험도를 줄일 수 있다. 이로써 전쟁완화공동체·전쟁억제공동체·전쟁무화공동체를 넘어서 군사 및 무장 해제를 통한 완전한 평화공동체까지도 생각할 수 있는 것이니만큼 안중근의 평화론과 중립적 평화공동체는 매우 획기적인 것이었다고 볼 수 있다.

더욱이 안중근은 동북아의 평화적 관계를 형성하기 위해서 당시의 일본이 먼저 자존(自存) 국가로서의 면모와 위상을 보여야 한다고 생각했다. 자존 국가로서의 일본은 각 나라의 국권, 특히 한국의 국권을 돌려주는 일부터 시작해야 하고 만주와 청국에 대한 침략 야욕을 포기해야 함을 분명히 하였다. 자존국가가 되는 길은 전쟁을 일으켜 이웃 나라의 영토 · 국권 · 인권을 짓밟는 것이 아니라, 각 나라의 자존 권리를 지켜 줌으로써 상호주관적 국가의 이익을 증대하는 것이다. 안중근이 생각했던 것은 단순히 동북아의 평화만이 아니었다. 동양의 평화와 동맹을 통하여 서양 강대국으로부터 더 강한 전쟁 억제력을 행사할 수 있는 힘을 동북아 공동체의 결성으로 보여주자는 데에 있었다. 한 · 중 · 일이 서로 동맹하고 화합하여 개화와 진보를 통하여 세계 국가들과의 평화를 모색하는 세계평화주의를 위한 토대를 마련하자는 원대한 꿈이 있었던 것이다. 그러므로 동북아 평화 연대는 비단 일본이 자존 국가로서의 지위를 유지하고 동북아의 전쟁을 막아야 한다는 시각으로만 그치는 것이 아니라, 세계 평화와 세계 질서 유지를 공고히 하는 것이었다.

안중근의 시대적 과제는 일본의 이기주의에 대항해서 얼마나 이성적으로 국가 혹은 인류 국가를 이끌어 갈 것인가 하는 것이었다. 안중근은 "동양 평화는 아시아 전체가 각자 자주독립을 누리게 되면 실현이 가능하게 됩니다."라고 말했다. 이러한 중립지대의 선언이 마치 한나 아렌트(Hannah Arendt)가 경험한 무국적성에 대한 비판과 맞닿아 있다고 생각해서는 안 된다. 무국적성은 '특정한 법과 정치적 관습에 의해서 보호받지 않는' '비존재의 상태', 혹은 '비존재의 인간'을 말한다. 보편적 선언으로서의 권리, 즉 양도할 수 없는 권리인 인권을 가진 존재들인 인간이면 당연히 누려야 할 자유와 독립, 그리고 평화는 영토적 민족 주권을 넘어선다. 그들은 결단코 비정상적인 지위를 가진 존재들이 아니다. 아렌트가 말한 것처럼, "인권의 근본적인 박탈은 무엇보다도 먼저 의견들을 의미 있게 만들고 행위들을 유효하게 만드는 세계 속에서의 장소를 박탈하는 것으로 나타났다." 그런데 중립화지대라고 선언한다고 해서 복수성으로서의 인간이 공동의 세계를 타자와 공유한다는 감각을 잃어버린다면 그것은 인간성을 상실하는 것이나 다름이 없다. 인간은 '권리를 가질 권리'를 가져야 한다. "정치체 자체의 상실만으로도 인간은 인간성으로부터 내쫓긴다."는 아렌트의 주장이 내포하고 있듯이, 중립화의 선언이 정치체의 무능과 인간성의 상실과 직결된다고 속단한다면 중립화에 대한 희망은 사라지고 만다. 아렌트는 계속해서 말한다. "우리는 우리 자신의 평등권을 서로 보장하는 우리의 결단의 힘을 통해 한 집단의 구성원들로서 평등해진다." 중립화지대는 국가 간의 장벽과 경계를 무너뜨리고 자유롭게 이동할 수 있는 권리, 세계시민권이 보장되는 인간의 자율 공간이다. 그러므로 공동의 합의-합의는 의사결정 과정이다. 합의 과정에서는 나의 관점으로 타인의 관점을 바꾸려고 해서는 안 된다. 합의 과정의 목적은 한 집단의 공동 행동·공적 행동의 방침을 결정하는 것이다-와 협의를 중시하는 평등 사회인 아나키즘(anarchism)과 같은 대항 권력으로 끊임없이 공생성·조정·만장일치 등을 통하여 타인을 이해하고 자율과 자유를 존중하는 평화공동체를 만들어 가야 할 것이다. 그렇지 않으면 자칫 우리는 전체주의가 인간 본성 자체를 변형시킨 자발성·탄생성·개별성·복수성의 파괴에 노출될 수도 있다. 중립화 선언·동북아시아의 평화공동체의 실현은 바로 그와 같은 것들과 연관된 인간의 존엄성 유무에 따라서 성패 여부가 결정될 것이다.

국제정치적 공동체 혹은 정치적 권리 공동체를 지리적·인종적으로 구분한다는 것은 한계가 있을 수밖에 없다. 따라서 공통의 기억의 재편성·정감·민중의 기억과 역사를 공유하는 상호 준거성(inter-referentiality)에 의해서 공동체를 재편성하는 것도 좋은 방법이다. 먼 지역보다 밀접하게 연관된 역사를 공유하는 인접 지역의 경험으로 공동으로 생각하고 현안 문제에 대해서 반성할 수 있는 동북아시아 공동체가 될 수 있을 것이다. 물론 동북아시아와 서양의 구별은 고정된 것이 아니라 유동적이다. 다원성과 다양성을 가진 문화·문명·인종들이 서로 이동하는 노마드적 공동체라는 점을 명심해야 한다. 따라서 중립화지대를 설정할 때 그때그때 분쟁·전쟁·갈등이 발생하는 지역을 특수성·정체성·배타성을 가진 특정한 지리적·국가(상상적 총체성)적 힘이 지배하는 것이 아니라, 보편성을 가진 세계 시민의 의식과 의사소통으로서 공유하는 공통의 지리적·공간적 개념으로 인식을 전환해야 할 것이다. 그러기 위해서는 샹탈 무폐(Chantal Mouffe)가 말했듯이, 주체를 탈중심적이고 탈전체적인 행위자로 보아야 한다. 앞에서 한나 아렌트가 말한 것과 맥을 같이하지만, 단일한 주체의식에서 벗어나야만 국가를 초월한 자유로운 공동체·평등하고 자유로운 인격체가 모인 공동체·공공의 선과 공동선을 지향하는 공동체가 될 수 있기 때문이다. 이른바 자율적인 정치 정부인 '자유고립영토'라는 개념으로 말이다.

이와 같은 안중근의 동양 평화 사상에 나타난 중립화론을 우리나라 한반도에 적용시킬 수 있는 방법은 없는 것일까? 현재 세계에는 스위스·오스트리아·코스타리카(영세 비무장 중립국)와 같은 나라들이 중립국으로서 살아가고 있지만 한반도를 중립지대로 만든다는 것이 그간 국가라는 정체성을 유지해 온 한국의 현실 정치에서는 어려운 사안이 될 수도 있다. 안중근은 "인간은 혼자서 설 수 없습니다. 그래서 서로 돕는 것입니다. 그렇기에 서로 협력하는 마음만 있으면 인간사회는 모두 알뜰하고 평화롭게 살 수 있습니다. 일본인이나 한국인이나 모두 대등하게 살 수 있어야만이 진실로 평화로울 수 있고, 서로 아름다움과 추함·옳고 그름을 얘기할 수 있을 것입니다."라고 말했다. 묵자(墨子)는 천하무인(天下無人), 즉 "천하에 남이란 없다."고 말했

는데 모두가 사해동포요 형제자매라는 열린 인식이 가능하다면 개인
뿐만 아니라 국익을 우선으로 하는 국제사회라 할지라도 지금의 한반
도 현실에서 깊이 생각해 볼 문제인 것 같다. 더욱이 주변의 강대국이
나 동맹국들의 눈치를 살피면서 그들의 정치·경제적인 영향으로 매
번 우리의 안보와 안전, 분쟁과 이해관계의 충돌의 위협에 시달리기
보다는 과감하게 중립화를 선언하는 것이 좀 더 현실적인 국가의 정
치적 결단이 아닐까 싶다.

　우선 그러기 위해서는 '해주－서해의 NLL 해역－인천' 지역의 중립
화를 모색해 보는 것부터 시작하는 것이 어떨까. 남북한 정상은 2007
년 10월 4일에 '남북관계 발전과 평화번영을 위한 선언'을 했다. 이와
같은 선언문의 제3항과 제5항[1]을 통하여 '해주－서해의 NLL 해역－인
천'을 중립지대화하는 것이다. 안중근은 뤼순을 중립화하여 분쟁 당
사국인 한·중·일이 공동으로 이용하는 군항으로 만들자고 제안하
였다. 마찬가지로 가장 첨예하면서도 전쟁의 위기로 몰고 갈 수 있는
'해주－서해의 NLL 해역－인천'을 중립화하여 남북한이 공동으로 이
용하는 군사지역으로 만듦으로써 이를 통해서 한반도 전체 평화공동
체를 실현하는 기틀을 마련하는 기회가 될 것이다. 여기에 그치지 않
고 DMZ의 중립화, 한반도 및 동북아시아의 비핵지대화로까지 확장
해 나가는 것이다. 이를 위해 먼저 테일러(G. Taylor)가 제창한 '지정학
적 평화' 혹은 지평화학(geopacifics)부터 시작하여 인간과 인간과의 연

대 · 평화적 경계를 만들어야 한다. 이러한 단계를 통하여 주한미군의 중립화 · 한미동맹의 중립화 · 미일동맹의 중립화를 선언함으로써 한반도의 평화국가연합을 구상하는 것이다. 군축과 주한미군의 문제를 제외하고 말이다. 이것은 이미 6 · 15공동선언에서도 다루어진 문제다. 그 선언에서는 낮은 단계의 연방제에 가까워지려는 국가연합을 논한 적이 있기 때문에 이제는 좀 더 적극적인 의미의 평화국가연합을 전개하자는 것이다. 이를 통하여 점진적으로 한반도 중립화 통일을 이룩할 수 있는 가능성을 타진해 볼 수 있지 않을까.

이러한 한반도 중립지대론이 현실화되기 위해서 설득력 있는 이론적 뒷받침이 존재한다면 더할 나위 없이 좋을 것이다. 우리는 그것을 안중근으로부터 직접 논거를 끌어올 수도 있지만, 그 역시 종교 혹은 동양의 유교적 바탕 위에서 '동양평화론'을 통해 중립지대를 제안할 수 있었다. 따라서 그 동양철학적 바탕인 공자(孔子)와 묵자(墨子)를 통해서 전쟁과 분쟁이 없는 중립화론을 다질 수 있다고 본다. 공자는 『예기(禮記)』의 「예운편(禮運篇)」에서 안중근의 세계평화주의적 명제라고 볼 수 있는 "천하를 가족으로 생각한다(以天下爲一家)"고 말했으며, 『논어(論語)』 「안연편(顏淵篇)」에서는 "사해 내의 사람들이 모두 내 형제이다(四海之內, 皆兄弟也)"라고 말했다. 이처럼 공자는 모든 민족 · 인종 · 종족 등을 포용하는 평화주의자였음을 알 수 있다. 또한 공자가 제일 싫어하는 한자가 있었는데, 그것은 바로 전(戰)이었다고 한다. 세계평화주의 · 범민족주의를 주창하는 사람은 본래 전쟁을 혐오한다. 영세 중립지대가 되기 위해서는 반드시 전쟁이 없어져야 한다. 이를 위해서는 모든 사람들을 사랑하고 그들의 생명을 존귀하게 여겨야 한다. 묵자는 어떨까? 잘 알다시피 묵자 역시 반전 · 평화 · 상호 호혜 사상을 역설한 동양철학자였다. 물론 공자의 유교적 가치와 이념과는 조금 다른 모든 민중의 협동과 상호 연대[兼相愛], 그리고 경제적 상호 이익[兼相利]을 추구하는 공동체를 생각하였다. 영세중립지대가 되려면 당연히 협동과 연대, 그리고 공동의 경제적 이익공동체가 전제되어야 한다. 여기에는 겸애설 즉 서로 사랑 · 상호 호혜라고 하는 평화적 이념이 덧붙여져야 하고, 이것은 비공(非攻) 즉 남의 국가를 넘보고 살육을 일삼는 전쟁을 삼가는 것으로 이어져야 한다. 이와 같은 사상적 배경을 토대로 중립화의 이론과 실천적 정책들이 마련된다면 공격적인 전쟁이 없는 평화적인 중립공동체 · 상호 이익을 추구하는 경제적 평화공동체, 상호 호혜적 사랑을 통한 평화적 연대공동체를 한반도에 실현시킬 수 있지 않을까.

4. 중립화론과 동아시아 평화정치공동체

칸트(I. Kant)는 『영구평화론(Zum ewigen Frieden)』에서 평화를 위한 세 가지의 확정조항(각 국가에서 시민적 체제는 공화적이어야 한다. 국제법은 자유로운 여러 국가의 국제 연맹에 기초를 두어야 한다. 세계시민법은 보편적인 우호의 제 조건에 제한되어야 한다)과 여섯 가지의 예비 조항(장래 전쟁을 일으킬 수 있는 재료를 몰래 보유한 채 체결된 평화조약은 결코 평화조약으로 간주되어서는 안 된다. 독립해 있는 어떠한 국가도 – 그 크고 작음은 여기서 문제되지 않는다 – 계승 · 교환 · 매수 · 증여로써 다른 국가의 소유가 되지 않는다. 상비군은 서둘러 폐지해야 한다. 국가의 대외 분쟁과 관련하여 어떠한 國債도 발행돼서는 안 된다. 어떠한 국가도 폭력으로써 다른 나라의 체제 및 통치에 간섭해서는안 된다. 어떤 국가도 다른 나라와 전쟁을 할 때, 장래 평화의 상태에서 상호 신뢰를 불가능하게 하는 적대행위는 결코 해서는 안 된다)을 제시함으로써 도덕적인 시민사회 건설을 위한 평화론을 전개했다.

이미 살펴본 바와 같이, 칸트와 유사한 안중근의 '동양평화론'을 아나키즘의 사상과 연관 지을 수 있을까? 그의 '동양평화론'의 골자를 보면, 한 · 중 · 일 세 나라가 서로 침략하지 말고 자존 독립된 존재로서 상호 부조하여 근대 문명국가를 건설하는 것은 물론 서세동점의 서구 제국주의를 막자는 것이었다. 만일 '동양평화론'을 실현하고자 한다면 국가주의나 민족주의를 앞세워서는 안 된다. 어떤 지배 구조를 가지고서는 영세중립지대를 마련할 수 없으며, 그 지역을 통하여 상호 부조와 연대가 불가능한 것이다. '동양평화론'은 결국 동북아시아의 평화정치공동체가 가능한가라는 것을 묻는 것인데, 이 평화정치공동체가 세계의 모든 인종과 민족을 아우르는 평등한 세계 · 자유를 존중하는 세계·경쟁과 다툼이 없는 세계를 지향한다고 볼 때, 아나키즘의 평화정치공동체와 일맥상통한다고 볼 수 있다. 특히 영세중립지대를 확정하여 그곳을 공동의 공간과 상호부조의 지역으로 인식하자는 제안은 그 지역을 지배와 피지배의 관계를 넘어서는 제3의 환대공동체라고 봐도 무난하다는 것이다.

이것은 당시 일본의 침략과 분쟁, 전쟁 논리에 대한 저항과 대항의 논리를 내세움으로써 그들의 침략 논리를 무력화시키고 반침략 논리를 통한 일제의 침략 정책의 전면 수정을 요청한 것이라고 볼 수 있다. 미완성 원고인 '동양평화론' 전감(前鑑)에는 동양 평화가 유지되지 못한 원인을 바로 일본의 과실, 즉 영토 침략에도 두고 있다는 것을 알 수 있다. 이것은 약육강식의 사회진화론을 부정하고 상호부조론을 강조한 것이다. '동양평화론'에서 나타난 논지들을 보건대 동북아시아의 평화정치공동체는 세계의 관계 속에서 이루자는 것임을 명확히 하고 있다. 이것은 일각에서 비판하는 안중근의 민족주의나 인종주의에 대한 반론이 될 수 있다고 본다. 그는 닫힌 민족주의자가 아니라 열린 민족주의자로서 국제주의 혹은 평화지향적 세계주의를 표명하고 있었다. 다시 말해서 동양 평화 즉 동북아시아의 평화정치공동체는 세계의 환대·인정·긍정·관용 없이는 불가능하다는 것을 알고 있었던 것이 아닌가 하는 생각을 할 수 있다. 동북아시아의 평화정치공동체의 정착은 반드시 세계의 합의와 세계의 평화가 전제되어야 한다는 것이다.

그러므로 안중근이 '동양평화론'에서 주장하고 있는 것은 아시아의 지역·지리 이기주의 연대가 아니다. 동북아시아 평화정치공동체는 모두가 형제자매라는 인식 그리고 인종과 민족을 초월한 자유와 평화가 확장되어 세계평화공동체가 실현되는 데까지 나아가야 한다. 정치철학자 한나 아렌트는 "정치는 인간의 복수성에 기초한다. … 정치학은 서로 다른 인간들의 공존과 연합을 다룬다."고 말한다. 여러 인간들은 서로 차이와 다름이라는 특수성을 가진 존재이지만 한편 인간은 어떤 공통성에 따라서 일정한 정치체 혹은 공동체를 구성한다. 하지만 민족이나 인종으로 인해서 존재하는 상대적 차이가 인간이 서로 다르다고 하는 절대적 차이를 지닌 복수성을 넘어설 수 없다는 것이 그녀의 주장이다. 이는 민족이나 인종의 차별과 이기주의에 기초한 정치체나 공동체가 절대적인 우위를 차지하는 현재의 정치적 경계와 세계 정치의 문제를 전면에서 비판하는 셈이다. 정치적 공간 혹은 삶의 공간이라는 것은 인간들 사이에 존재하는 공간(in-between space)이다. 인간이 있는 곳은 반드시 세계 혹은 공적 공간이 생긴다. 공간이 먼저가 아니라 인간이 먼저라는 사실을 기억하자. 자존적 인간존재가 불가능하다면 인간은 공동의 존재, 즉 타자에게 의존하는 그런 존재가 될 수밖에 없다. 이런 점에서 아마도 아나키스트 박홍규는 한나 아렌트를 아나키즘의 한 축으로 분류하고 있는지도 모른다. 여하튼 공적 공간으로서의 동북아시아 평화정치공동체의 제안은 바로 자존적 인간들의 공동의 삶을 위한 기초적인 바탕에서 출발하는 것이다. 달리 말하면 상호부조적 존재의 공동의 삶, 공동생활을 위한 자발적이면서 자유로운 공간으로서의 동북아시아가 되어야 한다는 말이다.

한나 아렌트는 정치와 자유는 동일하다고 주장한다. 자유가 존재하지 않는 곳에서는 진정한 정치 영역이 존재하지 않는다는 것이다. 그러므로 일정한 정치공동체 혹은 평화정치공동체가 만들어지려면 그 공간 혹은 지역은 노동과 생명 그리고 활동이 조화를 이루면서 인간의 자유가 필연적으로 보장되는 정치공간이어야만 한다. 나아가 그녀는 정치란 강제나 이익이라는 측면을 배제하고 구성원의 자발적 참여에 그 존립의 기초를 둔다고 본다. 다시 말해서 자발적인 질서 형성이나 자기 이익을 넘은 공공성의 정치체를 말한다고 볼 수 있다. 그래서 아나키스트 바쿠닌(Mikhail A. Bakunin)은 절대적 자유를 위해서 타자의 자유까지도 침해하려는 위험성에 대해서 경고한 바가 있다. 공동체·연합·연대라는 것은 어디까지나 개인의 자유를 실현하기 위한 수단에 불과하다. 공적 공간 안에서의 개인의 행동과 공동체의 행동은 상호 의존적이며, 사적인 이기주의를 위해서 타자를 유린하고 배반하는 부르주아적 이기주의를 반대한다. "우리의 이상은 혁명 상태에 있는 국내·국제 간의 전체 경제에 합류하고 연합하고 제휴한 코뮌(마을공동체)이다. 한 사람의 소유자를 다두(多頭) 소유자로 바꿔 놓는 것이 집산주의(collectivism)인 것은 아니다. 토지 · 공장 · 광산 · 수송 수단은 다 만인(萬人)의 노동의 소산이며 만인에게 봉사하는 것으로 되지 않으면 안 된다." 이 아나키즘의 이상과 논리가 안중근의 중립지대론과 일맥상통하고 있지 않은가?

중립화지대라는 것은 사적 공간이 아니라 사이 공간, 개별 국가와 개별 공동체 사이의 공적인 지리, 영역이다. 거기에는 어떤 폭력적인 강제력이 통용될 수 없는 합의와 의사소통 구조를 가진 정치체이자 공존(coexistence)의 평화만이 존재해야 한다. 따라서 아렌트적인 공적 행복의 추구와 세계 사랑(Amor Mundi)을 실현하기 위해서는 힘과 폭력이 아닌 말과 설득을 통해서 타자와 평화적인 관계를 맺는 공적 삶을 이어 가는 정치공동체를 구현해야 할 것이다. 한나 아렌트의 정치체를 모형으로 한다고 하더라도, 동북아시아의 평화정치공동체는 사적인 이기주의적 연대를 표방하여 또 다른 경쟁적이고 공격적인 거대 공동체를 형성하자는 것은 아니다. 다만 동북아시아 전체가 형제요 자매라는 인식을 기초로 인종과 민족을 넘어서는 동시에 그 누구도 고립시키거나 소외시키는 일이 없이 삶의 공적 영역에서 배제되지 않는 공공성이 확보되는 공적 공간으로서의 평화정치공동체를 지향한다. 따라서 '동양평화론'에서 거론되고 있는 뤼순의 특정 지역 협력을 위한 중립화 제안은 공동 소유 · 공동 관리 · 공동 책임 · 공동 지역 · 상호 주관적 신뢰와 지지 · 상호 주관적 의사소통공동체 · 경제적 분배와 나눔을 이룰 수 있는 상호부조 공동체 등을 통하여 새로운 평화 정치공동체를 구상했다는 점에서 획기적인 이상 정책안임에 틀림이 없다. 이런 의미에서 우리는 안중근을 국제평화주의자라고 평가할 수 있겠다.

5. 안중근의 세계 평화공동체론

안중근은 '동양평화론'이라는 당시로서는 매우 혁명적인 사상을 설파하였다. '동양평화론'의 구체적인 정책은 1910년 2월 14일에 히라이시 우지히토(平石氏人) 뤼순(旅順) 고등법원장과의 면담 내용인 '청취서(聽取書)'의 후반에 상세하게 나타나 있다. 이것은 먼저 일본이 뤼순을 돌려주고, 이 지역을 영세중립지역을 만들어 한 · 중 · 일 세 나라가 공동으로 관리하는 군항으로 만들자는 안이었다. 세 나라가 여순에 대표를 파견하여 상설위원회를 만들어 동양평화회의를 개최한다면, 동북아시아에서 평화적인 협력체제가 만들어질 것이라고 내다본 것이다. 이것은 각국에 동양평화회의의 지부를 두고 재정 확보를 위해 회비를 모금하여 운영한다는 계획이었다. 더욱이 안중근은 일본의 지도 아래 조선의 상공업을 먼저 발전시키고, 원활한 금융거래를 위해 공동의 은행을 설립하고, 각국이 함께 쓰는 공용 화폐를 발행해야 한다고 말하면서 경제적 협력을 위한 세 나라의 연대를 강조하였다. 또한 이 위원회가 동쪽 끝에 있는 점을 감안하여 로마 교황청도 이곳에 대표를 파견케 할 것을 제안하기도 하였다. 이는 현재의 유럽연합(EU)이나 환태평양 국가들로 구성된 APEC의 모체가 되는 사상이라고 볼 수 있다. 또한 언어의 공용화를 통한 사상과 관념의 이해를 모색했다는 점도 주목할 만하다. 그는 한·중·일 청년들이 2개국 이상의 언어를 배우게 하여 우방 또는 형제 의식을 고취해야 한다는 말을 하였다. 이것은 공동체 회원국의 언어와 문화를 상호 존중하고 공동의 교육정책, 공동의 시민사회, 공동의 정체성을 결성하겠다는 의지가 투영된 것이다. 안중근의 '동양평화론'은 결단코 동북아시아의 평화만을 일컫는 것이 아닌 세계 평화를 지향하는 것이다.

이에 마키노 에이지(牧野英二)는 안중근의 '동양평화론'을 칸트의 철학과 비교하면서 그들의 공통점을 들어 첫째로, 서구 열강이 아시아를 식민지로 지배하고 있는 것에 대해 비판과 동시에, 그것이 동아시아의 평화와 세계 영구 평화를 저해하고 있음을 통찰하고 있다는 것이며, 둘째로, 평화의 실현을 위해 뛰어난 인재 즉 도덕적 인간을 육성해야 한다는 교육철학적 사상과 인식을 가지고 있었다는 것이다. 이처럼 안중근의 상비군 축소에 대한 혜안, 무력으로는 평화 정착이 어렵다는 판단, 그리스도교적 바탕 위에 둔 평화론, 역사의 미래를 응시하는 통찰, 평화를 위한 세대 간의 노력이 필요하다는 점 등은 탁월한 국제 평화적 인식이었음이 틀림이 없다.

'동양평화론'의 골자는 동북아시아 지역·세계·국가라는 세 관계가 자민족중심주의와 차별적 타자인식을 넘어서 서로 협력하자는 것이다. 지금도 동북아시아 차원의 정치·경제·군사·문화·교육·종교·환경·금융 등의 교류와 상호 평화를 위한 노력이 절실히 요구되고 있는 것이 사실이다. 기본적으로 평화는 정치 협력과 경제 협력이 조화를 이룰 때 잘 정착될 수가 있다. 안중근은 칸트와 마찬가지로 '상업정신(Spirit of commerce)'을 통하여 상호 이익을 추구할 수 있는 국가 간 무역이 활성화되면 침략보다는 평화를 가져올 것이라는 생각을 하였던 것 같다. 일찍이 칸트는 국가 간의 평화와 경제의 연관성에 대해서 잘 인식을 하였던 바, 무역은 인간과 국가 간의 연대와 우정을 불러일으켜 평화를 증진시킬 것이라고 보았다. 안중근은 바로 이와 같은 맥락에서 동북아시아의 공동 금융·공동 통화·공동 은행 등을 통한 국가 간의 상호 의존성과 공동의 번영을 주장하였던 것이다.

안중근이 사형당하기 전 감옥에서 쓰고자 하였던 '동양평화론'은 미완성 원고이다. 1910년 3월 15일 안중근은 '동양평화론'을 집필하기 시작하였다. 서(序)·전감(前鑑)·현상(現狀)·복선(伏線)·문답(問答) 등 다섯 개의 장으로 구성하여 집필에 들어갔지만, 안타깝게도 서와 전감의 일부만 작성된 채 미완성으로 남고 말았다. 그 내용의 전반을 다 소개할 수 없어 여기서는 그의 평화론과 관련된 몇몇 부분만 언급하기로 한다. '동양평화론'의 서문은 "대저 모이면 이루어지고 흩어지면 무너지는 것이 만고에 항상 정해진 도리이다(夫合成散敗萬古常定之理)"로 시작한다. 여기서 '합성산패(合成散敗)'는 동양의 전통적인 윤리도덕관으로 풀면 '화합' 혹은 '협화(協和)'이다. '화(和)'는 동아시아의 여러 나라들이 단결하여 서구 열강을 막아 내는 것이며, '산(散)'은 일본이 침략정책으로 아시아의 나라들을 유린한다면 동북아시아 전체의 평화가 깨진다는 논리를 담고 있다. 따라서 안중근은 동양의 인종이 함께 일치하고 단결하여 공동의 방위를 전략적으로 모색하기 위해 동북아 평화공동체가 되어야 함을 주장한 것이었다. 하지만 일본이 그 관계를 깨고 오히려 동북아의 평화공동체를 와해시키는 역할을 했다고 비판을 한다. 원고에는 '동종의 이웃을 분할'하고 '박해'했다고 나오는데, 같은 지역적 연대, 국가적 연대가 불가능한 분열과 다툼의 전쟁은 결단코 평화공동체의 실현을 어렵게 한다는 것을 지적하고 있는 것이다. 더불어 유럽 열강들의 도덕심의 상실과 경쟁적 침략 등은 평화와는 대립되는 관계를 낳을 것이라는 분석이 눈에 띈다. 그는 서구 유럽 열강들과 일본의 침략의 원인은 인종적 갈등에서 빚어진 것이 아니라 도덕성의 결여에서 파생된 문제라는 것을 간파한 것이다. 동양의 평화가 깨지게 된 원인은 국가 간의 비도덕적 경쟁주의라는 것이 안중근의 지론이었다. 이것을 바꿔 말하면, 동양의 평화정치공동체 혹은 세계의 평화공동체의 기초는 인간의 도덕성과 공동체의 도덕의식에 두어야 한다는 것이다. 개별적 인간과 공동체의 연민, 타자의 고통과 관심을 저버리는 공동체주의는 폭력을 낳게 된다. 평화공동체와는 달리 자신의 국가의 이익만을 추구하는 제국주의적 공동체가 공동체라는 것을 앞세워서 자칫 전체주의로 나아가게 되면 개별 민중의 아픔을 도외시하는 폭력·살인·전쟁으로 치달을 수가 있다.

앞에서도 말한 바와 같이, 안중근의 '동양평화론'은 종교적 배경에서 출발한다고 볼 수 있다. 우리는 여전히 동북아시아의 긴장과 갈등 속에서 평화와 공존이 가능한 공동체의 실현을 고민하지 않을 수가 없다. 다행히 이미 100년 전에 격변의 혼란 속에서도 그와 같은 동북아의 평화공동체를 실현하기 위한 이론을 마련하고 그것을 실천에 옮기려고 했던 안중근을 통해서 그 단초를 찾아볼 수가 있었다. 더욱이 그의 세계평화론에 기틀이 되었던 사상적 기초이 유교와 그리스도교라는 점에서 종교적 평화와 더불어 종교적 평화관이 절실하게 요청된다. 하늘과 인간, 인간과 인간의 관계를 어떻게 설정하느냐에 따라서 평화의 향방은 달라질 수밖에 없다. 사태를 직시하면서도 현실을 극복하기 위한 초월적 존재로부터의 공동체성을 확보하려는 노력, 그것을 통한 세계의식과 민족의식, 그리고 초국가적인 관계성은 인과 사랑이라는 종교적 인식에서 나온다. 그런 의미에서 동북아평화론의 사상적 장치는 한·중·일 세 나라가 공유하고 있는 유교적 관념을 확대 해석하면서 이루어져야 할지도 모른다.

세계는 하느님의 집안에 속한 형제자매라는 인식은 가족 윤리에 기초를 두고 있는 유교적 사상과도 맥을 같이한다. "이 세 집이 형제라는 것은 분명하므로 마음을 합쳐 다른 집에 대항하면 세 집을 안전하게 유지할 수 있는 것을 현금 동양 각국이 모두 손을 잡고 힘을 합치면 인구가 5억이 있으니 어떤 나라도 막을 수 있다." 안중근의 말이다. 이런 점에서 그의 평화 사상의 근거를 '가톨릭의 보편적 진리와 보편 교회'에서 비롯되었다고 보기도 한다. 필자는 가톨릭 계통의 학자들이 일색으로 주장하고 있는 것처럼, 안중근의 의거 의지와 '동양평화론'의 근간에 오직 그리스도교적 배경만 있다는 해석에는 동의할 수 없다. 오히려 그의 유교 사상과 그리스도교 사상이 서로 영향을 주고받았다고 봐야 할 것이다. 여하튼 안중근은 한 · 중 · 일이 모두 하나의 가족 구성원, 한집안 식구라는 의식을 가지고 있었다. 더군다나 그렇기 때문에 한 하느님의 가족 구성원인 세계 즉 한국과 일본은 하느님께 효와 충을 다하고 그분의 다스림에 의로써 응답하고 서로 협력해야 한다는 논리를 내세운다. 세 나라는 연합과 제휴로써 국가 간의 평화와 공동의 발전, 공동의 이익을 위해서 온 인류가 하늘의 뜻에 따르는 형제자매라는 인식을 가지고 끊임없이 일본을 설득하려는 안중근의 평화 지향성을 알 수가 있다. 동양평화공동체는 일본을 설득하고 동등하게 상호 주관적으로 의사소통함으로써 평화라는 가치를 이념적으로 실현해야만 한다는 주장을 펴고 있는 것이다. 이것은 우리가 피상적으로 알고 있는 것과는 달리 안중근의 적과 타자에 대한

'포용성'을 엿보게 하는 대목이다. 일본의 제국주의적인 만행에 대해서 비판과 비난, 그리고 상호 전쟁과 폭력으로 맞서는 것이 아니라 일본을 포용함으로써, 전쟁의 주체와 대상 혹은 차별과 배제 혹은 배타성, 지배자와 피지배자라는 해묵은 이분법적인 인식을 거두는 적극적인 평화관을 제시하였다고 볼 수 있다.

안중근은 '동양평화론'을 통해 동북아시아 중심의 국가연합체제를 구상하였다. 평화를 위해서 국가 간의 연대와 협력이 필요하다고 본 것이다. 이러한 수평적 연대와 공존 그리고 공생의 공동체가 되기 위해서는 상호간의 이익이 증진되는 방향으로 의사소통이 이루어져야 한다. 일방적으로 자국의 이익을 위해서라면 어떤 방법과 수단을 동원해서라도 이웃 나라를 착취하고 지배한다면 세계평화는 요원해질 수밖에 없다. 국가 간의 분쟁 · 갈등 · 폭력 · 전쟁을 해결하기 위해서는 이기적인 평화나 자국 중심의 평화가 아니라 지구적 차원 그리고 세계적 차원의 평화를 모색해야 한다. 다시 말해서 안중근이 아시아의 모든 국가들이 자주독립을 할 수 있는 상태의 '동양평화론'을 제시한 것처럼, 동북아시아를 비롯한 세계 국가들이 상호 주체성, 상호 독립성, 상호 주권 등을 인정할 때에 평화공동체가 실현될 수가 있다. 나아가 지역과 영토의 포용성과 관용성을 넘어서 초지역과 초영토적인 국가 관념으로까지도 확장시켜야 한다. 일정한 국가와 영토라는 경계를 넘어서 침탈해도 된다는 것이 아니라, 국가와 영토가 세계시민 공동의 것·공동의 세계 공간이라는 관념을 가진다면 굳이 지역 국가와 영토를 침탈해 가면서까지 전쟁과 폭력을 불사하지 않아도 된다는 것이다.

'동양평화론'은 안중근의 민족주의를 넘어서 보편 세계로의 지향을 가진 보편적 세계주의·보편적 세계평화주의를 구상하였다. 안중근의 동북아시아 연대공동체가 인종주의의 산물이라는 비판(이것은 동양의 혈통적 공통성을 의미하기보다는 문명적 지역적 신체적 유사성을 지칭한다는 설도 있다), 혹은 보편적 세계주의와 상충되는 폐쇄적 민족주의인가는 면밀히 검토를 해 봐야 하겠지만, 그가 제안했던 동북아시아 평화공동체는 절대로 또 하나의 동북아시아라는 특수한 지역이기주의적 집단을 결성하자는 것이 아니라는 것을 알아야 한다. 폭력과 전쟁 그리고 특정 국가의 이익 때문에 타자에게 위해를 가하는 세력에 대해서 저항과 대항을 하기 위한 연대공동체를 구상했다는 것은 이미 그의 '동양평화론'에서 등장하는 중립지대론에서 읽을 수 있다. 그것은 평화를 위해서는 폭력과 전쟁을 무화시키기 위한 공동의 협력과 이해, 공동선을 통한 상호 이익, 동맹의 이익을 고려하자는 시각에서 볼 때 인종주의자니 편협한 민족주의자로 폄하해서는 안 될 것이다. 오히려 그는 동서양의 평화공존을 모색하고 있다는 점을 주목해야 할 것이다. 한 걸음 더 나아가서 안중근은 '지역의 평등한 회원국들로 이루어진 초국가적 지역공동체(supranational regional community)'를 구상하였다고 봐야 한다. 공동 항구·공동 화폐·공동 은행·공동 군대·공동 언어·공동 문화·공동 교육·공동 경제공동체를 실현한다는 것은 자국의 이익, 곧 개별적 의지를 공동의 의지로 결합하지 않고서는 불가능하기 때문이다. 그런데 이것은 또한 개별적 국가 의지 혹은 개별적 인간의 의지를 공동의 의지로 포섭하고 말살하면서 공공성만을 내세우겠다는 것은 단연코 아닐 것이다. 자유·자율·평화·합의 등을 욕망하는 개별 의지를 무시한 채 공동의 의지를 내세운다는 것은 자칫 또 다른 전체주의 국가가 될 수 있는 가능성이 있다. 공공성, 공동의 의지를 위한 초국가적 결합체·정치체·협의체를 구성하는 것은 어디까지나 개별 국가의 자유와 평화 그리고 그 추상적인 국가를 구성하고 있는 개별 인간의 의지와 자유와 평화를 우위에 두기 위함인 것이다. 이것은 안중근이 국가는 국민의 국가이므로 세상에 백성 없는 국가는 없다(이른바 『書經』에 나오는 '民惟邦本')고 말한 데에서도 그 생각을 간취할 수 있다. 이러한 개별적인 인간의 자유와 공동체의 이익이 충돌하는 집단·정치체·세계의 관계적 조화를 위해서, 안중근의 철학과 사상 그리고 실천이 주는 의미를 다시 한 번 지금의 시각에서 재해석하는 작업이 절실하게 요구된다. 더불어 안중근의 '동양평화론'은 오늘날 부상하고 있는 동북아시아의 새로운 제국주의적 민족주의와 이기적인 자국의 정치체를 극복하고 공동의 이익을 추구해 나가는 실제적이고 현실적인 실마리로 삼아야 할 것이다.

07

동아시아 안보공동체*

- 하나의 현실주의적 구상

서 보 혁
(서울대학교 통일평화연구원 HK연구교수)

1. 동아시아, 그리고 안보공동체

1840년, 영국은 아편 수출을 문제 삼아 중국에 군사 공격을 감행한 '아편전쟁'을 개시한다. 이후 유럽의 많은 나라들이 중국을 점령하거나 일부 지역을 할양받았다. 이로써 오래된 제국, 중국은 갈가리 찢겨지고 그 영향권 아래 있던 많은 동아시아 나라들도 서구 제국주의의 식민 통치를 받았다. 그 중 많은 나라들은 다시 일본의 식민 통치를 받기도 했다. 그로부터 156년 후인 1996년 아시아유럽정상회의(ASEM)가 시작되었고, 이듬해 영국령 홍콩이 중국에 반환되었다. 냉전 체제가 해체되고 일본·아시아 네 마리 용에 이어 중국의 고도 경제성장이 지속되자 세계경제의 중심은 아시아·태평양 지역으로 옮겨 왔다. ASEM 출범이 그 증거이고, 그보다 앞선 1989년 아시아태평양경제협력체(APEC)의 설립도 마찬가지다. 최근에는 중국이 군비 증강과 함께 세계 무대에서 목소리를 높이면서 미국과 자웅을 겨루는 수준으로 올라선 형국이다. 그 가운데 한반도는 대화와 대결을 넘나들며 동아시아 안보의 주요 관심 지역으로 남아 있다.

동아시아는 동쪽은 태평양, 남쪽은 남중국해에 면하고, 서쪽은 아무르강 남안으로부터 중국 본토를 통과하여 베트남 국경에 이르고, 북쪽으로는 몽골과 시베리아 동북부 지역을 포괄하는 총면적 11,839,074 km²에 이르는 지역이다. 세계 대륙의 15%를 차지한다. 인구 100만 명이 넘는 도시가 25개나 있는 지역으로서 중국 유교 문화권이 가장 크지만 불교·이슬람교·기독교의 영향도 작지 않은 다문화권이다. 동아시아는 크게 동북아시아와 동남아시아를 합친 것으로 이해되기도 하지만, 좁게는 동북아시아를 동아시아로 보기도 한다. 안보를 주로 다루는 이 글도 동북아시아를 동아시아로 보고 있다.[1]

동아시아의 경제 규모는 1990년대 이래 꾸준히 증가해 왔다. 한국무역협회 통계에 따르면,[2] 2016년 5월 현재 한중일 3국의 수출액은 1,255,894백만 달러로서 세계 규모의 20% 선이고, 3국의 수입액은 1,013,628백만 달러로서 세계 규모의 15% 선이다. 여기에 고속 성장 일로를 걷는 베트남을 비롯한 동남아시아국가연합(아세안, ASEAN) 국가들의 경제규모를 포함하면 세계무역의 1/4 이상을 동아시아가 차지한다고 볼 수 있다. 그리고 동아시아 역내 교역도 꾸준히 증가해 왔는데, 특히 2008년 미국 금융 위기 이후 그런 추세는 더욱 커져 왔다. 역내 국가들 사이의 자유무역협정 체결은 물론 한중일 3국 간 무역자유화, 나아가 유럽 경제통합과 같이 동아시아를 하나의 경제권으로 묶는 구상도 일어나고 있다. 이런 역내 경제적 상호 의존은 기업은 물론 국가와 시민들 사이의 상호 교류와 협력을 증진시켜 호혜적인 경제·문화 발전뿐만 아니라, 정치·이념 분야에 파급효과를 불러일으켜 역내 평화와 안정을 견인할 것이란 낙관적 전망도 일어나고 있다.

그럼에도 불구하고 동아시아는 지정학·지경학적으로 경쟁과 갈등이 가시지 않아 지속 가능하고 예측 가능한 안보 협력은 아직 나타나지 않고 있다. 지정학적으로 동아시아는 대륙 세력과 해양 세력의 경쟁이 계속되고 있고, 지경학적으로도 선진국과 개발도상국의 이해가 교차하고 있다. 동아시아에서 지정학과 지경학은 우연의 일치인지는 몰라도 상당 부분 겹치고 있다. 북중러 대 한중일의 양상으로 대륙 세력 대 해양 세력의 대립 구도를 형성해 왔고, 동남아 지역은 미국과 중국의 경쟁이 치열한 화산 지대처럼 보인다. 여기에 역사와 영토 문제가 더해져 역내 안보 협력이 확립되지 못한 채 협력과 갈등이 공존하고 있다. 한반도는 거기에 더해 냉전 대결 구조가 덧씌워져 있다. 이런 결과로 동아시아는 역내 군비경쟁이 가장 활발하게 계속되는 지역이다. 스톡홀름 국제평화연구소(SIPRI)가 발간한 2016년 군비 연감을 보면, 2015년 동북아시아 지역에서 군비가 3,020억 달러, 동남아 지역에서 397억 달러 지출되었는데, 이는 세계 군비 지출액의 14.5%에 해당하는 규모이다. 탈냉전 이후 유럽과 미국에서 군비 지출이 줄어들었지만[3] 동아시아는 그 반대로 증가일로에 있다. 이 데이터를 보면 동북아시아의 군비 지출은 5.7%, 동남아는 8.8% 각각 증가했

다.[4]

이렇게 본다면 동아시아는 경제적 상호 의존이 군사적 상호 의존으로 파급되지 않고 두 영역 간에 큰 차이가 발생한다. '아시아 패러독스(Asia paradox)'는 이를 두고 하는 말이다. 두 영역 간의 차이에 그치지 않고 정치·이념적 갈등이 경제·문화적 협력을 저해할 우려가 있다는 것이 더 큰 문제이다. 해묵은 문제인 한일 역사 갈등은 물론 고고도미사일방어체계(THAAD)의 한국 배치를 둘러싸고 일어난 한중 갈등을 보면, 동아시아에서는 정치와 이념이 경제·문화 분야를 압도하는 이슈위계(issue hierarchy) 현상을 새삼 확인하게 된다.

정치와 경제의 두드러진 격차를 보이고 있는 동아시아의 맥락에서 '안보 공동체(security community)'는 분명 시기상조이다. 냉전 시기 유럽에서 정치학자 칼 도이치(Karl Deutsch)와 그 동료들이 이 용어를 처음 썼을 때도 낯설었다. 그들은 1957년 '정치공동체와 북대서양 지역: 역사적 경험에서 보는 국제기구'라는 제하의 세미나에서 안보공동체를 '공동의 사회적 문제가 평화적 변화의 과정으로 해결되어야 한다고 생각하는 사람들의 집단'으로 정의했다. 이때 '평화적 변화'는 사회문제가 대규모 폭력이 아니라 제도화된 절차에 의해 해결되는 것을 말한다. 또 안보공동체 안에서 대중은 공동체 의식·상호연민·신뢰·공동 이익으로 결속되어 있다.[5]

정치학은 비록 바람직한 미래를 전망하기도 하지만 정치 현실을 무시할 수 없다. 도이치 이후 안보 공동체란 용어는 냉전 시대 내내 잊혀졌다. 다시 말해 이 용어는 냉전 체제가 해체되면서 다시 관심을 받기 시작했다. 1998년 에마누엘 아들러(Emanuel Adler)와 마이클 바넷 (Michael Barnett)은 이 용어를 제목으로 한 책을 출간하면서, 안보공동체를 공유된 정체성·가치·의미·다방면에서의 상호작용·장기적인 상호주의적 이익 등으로 다시 정의한 바 있다.[6]

세계 각 지역별로, 그리고 분야별로 안보공동체는 다양한 형태로 존재할 수 있다. 북대서양조약기구(NATO)·아프리카연합(AU)·아세안(ASEAN)·아세안지역포럼(ARF)·상하이협력기구(SCO) 등등.

이들 다양한 안보공동체를 적절한 기준으로 유형화하는 작업도 이어졌다. 도이치는 안보공동체를 합병 안보공동체와 다원적 안보공동체로 구분했다. 합병 안보공동체는 둘 이상의 독립국가들이 하나의 공동 정부를 형성하는 경우를 말하는데, 아메리카를 개척한 13개 식민주가 미합중국을 수립한 사례를 꼽을 수 있다. 다원적 안보공동체는 국가들이 주권을 유지하며 통합하는 경우를 말하는데 그 정도는 다르지만 아세안이 대표적인 예이다. 유럽연합은 다원적 안보공동체에서 합병 안보공동체로 나아가다 주춤하는 모습이다.

아들러와 바넷은 안보공동체를 진화적 관점에서 초기 단계와 성숙 단계로 구분했다. 초기 안보공동체는 평화적 변화에 대한 기본적인 기대를 충족시키는 데 비해, 성숙한 안보공동체는 집단안전보장 기제와 초국적 성격으로 특징지을 수 있다. 두 사람은 또 성숙한 안보공동체를 다시 결속이 단단한 형태와 느슨한 형태로 나누기도 한다.

안드레즈 투시시스니(Andrej Tusicisny) 등 다른 학자들은 국가 간 안보공동체와 포괄 안보공동체로 나누기도 하는데, 국가 간 안보공동체는 국가 간 전쟁이 없다는 뜻이고, 포괄 안보공동체는 군사 간 전쟁과 내전 둘 다 생각할 수 없는 상태를 말한다.[7] 그렇게 본다면 유럽연합은 포괄 안보공동체에 속하고, 아세안은 국가 간 안보공동체라 할 수 있다.

그럼 안보공동체가 형성될 수 있는 조건은 무엇인가? 도이치는 국가들이 전쟁을 문제 해결 수단으로서 매력이 없고 그 개연성도 낮다고 볼 때 안보공동체가 형성될 수 있다고 보았다. 나아가 도이치는 다원적 안보공동체 형성을 촉진하는 요소로, 1) 참여국 정부가 상호 필요와 메시지에 폭력이 아닌 방법으로 신속하고 적절하게 반응할 능력, 2) 정치적 의사결정에 유용한 주요 가치들 사이의 양립 가능성을 꼽았다. 물론 가치들이 안보공동체 형성의 주요 조건인지에 대해 회의적인 시각도 있지만, 주요 가치의 양립 가능성이 유의미하다는 실증 연구도 제시된 바 있다.[8] 한편 이런 조건들 위에 균형적인 다극 체제가 안보공동체의 등장과 지속의 요인이라는 주장도 검토해 볼 만하다.[9]

2. 동아시아 안보 환경

동아시아 안보공동체 형성과 관련한 논의는 크게 두 가지 측면으로 나누어 생각해 볼 수 있을 것이다. 그 하나는 현 동아시아 안보 환경이 지역 안보공동체 형성에 미치는 영향이고, 다른 하나는 지금까지의 역내 다자안보협력 시도에 대한 평가 작업이다.

1) 기회 요인과 제약 요인

동아시아의 안보 환경은 역내 안보공동체 구축에 기회와 제약을 동시에 던져 주고 있다.[10]

기회 요인으로 거론할 수 있는 것은 탈냉전 세계화 시대의 안보 환경이 주는 특징과 관련이 있다. 즉 안보 개념이 전통적인 국가 안보 개념에서 경제·환경·인권·보건 등으로 그 범위가 확장되고 있고, 이런 비전통적인 새로운 안보 위협요소들은 초국적 차원의 협력의 필요성을 제고시킨다. 동아시아도 이러한 안보 협력의 과제를 안고 있다. 동시에 동아시아는 세계 최고의 경제성장률을 자랑하며 경제적 상호 의존도가 높아지면서 적어도 경제 분야에서는 아시아태평양경제협력체(APEC), 동남아시아국가연합(ASEAN), 동남아시아국가연합+3(ASEAN+3) 등으로 지역 협력이 제도화 단계로 접어들고 있다.

그러나 이상과 같은 기회 요인은 세계화 시대 국제 질서의 특징 중 긍정적 혹은 희망적 측면을 강조한다는 비판에 직면할 수 있다. 탈냉전 시대의 국제환경은 그런 긍정적 요소들과 함께 이념 대결을 대체하는 새로운 갈등 요인들의 대두와 그로 인한 국제 질서의 불확실성 등 부정적 요소들이 공존하고 있다는 것이다. 기회 요인을 강조하는 논의에 대한 또 하나의 비판은 기회요인으로 제시되는 탈냉전의 국제환경이 모든 지역에 동일한 수준과 방식으로 나타나지는 않는다는 것이다. 가령, 동아시아는 유럽과 비교할 때 고위정치(high politics) 현상이 우세하기 때문에 경제적 상호 의존이 역내 안보협력을 견인할 것인지는 단정하기 어렵다. 여기에 유럽보다 훨씬 복잡한 동아시아의 지정학, 영토 및 역사적 갈등 요소와 미흡한 역내 공동체 의식 속에서 경제적 상호 의존이 파급효과를 일으켜 다자안보협력을 형성해 낼지는 낙관하기 어렵다.[11]

유럽과 동아시아의 안보 환경 차이의 저변에는 ① 국제정치구조, 즉 냉전질서의 해체가 두 지역에 미친 영향의 차이, ② 유럽이 탈근대로 이행하는 단계라 한다면, 동아시아는 근대로의 이행·근대화·탈근대화의 삼중 과제를 안고 있고, ③ 평화·인권 같은 초국가적 규범의 공유와 문화적 동질성의 정도에서의 차이 등 거시 역사적인 맥락의 차이가 자리하고 있다.

2) 역내 안보 협력 현황

다음으로 동아시아 안보 협력 논의와 추진 상황을 살펴보자.[12] 이들 사례는 제안과 실행으로 구분하여 논의하는 것이 유용할 것이다. 제안에 머무른 예는 한국 정부가 제안한 동북아안보대화(NEASeD)가 있다. 1994년 5월 한국 정부 대표가 방콕에서 열린 아세안지역포럼(ARF) 고위관리회의에서 북한의 대량살상무기 개발, 영토 분쟁 등 역내 긴장 요인의 해소를 목적으로 이 대회를 공식 제안하였으나, 북한을 제외하고 있었기 때문에 북한의 반대로 출범하지 못하였다. 이 외에도 동아시아와 관련한 안보 협력 구상으로 1990년 호주의 가렛 에반스(Gareth Evans) 외무 장관과 캐나다 정부의 아시아안보협력회의(CSCA) 및 북태평양안보협력대화(NPCSD) 제안도 있었다.

한편, 현재 실행되고 있는 안보협력협의체는 여러 가지가 있다. 그 중 정부 간 협의체로 상하이협력기구(SCO) · 6자회담 · 아세안제역포럼(ARF)를 꼽을 수 있고, 반관반민의 1.5트랙 기구와 비정부기구도 존재한다.[13]

정부 간 기구의 하나인 SCO는 1996년 상해에서 중국 · 러시아 · 카자흐스탄 · 키르키즈스탄 · 타지키스탄 등 5개국 정상들이 참여국 간 국경 문제를 해결하기 위해 모인 것을 계기로 하여 2001년 6월 다자협력기구로 발족하였다. 현재 우즈베키스탄을 포함한 6개국이 회원국이고, 인도·파키스탄 등 6개국이 참관국이다. SCO는 참여국 간 상호 신뢰와 선린 관계 강화·포괄적 범위에서 상호 협력 증진·역내 평화와 안정 도모 등 3대 목표를 갖고 있고, 정상회의·각료회의·조정회의를 개최하여 효율적인 운영을 기하고 있다.[14] 그러나 SCO는 설립 시점과 배경을 고려할 때 중국의 대미 견제 전략의 성격이 짙고 대륙권 국가들 간의 협력 기구여서 역내 전체 안보협력체로 발전하기에는 한계를 안고 있다.

한반도 비핵화를 기본 목표로 하고 있는 6자회담은 2003년부터 열린 동아시아 차원의 정부 간 안보협력협의체이다. 한국·북한·미국·중국·일본·러시아 대표들이 비정기적으로 회동하면서 본회담·수석대표회담·실무그룹회의를 운영해 왔다. 특히 6자회담은 2007년 '9·19 공동성명[15] 이행을 위한 초기 조치(소위 2·13 합의)'를 통해 '동아시아 평화·안보 체제' 실무 그룹을 구성하기로 하고 세 차례 회의를 갖고 '동아시아 평화·안보에 관한 기본 원칙'이라는 제하의 선언문 채택을 준비해 왔으나 무위로 그쳤다. 6자회담은 적극적인 의장 국가(중국)·다자 참여·의제 확대 가능성 등을 고려할 때 지역 안보공동체로 발전할 가능성이 열려 있다고 할 수 있다. 그러나 현재 식물인간 상태인 6자회담은 처음부터 북한 핵문제 해결에 초점을 둔 협의체이고 북한과 미국의 관계에 크게 의존하고 있어 아직까지 다자안보협력체로서의 전망은 불투명한 상태이다.

ARF는 1994년 발족 이래 사무국을 갖고 정기 회의를 개최하면서 지금까지 계속 열리고 있는 아태 지역 차원의 정부 간 안보협력체이다. 현재 27개국이 가입하고 있는데 6자회담 참가국들과 유럽연합, 러시아도 참가하고 있다. ARF는 공동의 안보 관심사에 대한 건설적인 대화 증진, 역내 신뢰구축 및 예방외교를 지향하고 있다. ARF는 비록 느슨한 협의체이지만 다음과 같은 점들을 감안할 때 낮은 수준의 제도화 단계에 들어선 기구라 할 수 있다. ① 연례 외무장관 회담 개최·사무국 운영, ② 신뢰 구축·평화 유지 활동·반테러·대량살상무기 비확산·재난 구호·해양 안보 등 12개 주제별 회의 운영, ③ 회원국들의 기존 합의 준수 의무 등.[16] ARF가 6자회담보다 지역 안보공동체로 발전할 가능성이 더 높다는 주장의 근거로 ARF가 광범위한 참가국과 참가국 간 균등성·의제의 포괄성·지속성·점진주의적 접근 등을 꼽을 수 있다.

동북아시아협력대화(NEACD)는 한국·북한·미국·일본·중국·러시아의 외무·국방부 간부와 민간 학자들이 개인 자격으로 참가하여 지역안보를 중심으로 정치·경제 문제를 논의하기 위해 지난 1993년 출범한 반관반민 성격의 안보협의체이다. NEACD는 동아시아 차원의 안보 협력 방안을 교류하고 각국의 정책에 전달할 수 있으나 다른 협의체와 같이 협의 결과에 대한 실천력은 미흡하다. 아태안보협력이사회(CSCAP)도 정부 관리와 전문가들이 참여하는 1.5트랙의 협의

기구로서 아태 지역의 다양한 안보 사안들에 대한 현황과 해결 방안을 교류한다. CSCAP는 비록 실행 기구는 아니지만 신뢰안보구축조치, 해양 안보, 초국가적 범죄 등에 관한 연구 결과를 ARF에 자문하면서 아태 지역의 안보 정책을 자문하고 있다.

이상의 현황을 통해 동아시아 국가들이 관여하는 안보 협력 노력은 제도화의 측면에서 볼 때 걸음마 단계를 벗어나지 못하고 있음을 알 수 있다. 전반적으로 현재까지 동아시아는 안보 협력의 제도화로 진입할 결정적 국면을 맞이하지 못하고 있다. 위에서 살펴본 안보 협력체들은 대부분 구속력이 낮고 합의 수준도 제한적이다. 또 제안 수준에서 그치거나 4자회담과 같이 단명한 경우도 있다. 유럽 안보 협력의 발전 경험에 비추어 볼 때, 동아시아는 아직 제도화 단계가 아니라 그 이전의 형성 단계에 있음을 알 수 있다.

그럼에도 위 사례 중 6자회담과 ARF는 주목할 만하다. ARF가 낮은 수준의 제도화 단계를 보이고 있고, 6자회담은 그런 잠재성을 갖고 있다. 6자회담은 동아시아 차원의 안보협력협의체이고 북핵을 넘어 역내 안보 협력의 길을 열어 놓고 있다는 점에서, ARF는 광범위한 참여 및 의제를 바탕으로 점진적인 발전을 추구하고 있다는 점에서 유럽 안보공동체의 초기 경험을 상기시켜 주고 있다. 여기서 관건은 의제의 포괄성, 운용의 유연성, 그리고 합의 사항의 이행을 보장할 행동 준칙의 수립 여부이다. 2000년대 들어 동아시아 각국은 다자안보협력에 원칙적으로 반대하지 않으나 실제 적극적인 자세를 취하는 나라는 많지 않다. 이런 점들을 종합적으로 고려할 때 동아시아에서 안보공동체가 등장할 필요는 있다 하겠지만 그 실현 가능성은 중단기(5년 이내)적으로는 희박해 보인다. 그렇다면 동아시아 안보공동체는 어떻게 수립할 수 있을까? 거기에 유럽의 경험은 어떤 교훈을 줄 수 있을까?

3. 동아시아 안보공동체 구상

1) 안보공동체 형성 방향

동아시아는 다자협력을 경험한 시간이 적은 편이다. 물론 이 지역의 국가들은 국제기구나 아태 지역 기구에 참여하고 있지만, 역내 국가들 간에는 쌍무적 관계가 주종을 차지하고 있다. 다만 동남아시아에서는 ASEAN과 ARF가 지속되면서 경제 · 문화 분야에서의 협력은 물론 비전통 안보에서는 정치 · 군사적 협력도 추구하고 있다. 앞서 논의한 안보공동체론에 비춰 본다면 동남아는 초기 단계의 다원적 안보공동체, 혹은 국가 간 안보공동체에 가깝다. 그에 비해 동북아시아는 4대 강대국의 치열한 경쟁 구도 아래 한일 · 중일 · 남북한 등 관련 양자 간에 이념 · 영토 · 역사 등을 둘러싸고 갈등과 대립이 지속되고 있다. 한반도 문제는 1990년대 후반에 4자회담, 2000년대 들어 6자회담을 열어 긴장 완화와 비핵화를 모색하였으나 결실을 보지 못하고 좌초하였다. 전체적으로 볼 때 동아시아에서 안보공동체는 다양한 시도에도 불구하고 지극히 낮은 수준에 머물러 있다.

동아시아 역내 국가들 가운데는 영향력이 큰 국가들이 다수 존재하고, 중국과 대만·남한과 북한 등 대립 관계를 지속해 오고 있는 국가들이 포함되어 있다. 이를 다시 지적하는 것은 안보공동체 형성이 규범적 차원에서 필요하다는 것에서 나아가 현실적 필요성 때문이다. 가령 한반도나 대만 문제의 경우, 이는 각각 관련 양국 간의 문제이면서도 동시에 역내 안정 및 번영과 직결되는 국제적 문제이다. 대만 문제는 중국과 미국 사이에 민감한 이슈이고, 6자회담에서 보듯이 북핵 문제는 한반도 평화 및 동아시아 안정과 직결되는 뜨거운 이슈이다.

한편 동아시아는 냉전적 성격이 완전히 탈각되지 않고 있기 때문에 군사안보 문제가 높은 규정성을 갖고 있는 것도 사실이다. 이와 관련하여 역내 주둔 미군의 위상 및 역할 문제도 동아시아의 안보공동체 구축 논의에 포함되는 주제이다. 이런 점에서 미국도 동아시아 안보공동체 논의의 이해 당사자라 할 수 있다.

또 냉전기 유럽에서 동서 양 진영 간 안보협력체, 곧 유럽안보협력회의(CSCE)를 만들어 역내 안정과 포괄안보를 열어 간 사례는 동아시아에 타산지석이다. CSCE 준비 단계(1972-)부터 북대서양조약기구

(NATO)와 바르샤바조약기구(WTO) 회원국들을 포함해 양 진영 국가들이 다 같이 참여한 것[17]이 상호 불신 해소와 이해 증진에 기여한 것을 기억할 필요가 있다. 그리고 그 속에 동독과 서독이 함께 참여해 교류 접촉하며 관계 개선의 기초를 다졌다는 경험이 시사하는 바도 중요하다. 이를 고려할 때 중국과 대만·남한과 북한은 동아시아 안보공동체 형성이 상호 관계 개선과 궁극적으로 통일에 유용함을 인식하고 안보공동체 형성에 적극적인 자세를 취하는 것이 유익할 것이다.

이상과 같은 환경을 고려한다면 동아시아 안보공동체 형성에 참여할 주체는 한국·북한·일본·중국·러시아·미국·대만·몽골 등 8개국으로 하는 것이 타당할 것이다.[18] 이들 국가 중에서 역내 안보공동체 구축에 긍정적인 국가는 한국과 러시아와 일본, 소극적인 국가는 미국과 중국, 회의적인 국가는 북한과 대만으로 분류할 수 있을 것이다. 그러나 역내 안보공동체 구축과 관련한 각국의 입장은 모호한 점이 많고 긍정적인 국가들도 기존의 동맹 관계를 대체하는 정도의 적극적인 태도는 아니다.

안보공동체는 역내 국가들의 공동 이익 추구를 목표로 할 것인데, 이를 실현하는 방법으로 안보공동체의 틀 안에서 이슈에 따라 양자 간 논의도 포함할 수 있을 것이다. 이는 유럽을 비롯한 기존 안보공동체의 발달 과정에서 공통된 현상이다. 6자회담에서 북미, 북일 관계정상화를 목표로 하는 실무 그룹이 존재했고, 6자회담 틀 안팎에서 남북대화도 이어졌다. 그러나 양자 간 논의 결과는 안보공동체의 지향과 규정 등에서 벗어나지 않아야 할 것이다.

무엇보다도 동아시아 안보공동체의 성격 혹은 지향이 무엇인가 하는 문제를 먼저 논의해야 할 것이다. 앞에서 안보공동체를 정의한 바를 염두에 두고 이를 체제의 관점에서 잠시 논의해 보자. 여기에서 체제(regime)를 3개 이상의 국가들이 유무형의 공동 이익을 위해 협력하는 행위의 총체, 또는 이를 위한 규범·제도·관행 등을 일컫는다고 정의해 볼 수 있다. 그렇다면 동아시아 안보공동체는 단순한 논의의 장이나 자국의 이익만 추구하는 국가 간 경쟁의 장으로 이해할 수 없다. 체제에 대한 위의 규정을 따를 경우, 동아시아 안보공동체를 준비하는 단계에서 참여 국가 간 충분한 토의를 통한 상호 이해를 바탕으로 국제법적 효력에 준하는 구속력을 확보하는 것이 중요하다. 이런 판단 역시 CSCE의 경험에서 얻을 수 있다. 동아시아 안보공동체가 이런 효력과 구속력을 갖지 않을 경우 단순 협의체의 한계를 극복할 수 없을 것이다. 물론 안보공동체를 진화론적으로 보자면 낮은 수준의 국가 간 안보공동체에서 높은 수준의 포괄 안보공동체로 점진적으로 추진해 나갈 수도 있다. 동북아시아는 ASEAN과 같은 국가 간 안보공동체를 낮은 수준에서 추구할 필요가 크다. 그런 점에서 6자회담을 사망 선고하기보다는 개보수를 검토할 만하다.

동아시아 안보공동체 구축 방향과 관련해 가장 큰 문제는 이 체제가 다룰 문제 영역의 범위이다. CSCE의 경험에 비추어 볼 때, 동아시아 안보공동체에서 다룰 문제영역도 참여 국가들의 공동 이익, 즉 평화와 번영, 그리고 지속 가능한 발전 등 포괄적으로 설정하는 것이 좋을 것이다.[19] 왜냐하면 오늘날 특정 이슈는 그 자체로 작동하는 것이 아니라 이슈의 성격과 해결 방법 양 측면에서 연계성을 띠기 때문이다. 이는 안보공동체의 성격이 안보개념의 확장에 따라 변해 가는 것에서도 확인된다. 이것은 안보공동체에서 다룰 문제 영역이 특정 분야로 국한되지 않는 것이 좋겠다는 의미이다. 구체적으로 다룰 이슈는 안보공동체의 발전 수준과 비례하여 점진적으로 확대해 갈 일이다.

2) 안보공동체 구축의 당면 과제

동아시아 안보공동체의 형성 방향에 관한 논의에서 하나 확인할 것은, 이 체제의 참여자는 일단 각국 정부가 타당할 것이라는 점이다. 말하자면 국가 간 안보공동체로 출발하자는 말이다. 현재 동아시아를 포함한 아태 지역의 안보 협력 관련 회의는 NEACD나 CSCAP와 같이 정부와 전문가들이 함께 참여하는 느슨한 1.5트랙 회의체도 존재하지만 이들의 역할은 보조적이고, 더욱이 정부 간 기구가 부재한 상태에서 이런 회의체의 역할은 극히 제한적이다. 사실 동아시아의 공동 번영과 평화 정착을 위해서는 무엇보다 정치군사적인 이슈의 우선성과 중요성에 대한 공동 인식이 전제되어야 한다. 그렇다면 동아시아 안보공동체는 기본적으로 각국 정부 대표로 구성하는 것이 실효성이 클 것이다.

CSCE의 경험에서 보듯이, 동아시아의 경우는 안보공동체 확립에 긍정적인 국제 환경을 조성하는 일이 당면 과제이다. CSCE의 경우 미국과 소련의 대화, 동서독의 접촉, 그리고 자유 진영과 공산 진영(특히 소련)의 관계 개선 등 긍정적인 국제 환경이 병행 전개되었다. 그런 가운데 핵무기는 미소 관계에서 재래식무기 감축은 미국·소련·중부 유럽 국가들 사이의 상호균형군사력감축(MBFR) 협상에서 다뤄졌다.[20] 이를 적용하면 미국과 중국의 대화, 남북한의 접촉, 그리고 국가들 간의 관계 발전이 동아시아 안보공동체 형성에 긍정적인 역내 국제 환경의 조건이다. 그리고 북핵 문제는 다시 6자회담에서, 한반도의 경우 재래식무기 감축은 남북한 군사회담에서 추진할 일이다. 긍정적인 국제 환경 조성과 관련해 CSCE 사례에서 가져올 또 하나는 제2차 세계대전과 베를린 사태 이후 단절되었던 서방국가들과 소련의 외교 관계가 정상화되어 갔다는 사실이다. 프랑스와 서독은 미국의 견제에도 불구하고 소련과 수교하였고, 서독은 나치 시기의 과거사를 사죄하며 동유럽 공산국가들과도 관계를 정상화하였다.[21] 마찬가지로 북미·북일 관계 정상화는 동아시아 안보공동체 형성과 무관한 양자

간 문제로 치부할 수 없다. 물론 북한이 국제규범을 준수하고 개혁개방의 길로 나설 때 북한도 안보공동체의 일원이 될 것이지만, 북한이 그렇게 할 수 있는 여건 조성도 동시에 필요하다.

거시적인 측면에서 볼 때 해당 지역에 이해관계를 갖고 있는 강대국들의 입장과 그들 사이의 관계가 안보공동체 논의의 관건이다. 경쟁·대립관계에 있는 강대국 간 전략적 선택과 타협이 동아시아에서도 나타나는지를 살펴보아야 할 것이다. 유감스럽게도 단기적으로 이 점은 낙관하기 어렵다. 동아시아에서 각축하는 강대국들은 과거 CSCE 형성 시기의 유럽보다 복잡성·불안정성·불확실성이 더 크다. 그리고 CSCE 형성 조건 중 하나인 동질적인 기독교 문화와 전쟁 재발 방지를 선호하는 강력한 공감대도 크다고 보기 어렵다. 이런 이유가 동아시아 안보공동체 구축의 제약 요인으로 작용하고 있는 바, 이를 고려할 때 안보공동체 구축 그 자체가 당면 과제라고 말하기는 어렵다.

3) 유럽에서 상상하는 동아시아 안보공동체

도이치가 유럽 안보공동체를 제안하기 전인 1949년 결성된 NATO는 1/4의 안보공동체에 불과했다. 냉전이 굳어져 가는 상황에서 그 관할 범위가 서유럽에 한정되어 있었고, 다루는 이슈가 군사 안보에 국한되었다는 점에서 그렇다. 전형적인 국가 간 안보공동체였다. 도이치의 상상 이후 40년이 흘러 냉전 체제가 해체되고 유럽 통합이 진전하면서, 유럽 안보공동체는 범유럽 지역에 걸쳐 포괄 안보공동체로 발전하고 있다. 그 사이 유럽안보협력회의(CSCE)가 유럽안보협력기구(OSCE)로 변신하며 포괄안보를 확산시켜 갔다. 그렇게 많은 시간이 걸렸던 것이다.

사실 CSCE가 출범하는 데에도 오랜 시간 동안 동서 양 진영 간의 상호 이해와 미소 간의 긴장 완화 노력이 밑거름이 되었다. 따라서 동아시아 안보공동체 형성을 위한 현 단계의 과제는 그 조건을 성숙시키는 일이라 하겠다. 이 전제하에서 역내 국가들이 주목해야 할 선행 과제와 안보공동체의 수립 방법을 생각해 보고자 한다.

동아시아 안보공동체를 구축하기 위한 필요조건으로서 역내 국가들이 공동으로 관심을 가질 문제에 대해 살펴보자. 먼저, 상호 이해의 증진, 군사력에 대한 투명성의 확대 등을 통해 역내 긴장 완화를 이루어야 할 것이다. 유럽에서도 CSCE가 출범하고 곧바로 신뢰구축조치(CBMs)가 이루어진 것은 아니었다.

NATO와 WTO가 '신뢰·안보 구축 및 군축회의(CDE)'를 개최한 때는 1984년 1월이었다. CSCE의 출범으로부터 10여 년의 시간은 공산 진영 내 인권침해 문제가 협력의 큰 걸림돌이 되었다. 이와 같은 교착 상태에도 불구하고 양 진영이 CDE 개최에 원칙적인 합의를 했던 것이 이후 실질적 조치들의 발판이 되었다. 그 과정에서 특정 군사 활동의 사전 통고 및 참관, 연중 군사 일정의 사전 교환과 그 이행 및 검증 등에 관하여 구체적인 규정을 만들고 이후 더 세부적인 합의로 발전해 갔다. CDE 회의에서는 오판과 오인에 의한 군사적 충돌 방지와 함께 일방의 기습공격에 의한 군사적 충돌까지 예방하는 신뢰·안보구축조치들(CSBMs)로 발전하였다. 그리고 CSCE의 국제법적 구속력의 부재라는 한계를 극복하기 위해 양 진영의 두 군사기구의 23개 회원국들이 유럽재래식무기감축(CFE) 협정을 체결하여 이후 효력을 발휘시키고, 계속해서 구체적인 사항을 결정·집행해 나갔다.

동아시아는 탈냉전에도 불구하고 강대국들 간의 영향력 경쟁으로 군사력은 증대하고 긴장은 줄어들지 않고 있다. 특히 미국·일본과 중국·러시아간의 새로운 경쟁이 이러한 현상을 부추기고 있다. 이들 4개국은 강한 군사력을 보유하고 있거나 증강을 추진하고 있다. 그리고 남북 간의 군사적 대치 상태 역시 지속되고 있다. 여기에다 중국과 대만, 러시아와 일본 간의 대립이 해소되지 않고 있다. 동아시아의 이러한 군사적 긴장과 특히 최근 한반도에서 강대강 대결 구도는 오판·오인에 의한 무력 충돌의 가능성을 높이고 있다. 따라서 동아시아 안보공동체 구축을 위해 신뢰·안보구축조치들의 추진이 가장 우선적인 과제임에 틀림없다. 실제 한일·한중·중일 등이 양자적 방식으로 그런 노력을 가시화하고 있다. 이런 상황을 역내 국가들이 모두 참여하는 방향으로 발전시키는 일이 필요하며, 이것이 동아시아 안보공동체 구축의 발판이 되길 기대하는 것이다.

둘째, 역내 국가들 중 비정상적 관계의 정상화 문제이다. CSCE의 형성 시기에 서독은 '동방정책(Ostpolitik)'을 전개하여 동구 국가들과 소련과 관계 정상화를 추진해 나갔다. 이 과정이 미소 관계 개선에 영향을 미치기도 하였다. 현재 동아시아에는 국교 수립이 이루어지지 않고 서로 적대 관계로 있는 국가들이 있다. 북한은 미국·일본과 국교 정상화가 이루어지지 않았으며 대만과 중국 사이에도 정치적 관계는 약한 상태이다. 특수 관계의 지위를 갖고 있는 대만과 중국은 독일 통일 이전의 동서독 관계의 경험을 참고할 필요가 있다. 왜냐하면 대만은 홍콩·마카오와는 그 지위가 다르며 군사적 방법을 통한 통일은 어렵거나 불가능할 것이기 때문이다. 따라서 미국이 중재자 역할을 하며 양측이 평화적 통일을 추구하되 그 이전까지는 상호 실체를 인정하는 자세가 필요하다. 또한 남북 간의 적대 관계는〈남북기본합의서〉에 따라 특수 관계[22]를 인정하고 신뢰 회복을 위한 양측의 보다 적극적인 노력을 요구하고 있다. 그리고 북한의 미국·일본과의 관계 정상화는 1990년대 말의 실패[23]를 거울삼아 오랜 적대 관계에서 오는 상호 불신과 많은 난관을 점진적으로 해결해 나갈 때 그 전망이 보일 것이다. 남북 관계나 북미·북일 수교 문제가 동아시아 안보공동체 속에서 풀어 갈 것인지 아니면 전적으로 양자 간의 협상으로 해결해야 할지는 좀 더 검토해 보아야 할 것이나, 이런 문제가 안보공동체 형성의 필요조건인 것은 분명하다.

마지막으로, 역내 안정과 번영에 기여할 공동 관심사를 발굴해 협력할 기회를 만들어 내는 일이다. 이와 관련해서는 논의될 내용이 상당히 광범위하다. CSCE나 APEC의 경험에서 보는 바와 같이, 이는 관련 국가들 사이의 공동 관심사에 따라 이슈가 정해지고 이를 위한 제도적 기초가 마련되어 가야 할 것이다. 여기에는 경제·환경·보건·문화·학술 등 비정치적 분야가 망라된다. 다만, 이러한 공동 협력이 동아시아의 관련 국가들 사이에서 이루어져 역내 안보공동체의 형성에 기여하는 방향에서 추진해 간다는 공감대가 있어야 할 것이다.

이제 동아시아 안보공동체 구축 방법에 대해 잠시 생각해 보자. 여기에는 크게 두 가지 방법이 있을 것이다. 하나는 CSCE의 경험처럼, 포괄적인 틀을 만들고 거기에 참여 국가들의 공동 합의 속에서 구체적인 논의 방식을 만들어 가는 방법이고, 다른 한 방법은 특정 이슈에 대하여 관련 국가들이 모두 참여하는 논의 틀을 전개해 나가면서 지역 안보공동체를 지향하는 접근이다. 전자를 일괄형 방식, 후자를 누진적 방식이라고 이름 붙일 수 있을 것이다.

일괄형 방식은 동아시아의 현재 상황으로 볼 때 단기적으로 불가능할 것이나 일단 실현이 된다면 안보공동체의 수립 및 제도화에 긍정적일 것이다. ARF가 일괄형 방식에 가까워 보이지만 주로 민간안보 이슈를 다루고 구속력이 약하다는 한계가 있다. 오히려 북핵 문제가 해결 전망이 있다면 6자회담이 안보공동체 수립을 위해 더 매력적인 출발이 될 수도 있을 것이다. 누진적 방식은 보다 합리적일 수는 있지만 특정 이슈를 다루는 관련국들의 회의체가 동아시아 안보공동체의 수립을 보장할 수 있는지의 문제가 남아있다. 가령, 황사·테러·핵안전 등과 관련한 이슈별 역내 안보협력체를 구성 운영하며 그 성과를 확대해 나갈 수 있을 것이다. 필자로서는 전자의 방법을 상대적으로 선호하지만, 현실적 여건을 고려할 때 후자의 방법을 채택하되 이것이 역내 안보공동체 형성을 지향한다는 공감대 형성이 동반되어야 할 것이다. 왜냐하면 특정 이슈를 통한 공동의 협력 틀이 그 자체로 국한되거나 국가 이익 추구의 장으로 전락할 가능성도 있기 때문이다.

요컨대, 동아시아 안보공동체 형성은 역내 안보 환경을 고려할 때 단기적으로 가능하지 않기 때문에 이를 무리하게 추진하는 것은 바람직스럽지 않다. 현 단계의 과제는 그것을 위한 조건을 성숙시켜 가는 일이다. 동아시아의 관련 국가들(미국 포함)이 공동 번영과 지역 평화를 위해 역내 안보공동체가 필요하다는 인식을 공유하는 것과 구체적인 신뢰구축조치들을 먼저 이루어 내야 한다. 그 조치들 가운데 군사와 경제 사이에 우선순위를 두지 않는 것이 좋다. 경제적 상호 의존을 증대시켜 나가면서도 정치·군사적 긴장을 유발하는 행태와 습관을 축소하는 노력을 병행해야 하기 때문이다.

4. 한국의 역할

아들러와 바넷이 안보공동체의 요건으로 제시한 점들을 상기할 때 오늘 동아시아는 상호작용과 상호주의적 이익에 대한 전망이 높은 반면, 공유된 정체성이나 가치는 뚜렷해 보이지 않는다. 안보공동체가 다자주의(multilateralism)적 접근이라 한다면, 동아시아는 동맹 관계와 같은 쌍무주의(bilateralism)적 접근에 익숙하다. 그렇게 본다면 동아시아 안보공동체가 형성되더라도 양국 간 우호 · 동맹 관계가 쉽사리 약화될 것 같지는 않다. 이것이 동아시아 안보공동체 논의의 특수성이라 할 수 있다. 따라서 적어도 '동아시아' 안보공동체 전망은 국가 이익이나 주권의 침해가 아니라 그에 기초한 공동 이익을 위한 제도적 협력으로 이해할 필요가 있다. 안보공동체론에 비춰 보면 동아시아 안보공동체는 합병보다는 다원적 안보공동체, 포괄 안보공동체보다는 국가 간 안보공동체가 더 적합한 형태라 하겠다. 다만 진화론적인 시각을 수용해 안보공동체의 발전 가능성은 열어 놓는 것이 좋을 것이다.

한국이 동아시아 안보공동체 구축에 기여할 수 있는 역할은 CSCE/OSCE의 형성 · 발전 과정에서 중간 위치에 있던 중립 국가들이 수행한 것에서 찾을 수 있다. CSCE 형성 단계에서 NATO와 WTO가 상호 불신 속에서 논의의 진전이 이루어지지 않을 때 북유럽 국가들이 중재 역할을 하여 돌파구를 마련하였다. 또 CSCE 출범 이후에도 양 진영 간의 의견 차이가 나타날 때 서독과 같은 나토 회원국이 나름의 자율적 입장으로 합의 도출에 기여한 경험은 교훈적이다. 여기서 한국이 미국과의 동맹 관계가 부담이 되어 이런 역할이 불가능할 것이라는 예단은 동맹 의존주의라는 비판을 살 수 있다. 쌍무 동맹 관계에 익숙한 한국 입장에서 안보공동체 비전은 동맹이냐 다자안보냐 하는 식의 선택 앞에서 무력해질 수도 있다. 그러나 여기서 다음과 같은 인식 정립이 필요하다. 안보공동체=다자안보협력+쌍무동맹+α

한국은 APEC의 출범과 이후 제도화 과정에서 리더십을 발휘해 왔고 ARF에도 적극 참여하고 있다. 또 정권의 출범 때마다 동아시아 다자안보협력과 관련한 구상과 비전을 제시해 왔다. 그러나 그 내용은 별반 차이가 없었고 장밋빛으로 물든 경우가 많았다. 그보다는 동아시아 안보공동체의 필요성을 국가이익과 역내 안보협력을 조화시킨다는 관점에서 검토하면서 그 조건을 조성하는 데 적극 나설 필요가 크다. 그 조건 중 하나가 바로 남북한관계 개선과 북미 관계 정상화 촉진이다. 북핵 문제도 그 과정에서 해결의 길을 찾아가야 할 것이다. 그런 접근은 안보공동체의 필수 요건인 '평화적 변화'를 실증하는 작업이 될 것이다.

08

결국은
평화다*

- 평화공동체를 상상하며

이 찬 수
(서울대학교 통일평화연구원 HK연구교수)

* 한국평화종교학회, 『평화와 종교』(2016, 창간호)에
게재된 「평화개념의 해체와 재구성」을 기반으로
강의한 뒤, 이 책에 어울리게 수정 보완한 글이다.

1. 공동체의 근간, 평화

1) 공동체의 경계는 점선

이 책의 편집자 서문(머리말)에서 밝혔듯이, '공동체(共同體, community)는 같음(同, unity)을 공유(共, com)하는 단체'다. 흔히 공동체의 핵심을 '같음(同)'에서 찾는 경향이 있지만, '같음'에 대한 추구는 '다름'을 배제하는 형태로 나타나곤 한다. 공동체 구성원들 간에는 물론이거니와 특정 공동체가 다른 공동체를 낯설어 하거나 잘 어울리지 못하는 것은 '다름'을 수용하는 훈련이 덜 되었기 때문이다. '같음'으로 무장한 단체는 그 외적 경계가 견고해 다름을 거부하거나 다름을 수용할 가능성을 차단한다. 내부적으로는 자신들이야말로 견고한 공동체라 자찬하며 외부와 호흡하지 못하면 결국 스러지고 만다.

공동체가 지속 가능하기 위해서는 '같음(同)'이 아닌 '공유(共)'에 핵심을 두어야 한다. 공유는 같이 · 함께 · 어울림 · 조화의 다른 이름이다. 같음 · 일치는 함께 어울리는 과정에 형성되는 동적 사건과 같다.

공동체의 근간은 '동'이 아닌 '공'에 있다. 같이 함께 어울리는 행위는 다름을 수용할 때만 가능하다. 개인과 개인의 관계에서는 물론이거니와, 단체와 단체 사이에서도 경계는 느슨해야 한다. 실선이 아니라 점선이어야 한다. 다름을 인정하고 수용하는 데서 공동체는 시작되고 유지되며 확장되어 간다.

다름의 수용 즉, 같이 · 함께 · 어울림 · 조화는 사실상 평화의 다른 이름이다. 공동체의 핵심이 평화여야 하는 이유도 여기에 있다. 공동체의 문제는 평화의 문제로 귀결된다. 공동체의 문제를 다루는 이 책의 결론으로 평화란 무엇인지를 정리해야 하는 이유도 여기에 있다. 이 글에서는 기존의 평화 개념을 재해석하고 재구성하면서, 오늘 우리가 지향해야 할 공동체의 근본 자세에 대해 다시 한 번 상상해 보고자 한다.

2) 평화 문맹의 시대

평화란 무엇인가. 사람들은 평화를 원하는데 세상은 평화롭지 않은 이유를 성찰하며 답해 보자. 세상은 왜 평화롭지 않을까? 정서적 · 기질적 · 경제적인 조건 등등이 맞아 일정 기간 평화를 누리는 개인들이 있기는 있지만, 사회나 세계 전체가 평화로운 적은 없다. 전래동화 속 신화적인 이야기를 제외하고는 모든 이가 두고두고 평화를 누렸다거나 누리고 있다는 말은 이제까지 들어 본 적이 없다. 평화가 그 정도로 어렵다는 뜻이다.

그 이유는, 아주 단순하게 규정하면, 많은 이들이 평화를 원하기만 할 뿐 평화롭기 위한 실천은 하지 않기 때문일 것이다. 평화를 원하기는 하지만, 자신이 원하는 평화가 무엇인지 잘 모르기 때문일 수도 있다. 평화에 대해 알기는 하지만, 개인이든 집단이든 실천하는 방법을 잘 몰라서 그런 것일 수도 있다. 평화에 대해 말하기는 해도, 그저 입에 발린 립서비스이거나 의미 없는 수식어로만 사용하기 때문일 수도 있다. 평화를 내가 이루기보다는 남에 의해 만들어지기를 바라는 수동성 때문일지도 모른다.

이 모든 것들은 이른바 '평화 문맹'에 해당하는 자세라 할 만하다. '평화 문맹'은 평화에 대해 어두운 상태, 즉 평화라는 말은 알지만 정작 평화에 대해 알고 느끼고 구현할 수 있는 과정에 대해서는 무지한 상태다. 나아가 평화롭기 위한 실천에도 둔감한 상태를 의미한다. 왜 평화를 보는 눈이 이렇게 어두운 것일까? 간단하게 답하면, 평화에 대한 사람들의 이해나 인식의 상이성과 다양성 때문이다. 평화에 대한 인식과 이해가 서로 다르다 보니, 상이한 이해에 기반을 둔 실천이 도리어 갈등의 원인으로 작용하기 때문이다. 그래서 사람들이 평화를 원하는데도 평화롭지 못한 상황이 지속되는 것이다.

아울러 사람들이 평화를 원하는 의도나 이유도 다양하다. 평화를 원하되, 도덕적인 이유로 원하는지 공리적인 이유로 원하는지에 따라 평화의 양상은 다르게 나타날 수 있다. 도덕적 가치의 차원에서 평화를 원하는 경우는 평화의 책임을 개인의 윤리적 행위로 돌리게 될 수 있고, 공리적 유용성의 차원에서 평화를 원하는 경우는 공리의 기준에 따라 도리어 이해관계의 충돌로 나타날 수도 있다. 어떤 의도를 가지느냐에 따라 평화를 실천하는 방법이 달라지고, 이렇게 서로 다른 실천 방법들이 도리어 갈등의 원인으로 작동할 수도 있는 것이다.

어떻든 저마다 평화라는 말을 쓴다고 해서 모두 평화에 대한 이해를 동일하게 하고 있는 것은 아니다. 모든 이의 평화 이해가, 나아가 평화를 위한 실천 방법이 동일하거나 적어도 비슷하다면 세계가 이 정도로 폭력적일 수는 없기 때문이다. 평화를 보편적인 가치와 궁극의 목적처럼 내세우는 종교들이 조화보다는 서로가 서로에게 갈등의 원인이 되는 경우가 그 전형적인 증거다. 종교들의 갈등은 의도적으로 위장된 거짓 평화를 내세우는 데서 벌어지는 일이라기보다는, 평화를 저마다의 맥락에서 자기중심적으로 상상하고 개념화하고, 나아가 다른 식으로 구체화하려는 데서 벌어지는 일이다. 인간이 평화를 알아 가는 과정 및 평화 구현의 방법이 다른 것이다. 이러한 문제의식을 가지고 다시 물어보자. 도대체 평화란 무엇인가?

3) 평화라는 말의 심층

혼히 평화를 '폭력이 없는 상태'라고 한다. 국어사전에서는 평화를 '전쟁, 분쟁 또는 일체의 갈등이 없이 평온함. 또는 그런 상태'로 정의한다. 머리로는 이해가 된다. 그러나 이런 정의가 지시하는 세계로 한번 더 들어가 보면, 각 낱말의 개념들은 다시 새로운 세계를 지시하면서 기존 개념의 지평 자체가 확대된다. 전쟁은 무엇이며, 어디까지를 갈등이라 할 수 있을지 따지다 보면, 기존 개념은 사라지고 또 새로운 영역이 펼쳐진다. '평화는 전쟁이 없는 상태'라고 간명하게 정의한다 해도, 전쟁이 무엇이며, 왜 벌어지는지, 테러나 분쟁과는 어떻게 다른지, 전쟁을 막으려면 어떻게 해야 하는지 등등을 해명해야 하는 복잡한 상황으로 연결된다.

물론 계속 새로운 개념들을 규명해 나갈 수도 있다. 그것이 학문의 기본 정신이기도 하기 때문이다. 가령 '전쟁은 국가 혹은 집단 간 무력적 혹은 폭력적 싸움'이라고 정의해 보자. 술어들의 개념과 범주를 다소 좁힌 듯해도, 술어의 핵심인 전쟁의 개념과 유형을 구분하다 보면, 여전히 같은 굴레 안에 머문다. '국가나 집단 간 무력 충돌'의 범위는 어디까지고, 충돌은 왜 벌어지는지도 규명해야 하는 또 다른 과제로 이어진다. 전쟁의 주체인 국가를 이해해야 하고, 그러려면 국가를 구성하는 영토·국민·주권 등의 개념을 이해해야 하는 사태로 번진다. 특히 근대 국민국가 체제에서 주권의 개념은 복잡다단해진다.

게다가 평화가 '전쟁은 물론 일체의 갈등마저 없는 상태'라는 정의는 지나치게 이상적이어서 마치 지상천국을 이야기하는 것이 아닌가 하는 공허감이 든다. 앞에서처럼 '평화는 폭력이 없는 상태'라고 좀 더 간결하게 정의한다 해도 마찬가지다. 이 역시 완결된 문장이 아니며, '폭력이 없는 상태'라는 술어에 의한 한정만으로는 주어로서의 평화가 규명되지 않기 때문이다. 폭력의 종류도 다양하고 범주도 넓어서 어떤 폭력을 의미하는지도 물어야 하니 말이다.

더구나 폭력도 교묘하게 구조화되어 이제는 거의 모든 이가 폭력의 피해자이자 가해자이며 동시에 책임자가 되어 가고 있는 복잡한 상황 속으로 들어가고 있는 상황이다. 가령 신자유주의 자유경쟁 체제에서 더 나은 성과를 올리기 위해 서로 경쟁한다면 나를 피곤하게 하는 것은 경쟁 상대인 너이고, 마찬가지로 너도 나로 인해 힘들어진다. 그러는 과정에 서로를 경쟁하게 만드는 구조적 폭력은 지속되거나 강화된다. 물리적 폭력은 아니지만, 사람을 힘들게 하는 폭력적 구조는 서로가 서로에게 폭력의 진원지가 되는 형태로 나타난다.[1] 이것은 무력적 정복의 정신이 새로운 상품과 자본을 생산하는 산업적 정복의 정신으로 대체되면서 나타난 문화적 현상이라고 할 수 있다. 폭력이 무력이라는 외피를 벗고 일상 안에 스며들고 문화화하는 바람에, 사람으로 하여금 폭력이 아닌 듯 착각하게도 만들지만, 도리어 폭력은 인간의 내면에까지 더 깊게 스며들었다고 해도 과언이 아니다.

이렇게 평화를 이야기하다 보면 결국 폭력의 문제로 귀결되고 만다. 그러고는 다시 폭력에 대한 설명이 평화를 이야기하는 것 이상으로 더 어렵고 복잡해지는 악순환 속으로 빠져들어 간다. 평화학자 요한 갈퉁(Johan Galtung)도 평화는 '전쟁과 같은 물리적 폭력은 물론, 억압적 정치 시스템에 따른 구조적 폭력, 나아가 성차별이나 생태적 차별 같은 문화적 폭력마저 없는 상태'라고 규정한다.[2] 평화를 설명하기 위해 다양한 차원의 폭력을 가져온다. 폭력을 물리적, 구조적, 문화적 차원으로 세분하고 확대하면서 비교적 설득력 있게 해설한다. 그러면서 이 모든 폭력이 없는 상태가 '적극적인 의미에서의 평화'라고 규정한다. 갈퉁에게서 우리는 평화에 대한 좀 더 구체적인 해설을 볼 수 있다.

그렇다고 해서 평화가 온전히 규명되었다거나 이해되었다고 할 수는 없다. 평화의 개념이 좀 더 분명하게 와 닿는 것 같기는 하지만, 해설이 상세해지면 질수록 상세한 해설들은 다시 더 복잡한 상황 속으로 이끌어 가기 때문이다. 평화를 말하기 위해 전쟁과 같은 무력적 폭력은 물론 정치적 억압 · 성차별 · 환경파괴 나아가 주먹질 · 언어폭력 · 심지어 경제적 억압 · 개인들의 심리적 갈등 · 스트레스까지 포함해 인간의 모든 부정적 상황을 총동원시켜야 하는 상황에 맞닥뜨려지게 되기 때문이다. 한편에서는 이해가 되면서도 다른 한편에서는 평화가 구체화되기는커녕 도리어 '말의 잉여'로 넘쳐 나는 상황이 펼쳐지게 된다. 그래서 평화에 관한 다수의 논문들과 방대한 책들을 쓰게 되는 것이기도 하니, 평화학자의 운명은 기구하다.

상황이 그렇더라도 평화 규정을 포기할 수는 없는 노릇이다. 학문을 한다는 것은 이러한 복잡함 속으로 다시 들어가 그것을 더 정교하게 체계화시키는 작업이기도 하다는 점에서 그렇다. 게다가 평화 자체가 어느 한 가지를 규명하고 실천한다고 성립되는 것이 아니고, 특정 사회 · 국가 · 인류 전체와 얽힌 구조적이고 복합적인 현상이라는 점에서, 평화학도 학제적이고 융합적인 연구가 될 수밖에 없다. 평화에 관한 말이 넘쳐 나게 되는 것은 당연한 일일 것이다. 그럼에도 불구하고 다양한 말의 성찬 속으로 들어가 그것이 가능한 한 '잉여'가 되지 않도록 체계화하는 작업이 필요하다. 그것이 모든 학문의 기본이기 때문이다.

분명한 사실은 평화가 단선적이거나 평면적이지도 않으며 정적이지도 한정적이지도 않다는 것이다. 평화라는 주어를 해설하는 과정에 여러 술어들이 동원되고 그 술어적 수식어들을 다시 해설할 수밖에 없게 되는 것은 필연적이다. 하지만 아무리 다양한 언어를 가져와도 다양한 수식어들이 규정하려는 평화는 그 술어들 속으로 온전히 회수되지 않는다. 주어는 끝없는 질문의 대상으로 남는다. 하나의 문장 속에서 술어는 주어를 지시하면서도, 온전히 지시되지 못한 세계도 동시에 남겨 둔다. 그래서 평화에 대한 서술은 가능하고 또 계속되어야 하면서도, 그 서술 속에 정말 평화가 들어 있는지 늘 되물어야 하는 것이다.

2. 평화 개념의 해체와 재구성

1) 정의로서의 평화를 넘어

이때 '평화'를 규명하는 데 '폭력 없는 상태'라는 수식어가 동원된다는 사실은 평화 연구의 역설을 보여준다. 평화의 개념이 비평화 즉 폭력·전쟁·갈등 등의 개념에 의해 한정된다는 사실은 평화 연구의 난제를 담고 있다. 평화 아닌 것으로 평화를 설명해야 하는 모순적 상황에서 평화라는 것이 과연 설명될 수 있으며, 또 이루어질 수 있는 것인지 근본적인 물음에 직면하게 되기 때문이다.

그렇다면 평화를 평화에 가까운 언어로 규정하면 평화에 대해 좀 더 잘 설명할 수 있게 될까? 가령 고대의 위대한 사상가였던 아우구스티누스는 세속적 차원의 평화론에 의구심을 품고 역사적인 한계를 넘어 보편적이고 절대적으로 통용되는 새로운 평화 개념을 발전시켰다. 그는 평화(pax)를 '질서의 고요함'으로, 질서(ordinatio)는 '동등한 것과 동등하지 않은 것들을 각각 제 자리에 앉히는 배치'로 파악했다.

그리고 세계 질서 내에서 모든 사물에 그에 걸맞은 올바른 자리를 배정하는 능력과 의지를 정의(justitia)로 규정하면서, 평화를 정의의 차원과 연결시켰다.[3] 이것은 토마스 아퀴나스에게로 이어지면서, 유럽에서는 파편적이고 일시적인 평화가 아니라 완전하고 영원한 평화 개념을 상상하는 분위기가 커졌다. 평화를 도덕적이고 우주적 가치의 차원에서 해설하는 흐름이 생긴 것이다. 이러한 분위기는 20세기의 문헌인 『제2차 바티칸 공의회 문헌』에서 '평화는 정의(正義)의 실현'이라는 규정으로 이어지고 있다.[4]

이 문헌에서는 '완전한 정의를 갈망하는 인간들이 실현해야 할 질서(정의)의 현실화가 바로 평화'라며 지극히 이상적인 언어를 써서 평화에 대해 해설한다. 평화를 평화에 가까운 언어로 정리했다는 데에 의미 있는 일이라고 할 수 있다. 이것은 폭력과 같은 비평화적인 것을 제거하는 방식이 아니라, 평화로운 일로 더 평화로운 일을 구현하는 긍정적 관점과 적극적 방식의 평화론이라는 데에 의미가 크다. 우주적 차원의 이상적 세계를 긍정적으로 추구하는 종교에서만이 제시할수 있는 평화론이라고도 할 수 있다.

그렇더라도 문제는 동일하게 남는다. 평화 만큼이나 해설하기 어려운 '정의'의 문제가 또 도사리고 있기 때문이다. 아우구스티누스의 해설에서 보았듯이, 서양에서 정의란 올바른 질서의 원칙 혹은 질서의 유지 및 생성을 위한 도덕적인 행동 방식이었다. 정의가 개인 간의 또는 사회의 올바른 질서의 문제라는 것이었다. 그런데 질서가 잡히려면, 다시 말해 비평화적 상황을 조정하고 방지하려면 법이 필요하다. 정의에 해당하는 영어 justice가 사법(司法)과 재판의 의미를 동시에 지니듯이, 정의가 이루어지려면 법은 물론 법의 적절한 운용으로서의 정치가 필요하다.

그런데 법은 그 자체로 존재하는 것도 아니었고, 아래로부터 한 사람 한 사람이 합의해서 만들어 낸 것이 아니었다. 사실상 법의 원천은 폭력이라 할 만한 어떤 힘과 연결되어 있다. 법이라는 것은 기존의 여러 힘들을 제압한 어떤 압도적인 힘, 즉 폭력을 권력으로 정당화시켜 주는 장치이기도 했다는 점에서 그렇다.[5] 그러다 보니 실제로 서양 중세에서는 법의 유효성과 평화가 동일시되었고, 법의 파괴는 평화의 파괴였다. 평화가 확립되는 것과 재판소가 설립되는 것은 궤를 같이 했다. 사회적 평화가 위로부터 만들어져 주어진 법과 사실상 동일시되었다는 뜻이다. 그리고 법은 질서 유지를 위해 강제력을 수반하는 사회적 규범이라는 점에서, 아무리 평화를 규정하기 위해 정의와 같은 평화에 가까운 어떤 개념이나 자세를 가져온다 해도, 결국은 비평화적인 어떤 것으로 평화를 규정해야 하는 모순 속으로 들어가게 된다는 뜻이다.

게다가 법은 사람들 사이에서 일그러진 관계를 바로잡는 기준은 되지만, 일그러진 관계로 인해 파괴된 사람의 내면에까지 개입하지는 못한다. 법은 심판은 해도 치유는 하지 못한다. 개인의 내면에서는 분노가 여전해도 법적 개입으로 질서가 잡히면 정의가 이루어졌다고 판단한다는 점에서 정의로 평화를 설명하기에는 여전히 역부족이다.

2) 평화는 술어다

이렇게 술어를 해설해야 주어가 드러나는 구조에서, 평화를 주어로 놓는 행위는 한편에서는 평화를 드러내면서 다른 한편에서는 더 큰 그림자를 드리운다. 일체의 술어는 주어를 드러내는 그만큼 동시에 주어를 가리기도 한다. 평화는 평화 외적 개념들에 의해 제한되고 한정되는 방식으로 지시될 뿐 그 자체의 모습을 드러내지 않는다.

전술한 예를 다시 한 번 들면, '평화를 전쟁이 없는 상태'라고 할 때, '전쟁'도 국가 혹은 무력 충돌을 설명하는 술어에 의해 한정되면서 그 개념이 드러나는 것일 수밖에 없다. 국가는 국민·영토·주권이라는 술어에 의해 한정되어야 하고, 주권은 '국가의 의사를 최종적으로 결정하는 권력'이라는 술어에 의해 한정된다. 이것은 다시 권력의 문제로 이어지고, 나아가 주권이 국민의 의사와 관련되어 있다면, 다시 국민의 의미·수준·상황에 대해서도 따져 보아야 한다. 이런 식으로 보다 보면, 권력 없는 주권은 없고, 주권 없는 국가는 없고, 국가 없는 전쟁도 불가능하고, 전쟁 없는 평화도 불가능해진다. 이것은 그 자체로서의 평화라는 것은 없다는 뜻일 수도 있다. 평화는 무한할 정도로 다양한 개념들에 의해 지시되는 어떤 상태일 뿐이되, '평화는 ~이 없는 상태'라는 규정에 담긴 '상태'까지 해설하다 보면, 상황은 더욱 복잡하게 꼬이면서 다시 새로운 차원으로 연결된다.

여기서 반복적으로 나타나고 있는 분명한 사실 하나가 있는데, 그것은 주어가 술어에 의해 제한되고 한정되면서 성립된다는 사실이다. 주어는 언제나 술어에 의해 한정되고 규정된다. 주어는 무한할 정도의 다양한 술어들에 의해 끝없이 지시된다. 만일 평화를 주어로 "평화란 ~이다."라며 평화에 대해 무언가 해설한다고 할 때, 사실상 드러나는 것은 평화가 아니라 평화를 지시하는 지시체(술어)들의 세계다. 구체적으로 말하자면, 비평화적 현실들이다. 게다가 다양한 술어들을 전부 한자리에 모아 놓는다고 해서 평화가 주어로 부각되는 것도 아니다. 그저 다양한 지시체들의 끝없는 연관 관계가 존재한다는 사실이 분명해질 뿐이다.

이것은 모든 주어들의 운명이다. 주어의 영어식 표현인 subject는 '아래에(sub) 놓인다(ject)'는 뜻이다. 주어는 술어 아래 놓임으로써만 의미가 발생한다. 주어는 사실상 술어에 대해 종속적이다. 이것이 주어에 해당하는 영어 subject가 '~에 종속적인'이라는 의미도 동시에 지니는 이유다. 주어는 한 문장의 주체가 아니다. 도리어 술어에 의해 지시되어야만 하는 종속적 존재다. 서양 사상사에서 주체 혹은 주어가 강조되어 온 것은 어떤 사물이든 사태든 그 안에 자존적인 어떤 것이 들어 있으리라 생각했기 때문이다. 이러한 사고방식이 주어를 앞세우고 술어를 수단으로 주어를 해명하려는 기대로 이어져 왔지만, 그럴수록 분명하게 드러나는 것은 주어는 술어에 종속되는 만큼만 해명된다는 사실이다. 신학(theology)이 신(theos)에 대한 말(logos)이되, 인간이 하는 말인 것과 같은 이치다. 신은 인간이 하는 말에 의해 그 말만큼 표현되면서 다시 새로운 의미로 파생되어 나간다. 신은 그 자체로 온전히 드러나지 않는다. 신은 인간이 하는 생각과 언어에 종속적일 수밖에 없다는 뜻이다.

주어가 술어에 종속적일 수밖에 없는 이유는 인간의 경험이 술어를 구성하기 때문이다. 설명되어야 하는 어떤 대상보다 설명의 수단들이 인간의 경험에 가깝다는 뜻이다. 어떤 대상을 설명하려면 더 많은 이가 경험하고 동의할 수 있는 언어를 동원하기 마련인데, 이것은 역설적으로 설명의 대상은 덜 경험적이거나 비경험적이라는 뜻이다. 마찬가지로 우리가 평화를 '폭력이 없는 상태'라고 규정한다면, 그것은 우리가 더 많이 경험하는 것은 폭력이라는 뜻이다. 평화를 전쟁이 없는 상태라고 규정한다면, 그것은 우리가 평화보다 전쟁을 더 생생하게 느낀다는 뜻이다.

그런 점에서 '평화는 정의가 구현된 상태'라는 해설에 담긴 '정의'도 폭력이나 전쟁에 비해 덜 경험적인 언어라는 점에서는 사실상 동어

반복적 규정에 가깝다. 평화가 그렇듯 정의도 인간의 구체적 경험의 언어이기보다는 희망과 이상의 언어에 가깝기 때문이다. 평화를 우주적이고 신적 차원에서 규정하고 도덕적으로 설명하려는 종교적 속성 탓에 평화를 정의로 설명하곤 하지만, 희망과 이상의 언어를 가져오면 올수록 평화에 대한 원대한 비전은 그만큼 구체적 경험으로부터 멀어져 간다.

3) 주어와 술어 사이에는 차이가 있다

그럼에도 불구하고 더 경험적인 언어로 덜 경험적인 세계를 규명해야 하는 것은 운명에 가깝다. 규명하는 작업을 포기할 수는 없다. 그렇다면 평화에 대한 해설이 좀 더 경험적이고 설득력이 있으려면, 주어를 서술하려 하기보다는 술어들의 세계에 좀 더 집중할 필요가 있다. 술어들의 세계는 경험의 세계이고, 경험의 세계에서 더 좋은 경험의 세계를 만들 수 있는 가능성은 상대적으로 커지기 때문이다.

문제는 경험의 세계는 다양하고 경험과 경험의 해명 사이에는 차이가 있다는 것이다. 주어와 술어 사이에는 차이가 있다는 말이다. "술어가 없는 것은 나에게 아무런 영향도 미치지 못한다."는 포이어바흐의 말마따나, 주어에 대한 이해는 술어들 간 차이의 조화에 의해 이루어진다. 주어에 대한 기존의 이해에 새로운 차이가 부가되면서 주어가 기존과는 다른 방식으로 좀 더 구체화된다는 뜻이다. 주어와 술어 사이에는 차이가 있으며, 그 차이가 주어를 규정한다는 뜻이기도 하다. 술어와 주어 사이의 차이때문에, 아니 그 차이만큼 영향을 받고 그만큼 주어도 규명된다.

주어와 술어는 동일하지 않다. 그 사이에는 언제나 차이가 있다. '~이다'는 동일률의 형식을 취하고 있지만, 주어는 언제나 차이에 의해 규정된다. 그런 점에서 엄밀하게 말하면 '~이다'는 불가능하다. 주어는 끝없는 차이들에 도전받고 그에 종속되는 과정으로 존재한다. 주어는 술어들에 의해 지시되는 만큼만 주어라는 뜻이다. 마찬가지의 논리로 평화는 비평화적인 상태나 개념들에 의해 규정되는 만큼만 평화다. 이것이 술어를 중시해야 하는 이유, 더 구체적으로 말하면 주어와 술어의 차이를 중시해야 하는 이유다.

이 차이를 인식하면서 주어도 인식된다. 이것은 차이의 정도가 다르거나 차이에 대한 인식이 다르면 주어도 달라지거나 다르게 인식된다는 뜻이다. 이것은 평화라는 이름으로 왜 평화 아닌 상황 즉 비평화적 상황이 발생하는지 그 근본적인 이유를 잘 보여준다. 저마다 평화에 대해 말하지만, 그렇게 말하는 이의 평화에 대한 술어적 표현들이 다양하고, 술어로 해설된 만큼만 주어로서의 평화가 인식되기 때문이다.

한 걸음 더 나아간 문제는 술어를 구성하는 경험의 세계도 다양하다는 것이다. 경험의 영역이 다르고, 그에 따라 술어에 담긴 경험적 인식이 다르다. 그만큼 주어에 대한 인식도 달라진다. 나아가 다양한 경험들이 언제나 조화롭게 표현되는 것은 아니다. 여러 경험과 그 표현들이 뒤섞이는 현장은 시끄러울 때도 많다. 경험이 다르고 경험된 사실에 대한 인식이 다르며, 그 표현에 대한 수용의 정도가 다르기 때문이다. 인간은 늘 차이들 간의 갈등과 조화 사이의 경계에 있다.

동일한 경험은 없다. 비슷한 시대를 가장 가깝게 살아온 가족 구성원의 경험들도 동일하지 않다. 경험과 그로 인한 인식은 그 자체로 정치적·사회적·문화적 의미를 지니고 있으며, 성적 지향에 따라서도 달라질 수 있다. 저마다의 환경이나 상황 안에서 살아온 만큼 인식하고, 그만큼 경험하는 것이기 때문이다. 인간의 경험은 경험을 가능하게 하는 맥락으로부터 자유롭지 않다.

하이데거(M. Heidegger)의 '세계-내-존재(In-der-Welt-Sein)'라는 인간 규정이나,[6] 부르디외(P. Bourdieu)가 말한 아비투스(habitus)[7]도 구조상 이와 다르지 않다. 인간은 세계 안에 던져져 있으며, 그 세계 안으로부터 실존론적으로 영향을 받는다. 인간의 인식은 하이데거가 '세계'라고 부른 지평에 의해 규정된다. 인간이 일정한 방식으로 행동하고 인지하고 감지(感知)하고 판단하는 성향 체계, 즉 아비투스도 인간의 인식에 영향을 준다. 아비투스는 개인 안에 내면화한 사회적 체계이자, 일상적 실천들을 구조화시키는 지평이기도 하다. 개인들이 사회적 공간에서 어떤 위치를 차지하느냐에 따라 상이한 아비투스를 갖지만, 동시에 개별 성향의 차이가 사회적 아비투스의 차이를 만들어 내기도 한다.

이런 관점은 가다머(H.-G.Gadamer)나 리쾨르(P. Ricoeur)의 해석이론과도 통한다. 이들에 의하면, 인간은 어떤 사물을 파악할 때 자기 나름의 인식의 틀을 통해서 해석하기 때문에 인간의 지식은 늘 해석된 지식일 수밖에 없다. 인식된 것은 인식하는 사람 내지 인식 지평과 불가분의 관계에 놓여 있다는 것이다. 따라서 인간의 지식 체계와 관련해 완전한 절대주의나 순수한 객관주의라는 것은 불가능하다. 비트겐슈타인(L. Wittgenstein)이 인간의 언어는 하나의 관점에서 부분적으로만 실재를 표현할 수밖에 없는 까닭에, 진술된 진리는 언제나 제한적이고 비절대적이라 보았던 것도 마찬가지다. 아무리 사회적인 공동 규칙에 따라 언어 활동(랑그)이 이루어지는 것 같아도 개인들의 발화 행위(빠롤)는 다르다는 소쉬르의 분석도 비슷하다. 개인의 발화 행위와 타자에게 전달된 의미도 동일하지 않다. 게다가 각종 발화는 랑그 안에서 이루어지지만, 랑그 역시 역사적 요인들·사회적 힘들·각종 제도들의 관계에 따른 산물이라는 점에서 가변적이다. 발화 행위는 애당초 의도했던 만큼 전달되지 않는다.[8]

3. 인식의 다양성과 평화다원주의

1) 평화는 복수다

이것은 평화라는 표현은 물론 그 개념도 단수적이기보다는 복수적일 수밖에 없는 이유들에 대한 철학적 · 언어학적 이유를 잘 보여준다. 술어가 여럿이고 평화와 관련된 언어 체계가 다양한 차이들로 이루어져 있다면, 평화라는 것 역시 단수이기보다는 복수일 수밖에 없다. 여러 가지 '평화들'이 있는 것이다. 평화가 시각 · 청각 · 촉각과 같은 감각기관과 연루된 경험의 영역이라면 더욱이나 그렇다. 인간의 경험 자체가 다양하고, 그 다양한 경험이 인식적 다양성도 만들어 낸다. 동시에 경험 자체가 해석 행위이기도 하다. 경험하고 한참 후에 언어로 해석하는 것이 아니라, 사실상 경험하는 순간 해석된다. 해석 없는 경험은 없다. 경험한다는 것은 그 무언가가 경험될 수 있다는 것과 또한 그 경험을 그 어떤 경험이라고 규정해 주는 해석의 틀(a framework of interpretation)이 있다는 뜻이다.[9]

그런데 인간은 상이한 해석의 틀 안에서 살아왔고, 지금도 살고 있다. 다른 환경과 다른 지평 속에서 무언가를 저마다의 방식으로 보고 해석한다. 인간의 경험은 기억력과 감수성 그리고 과거의 지식과 현재의 희망 사항에 의해 이미 채색되어 있고, 집단 혹은 사회적으로 보더라도 경험을 표현하는 전통적 양식이나 한 사회에 유행하는 객관적 형식 등과 같은 여러 요소들에 의해 조건 지어져 있다. 순수한 경험은 없으며, 경험은 그 자체로 해석적이다. 이것이 평화를 단수가 아닌 복수로 이해해야 하는 이유다. 평화는 다양하게 요청되고 전개될 수밖에 없다. 저마다 평화라 말하지만, 그 의도와 내용과 지향이 다르다. '평화'와 '평화들'을 구분해야 하는 것이다. 영어식으로 표현하건대, 대문자 'Peace'는 소문자 'peaces'의 조화를 통해서 구체화되고 지시되는 세계인 것이다.

그럼에도 불구하고 이렇게 구분하는 이유는 '평화들'의 세계에서 결국은 '평화'를 확보하기 위해서다. 인식적 다양성 속에서 다양함들의 조화를 찾아내기 위해서다. 평화를 확보하려면, 인간이 다양하게 경험하는 '평화들'을 긍정하고 이들의 관계성에 초점을 두면서 대화를 통해 '평화'로 여겨지는 것들 도출해 내야 한다. 합의를 통해 다양한 평화 인식과 경험들 사이에 공유의 지점을 찾아 나가야 한다.

실제로 대화를 시도한다는 것은 다양한 평화 경험들 간에 공감과 공유의 지점이 있다는 사실을 인정하는 것이기도 하다. 대화 행위는 설령 부분적일지언정 상대방의 언어에 대한 공감과 저마다 제한된 이해들 간 합의의 가능성을 전제한다. 공감 혹은 합의의 가능성에 대한 선이해가 작동하고 있다는 뜻이다. 선행적 공감의 영역을 중시할 필요가 있다. 하버마스(J. Habermas)가 공론의 장에서 합의를 중시한 것은 이런 맥락에서다. 합의는 제한된 인식이나 이해들이 파편적으로 흩어지지 않고 공통의 영역을 확보해 가는 과정이자, 대화를 시작할 때 전제되었던 선행적 공통 지점이 확인되는 사건이다. 물론 합의는 간단한 일이 아니다. 하버마스도 여론이 집결되는 '공론의 장'은 대화·토론·합의를 통해 형성된다고 강조한다. 그 과정에 제도적 기득권을 누리는 정치권력의 부당한 개입이나, 여론을 수단 삼아 스스로를 부각시키려는 압력단체나 언론 매체들의 욕구들이 있을 수 있고, 그로 인해 공정한 여론의 형성이 힘들 수도 있다. 그럼에도 불구하고 억압을 일시적으로 분출하는 폭력적 혁명보다 여러 의견들이 오가는 생활 세계의 의사소통 과정이 민주주의의 든든한 기반을 만들어 준다고 주장한다. 가시적인 변화를 이끌어 내기에는 오랜 시간이 걸릴 수 있지만, 지속적 합의를 통해 생활 세계에서 공감의 영역을 확보해 가는 과정이 가능하며 또 요청된다는 것이다.

2) 평화다원주의

마찬가지의 논리로 평화에 대한 인식의 다양성을 긍정하되, 다양한 인식들 간에 공감대를 찾는 일은 평화를 구현하려는 이들의 불가피한 과제다. 클래식이나 팝이나 대중가요가 모두 음악이듯이, 음악은 하나의 유형일 뿐 실제로는 다양한 장르로 구성되고 존재하듯이,

'평화들'이 '평화'인 이유도 평화들의 공감대가 있기 때문이다. 현실에서는 '평화들'의 형태로 나타나기에, 다양한 맥락에 처한 인간의 평화 경험과 기대 사이에 대화를 통한 합의의 과정을 늘 견지해야 하는 것이다.

그렇다면 특정한 평화 경험을 전체의 평화를 위한 유일한 기준으로 삼는 것은 위험하다. 그렇게 하다 보면 평화가 다른 이에게는 폭력으로 작용할 수 있게 된다. 클래식만 음악인 것이 아니고, 락도 랩도 음악이다. 누군가 이른바 '클래식'만 음악이라고 한다면, 그것은 '클래식'이라는 작은 음악으로 음악 전체에 가하는 폭력이다. 기독교에서 우주적이고 궁극적인 평화에 대해 말하면서도, 그 평화를 다른 종교인에게까지 적용하지는 못하는 것도 비슷한 이치다.[10] 기독교에서는 평화가 보편적이라면서도 다른 종교인이나 비종교인과는 무관하다는 입장을 견지해 왔다. 그런 평화를 경험하려면 기독교로 와야 한다는 식이었다. 이런 자세를 '자기중심적 평화주의(ego-centric pacifism)'라고 명명할 수 있다. 상대를 자신의 우산 아래 두고서 자기중심적 기준에 따라서만 긍정하는 제국주의적 평화관이 이에 해당한다. 종교들이 저마다 평화를 내세우면서 종교의 이름으로 갈등을 키우는 이유도 이런 자세 때문이었다.

자기중심주의에도 '의도적 자기중심주의'와 '비의도적 자기중심주의'가 있다. 정치적 제국주의는 자신의 권력과 영역 안에 들어오면 인정하고 보호해 주겠다는 의도적 자기중심주의다. 그에 비해 가령 애당초 성차별적인 문화 안에서 성장하면 의도하지 않았는데도 남성에 의한 여성 차별 같은 것이 자연스럽거나 정당화되는 경우가 비의도적 자기중심주의의 사례다. 그러다가 이러한 차별적인 구조와 문화 안에서 의도적으로 자신의 기득권을 옹호하거나 누리려는 이들도 생겨날 수 있다. 이들은 문화나 관례의 이름으로 차별을 정당화하기도 하고, 나아가 차별을 자기 정체성의 근간으로 또는 자기중심적 평화의 동력으로 삼기도 한다. 평화의 이름으로 타자를 배타하기도 하는 것이다. 특정한 평화 경험을 객관화하는 것은 위험하다는 뜻이다.

평화는 일방적일 수 없다. 평화는 쌍방적, 나아가 복합적이며, 평화의 다른 이름은 조화다. 그 조화의 한복판에 공감대로서의 평화가 있다. 평화의 형태는 다양할 수 있지만, 다양한 형태들 간 공감대 때문에 형태적 다양성이 갈등으로 이어지지 않거나 덜 이어지게 된다. 평화를 기반으로 다양한 평화들을 긍정하고, 이 '평화들'이 '평화'를 지시하는 다양한 술어들이라고 인정하는 논리를 여기서는 '평화다원주의(pluralism of peace)'라고 명명하고자 한다.

평화다원주의란 단순히 평화들이 여럿이라는 중립적인 주장이 아니다. 평화다원주의는 복수의 '평화들'이 인식적이든 도덕적이든 사회적이든 정치적이든, '평화'라는 공감대 안에서 유기적 연계와 통합이 가능하다고 여기는 입장이다. '평화'를 설명하는 다양한 술어들에게서 '평화들'의 세계를 보면서 평화의 유기적 통합력(organic integrative power of peace)까지 읽어 낼 줄 아는 자세다. '평화들'이 서로에게 갈등의 원인을 제공할 가능성도 있지만, 이 평화들도 결국 '평화'의 유기적 통합력 안에 있기에 공감의 영역을 떠나지 않게 되리라고 보는 긍정적 입장이다. 그 공감대로서의 평화를 전제하고 상상하면서, 평화에 대한 다양한 논의와 평화의 다양한 형태들이 정당성을 얻어 간다고 보기 때문이다.

물론 평화다원주의도 하나의 인식론적인 개념으로서, 인식이 다양한 만큼 평화를 다원주의적 시각에서 판단하는 입장 역시 상대성을 면치 못한다. 평화에 대한 객관적이고 절대적인 기준이 없듯이, 평화다원주의도 그 자체로 절대적 기준으로 삼는 행위는 위험하다. '~주의'는 언제나 상대적이며 절대적 기준을 내포하지 않고 내포할 수도 없다.

이때 평화다원주의가 인식론적 상대주의에 갇히지 않고 실제로 평화의 구체화에 공헌할 수 있으려면, 평화들이 여럿이라고 주장하는 단계를 넘어 실제로 평화들의 다양성을 수용해야 한다. 평화들에 대한 인식적 다양성을 머리로 인정하는 단계로부터 마음으로 수용하는 단계로까지 나아가야 한다는 것이다. 자기중심적 인식의 우월성을 내려놓고, 그 안에 타자의 세계관을 긍정하고 받아들이는 것이다. 그럴 때 갈등이 해소되고, 평화에 관한 다양한 입장들이 살아 있는 평화가 된다. 평화는 어떤 하나의 주장이나 입장 속에 있는 것이 아니라, 여러 입장들의 조화와 상호 공유를 통해서만 존재하는 과정인 것이다.

나아가 동의하고 수용하는 그 지점의 성격과 내용도 살펴야 한다. 무엇보다 그 지점이 폭력을 줄이는 지점인지 성찰해야 한다. 평화가 다원주의적이라지만, 무작정 상대주의적이기만 한 것은 아니다. 동의하고 수용하되, 그 동의와 수용이 누군가의 원치 않는 고통을 줄이고 그로 인해 미소를 되살려 낼 수 있는 것이어야 한다. 물론 그 지점은 단순히 특정 개인의 자기희생적 결단만으로 성립되는 것이 아니다. 그 지점의 성격에 대한 공감과 합의가 요청된다. 평화는 특정 입장이나 사건에 제한되지 않으며, 사람들의 지속적인 추구의 대상이라는 공감적 인식이다. 그런 점에서 평화는 어느 정도 목적론적이다. 평화는 현재완료형이기보다는, 폭력이 사라지기를 꿈꾸는 기대와 실천만큼 현재 안에 구현되는 과정적 실재라는 것이다.

평화를 추구하는 이들에게 평화는 하나의 연구 대상이기도 하지만, 평화가 하나의 대상에 머무는 한 그것은 하나의 관념일 뿐이다. 평화는 평화들을 수용하는 행위를 통해 살아난다. 그 수용이 상대적 '평화들'을 공통적 '평화'로 생생하게 재구성시키는 근거다. 서로 수용할 때, 평화 경험과 인식의 다양성이 무질서하게 흩어지지 않고 하나의 모습으로 살아난다. 평화는 서로에 대해 공감하고 합의하고 수용

해 가는 과정이지, 제3의 영역에 자리 잡고 있는 공상적 유토피아가
아니다.

평화는 현재완료형이 아니라는 개방적이고 겸손한 입장을 견지하
지 못하거나, 평화들이 만나는 공통의 지점과 평화와 평화 간에 공감
대를 확보하지 못하면, 평화의 이름으로 폭력이 발생한다. 칸트가 인
간성을 수단으로 간주해서는 안 된다고 말했듯이, 상대의 평화를 수
단화하는 과정이 폭력이다. 평화는 평화들의 다양성과 상대성을 인
정하고 수용하는 행위를 통해서 드러난다.

그렇다면 평화 개념들과 평화 방법론 또는 정책들 간의 관계에 대
해서도 성찰해야 한다. 그 관계에서 공통성을 읽어 내야 한다. 나의
평화 경험이 너의 경험과 교류해야 하고, 평화 연구가 학제적으로 융
합되어야 하는 이유도 여기에 있다. 교류하고 공유하지 않는 평화는
없다.

4. 평화는 폭력을 줄이는 과정

1) 사회 윤리가 어려운 이유

인식의 다양성을 인정하지 않는 행위가 폭력의 진원지다. 물론 폭
력이 인식의 다양성에서만 비롯되는 것은 아니다. 생각이 다르다고

대번에 폭력으로 이어지지는 않는다. 폭력은 내가 잘 모르는 남에 대한 태도나 자세가 어떤지와 연결되어 있다. 가령 개인이 개인에 대해 면전에서 폭력을 행하는 경우는 많지 않다. 개인들이 개인적 차원에서 평화로울 수 있는 가능성은 상대적으로 크다.

그런데 '남'의 범주가 넓어져 집단이 되고 사회가 되면, 그 집단이나 사회 전체에 대한 관심은 상대적으로 약해진다. 낯모르는 개인이나 집단을 가족이나 지인과 동일하게 대하기는 힘들다. 남의 불치병보다 제 손톱 밑의 가시가 더 다급한 문제이기 마련이다. 이것이 사회적 평화와 세계의 평화가 어려워지는 단순한 이유다. 라인홀드 니버(R. Niebuhr)가『도덕적 인간과 비도덕적 사회』에서 개인은 도덕적인데 사회가 비도덕적인 이유에 대해 말한 것도 비슷한 이치다. 개인과 개인의 사이에서는 서로를 도덕적으로 대하는 자세가 가능하지만, 개인들을 몇 단계 건너가면 도덕성의 강도가 약해진다.

칸트(I. Kant)의 이해를 따르건대, 도덕성(morality)은 어떤 행위의 의도가 선과 악 혹은 옳고 그름 같은 사회적 규범에 합치하는 능력이다. 선한 의도로 선한 행위를 할 때 도덕적이라 할 수 있다는 뜻이다. 만일 악한 의도로 선한 척하는 행동을 한다면, 그 의도와 행위 사이의 차이가 생기는 만큼 비도덕적이다. 그렇더라도 선하지 않은 의도로 선한 척하는 행위를 하거나, 속으로는 일반 규범과 어긋난 의도를 가지면서도 겉으로는 그 규범에 따르는 경우도 있다. 속으로는 좋아하지 않으면서 겉으로는 좋아하는 척할 수도 있다. 이러한 행위가 가까운 지인에게는 양심상 부담스럽기도 하지만, 여러 단계 건너간 낯선 개인들에게는 그다지 양심의 가책이 크지 않다. 더욱이 개인들 간의 친밀도가 떨어지고 개인의 도덕성이 그다지 부각되지 않는 집단에서는 개인의 의도와 행위 사이의 차이가 직접 노출되지 않는다. 그런 까닭에, 개인이 내적 의도와 행위 사이에 거리가 있는 비도덕적 행위를 하더라도 개인으로서나 집단 전체로서나 딱히 문제가 되지 않는다.

게다가 집단은 개인의 의도와 행위 사이의 차이가 중층적으로 얽혀 있으면서도, 그 차이들에 책임을 물을 수도 없는 복잡한 상황 속에 놓여 있다. 집단의 주체는 모호해서 전체를 인도하거나 통제 또는 억제하기 힘들다. 다른 사람들의 욕구를 수용하는 능력도 개인과 개인 간의 관계에 비해 훨씬 결여된다. 그래서 개인에서와 같은 도덕성을 획득하기 어려워진다. 개인들의 이기적 충동이 중층적으로 결합된 집단주의 때문에 타자 긍정적 행동을 하지 못하게 될 가능성이 크다. 개인은 비도덕적 집단 안에 자신의 도덕성을 숨기고 자신의 책임은 면하면서 집단의 비도덕성에 합류한다. 이것이 폭력이 구조화하는 이유와 과정이다. 멀리 떨어진 타자를 비인격적으로 혹은 비도덕적으로 대하는 행위와 자세가 사회를 비도덕적으로 만드는 요인으로 작동하는 것이다.

2) 평화는 폭력을 줄이는 과정

개인의 면전보다는 개인이 집단 안에서 익명화될 때 좀 더 비도덕적 행동을 하게 되는 이유는 무엇일까? 이와 관련해서는 르네 지라르 (R. Girard)의 연구에서 아이디어를 얻어 봄직하다. 지라르는 인간적 일상의 동력을 모방에서 찾는다. 인간의 문화는 상대방의 소유를 자기도 소유하기 위해 상대방을 모방하려는 욕망이 일상화화며 형성되어 왔다고 본다. 모방욕이 여러 사람들 사이에 겹치면서 모방이 경쟁적으로 강화되고, 모방적 경쟁 관계가 갈등을 불러일으키며 나아가 폭력화하기도 한다. 어떤 폭력은 개인을 직접 향할 수도 있지만, 집단 안에 감추어져 집단의 이름으로 활동하는 경우가 더 많다. 집단적 폭력에서 특정 개인의 책임은 부각되지 않는다. 사회적 비도덕성의 근본에는 개인들의 모방 경쟁이 있지만, 개인들은 그로 인한 갈등을 자신의 직접 책임으로 돌리지 않는다.

이런 분위기 탓에 평화의 가치에 대해서는 대부분 원칙적으로 동의하지만, 자신으로부터 여러 단계 떨어진 곳에서의 폭력적 행위에 대한 책임을 느끼거나 누군가 그 책임을 찾아내 묻기는 힘들어진다. 그런 만큼 현실에서 평화는 희미해져 간다. 이런 상황을 극복하는 것은 가능할 것인가?

중요한 것은 실제로 폭력을 줄여야 한다는 것이다. 이것은 인류가 폭력을 없앨 수 있다는 가정과 평화라는 이상을 완전히 포기한 적은 없다는 사실과 연결된다. 실제로 인류는 평화를 상상하며 평화를 이룰 수 있다는 전제를 지녀 왔다. 그리고 긴 안목에서 보면, 평화를 실제로 경험해 오기도 했다. 가령 자식을 부모의 부속물이나 재산처럼 여기던 데서 자식이 태어나자마자 하나의 인격으로 간주할 수 있는 법적·문화적 장치가 마련된 것은 분명히 인류가 경험해 온 확장된 평화의 사례이자 근간이다. 이런 변화는 중세의 신학적 가치와 교회 제도가 세속화하고(긍정적인 표현을 하면 사회 안에 녹아 들고) 사회가 도리어 신학적 가치를 수용해 종교화한 데서 비롯되는 일이다. 단기적으로 보면 종교가 폭력적 양상을 띠기도 하지만, 장기적으로 보면 인류의 평화 경험에 어느 정도 공헌한 측면도 있다는 증거이기도 하다. 폭력 안에서 폭력을 줄이고 폭력을 넘어 궁극적으로는 폭력 없는 세계를 이루려는 희망적 기대가 완전히 끊어진 적은 없다는 것도 분명한 사실이다.

이러한 기대와 희망에 근거해 폭력을 줄여 나간다면, 그 폭력의 축소가 바로 평화의 과정이다. 평화보다 폭력의 경험이 더 큰 인류에게 평화라는 것은 언제나 폭력이 축소되는 과정으로 존재한다. 설령 그런 과정이 일시적으로 전개되었다가 뒤바뀌더라도, 다시 폭력적 현실을 넘어서려는 희망을 놓치지 않는다면, 그 희망의 끈이 평화를 드러내는 동력이 된다. 개인의 일시적이고 심리적인 평화도 가능하지만,

평화는 사회적이고 구조적이고 문화적 차원 전반에서 폭력이 극복되기를 바라는 희망의 영역과 관련되어 있다. 평화학은 이 희망의 영역을 다루는 학문이기도 하다. 평화가 주어라기보다는 술어이며, 술어는 폭력적 경험의 세계를 반영한다고 할 때, 평화는 다양한 술어들 간 합의의 과정을 통해 폭력을 줄이는 과정으로 나타난다. 평화는 완성된 하나의 상태가 아니라, 폭력이 줄어드는 과정 혹은 폭력을 줄이는 과정이다. 평화학은 폭력을 줄이기 위한 다층적이고 학제적인 연구인 것이다.

그렇다면 폭력을 어떻게 줄여 나갈까? 평화를 위한 고민 과정에 등장하는 가장 근본적이고 실질적인 물음이다. 간단히 답할 수도 없는 노릇이지만, 여기서는 일단 '공감(共感)'의 문제에 초점을 두고자 한다. 만일 폭력을 줄이는 것이 비폭력적인 어떤 가치나 상태가 그만큼 커지는 과정이기도 하다면, 그때 폭력을 줄여 나가는 그 비폭력적 동력 중 하나는 폭력으로 인한 아픔에 대한 공감이기 때문이다.

3) 아픔에 대한 공감력

공감은 사람들이 사회를 이루며 함께 살아가기 위한 근본적인 능력 가운데 하나이며, 평화의 가능성에 대한 탐구에서 제외시킬 수 없는 영역이다. 사전적 의미로 공감은 '남의 감정, 의견, 주장 따위에 대해 자기도 그렇다고 느낌 또는 그렇게 느끼는 기분'이다. 함께[共] 느낌[感] 혹은 느낌[感]의 공유[共]라 요약할 수 있다. 누군가와 무엇인가를 함께 느끼고 있는 상태가 공감이다. 이때 핵심은 '함께'에 있다.

함께 느낌, 즉 공감에도 두 종류가 있다. 타자의 형편을 먼저 떠올리며 타자에게 나아가는 타자 지향적 공감(영어 empathy가 비교적 여기에 어울린다)과 타자가 자신의 느낌에 맞추어 주기를 바라는 자기중심적 공감(영어로 sympathy가 비교적 여기에 어울린다)이다. 공감이라는 우리말이나 empathy와 sympathy는 일상 대화에서는 별 차이 없이 쓰이지만, 타자 지향적 공감과 자기중심적 공감은 분명히 구분된다. 어떤 공감이냐에 따라 평화에 공헌할 수도, 그렇지 못할 수도 있다.

가령 지배자들 간 지배의 공감이 커지면 식민주의적 제국주의도 생겨나고, 소비자들 간 소비의 공감이 커지면 경제구조가 비인간화하고 급기야 지구가 위험해진다. 그저 자신의 입장에서만 공감하다 보면, 자기도 모르는 사이에 폭력적 상황에 일조하게 될 수도 있다. 모방이 자신을 감추고 타자를 따라 하다가 결국 다른 모방자와 같아지듯이, 자기중심적 공감은 다시 자기를 향해 오는 폭력의 부메랑이 된다. 이것을 피하려면 타자의 입장에서 하는 공감, 즉 empathy가 요청된다. 타자를 기준으로 삼는다는 점에서 empathy가 sympathy보다 더 평화적이다. 평화에 공헌할 가능성도 더 크다. 평화 연구도 평화 운동도 empathy를 기반으로 할 때 인간의 얼굴을 한 사회를 만드는 데 공헌한다.

　이러한 공감의 능력은 사실 새삼스러운 발견이 아니다. 이미 수천 년 전부터 공감을 인간다움의 기초로 삼은 종교적 천재들은 이웃의 아픔에 공감하는 삶을 살았고, 또 요청했다. 타자 지향적 공감은 세계의 정신적 스승들의 삶의 근간이자 기본 정서이기도 하다. 가령 붓다의 자비·맹자의 측은지심·예수의 긍휼 등은 그저 특정 종교인의 언어가 아니다. 그것은 empathy의 다른 이름들이다. 공감의 능력이 인간을 인간답게 해 주는 동력이라는 사실을 이들이 잘 보여준다.

　물론 아무리 종교적 천재라 하더라도 언제나 측은지심이나 긍휼로 충만해 있을 수는 없다. 자비·긍휼 등은 그 자체로 많은 에너지를 필요로 하는 원초적이고 즉각적인 감정이다. 고통에 대한 공감 자체가 고통스러운 일이기도 하다. 폭력을 대면하는 일은 더할 나위 없다. 고통스럽고 싶지 않은데 고통을 마주해야 하는 일은 고통스럽다. "중생이 아프니 내가 아프다(『유마경』 「문수사리문질품」)."고 한 유마거사의 일성은 타자의 아픔에 대한 공감의 전형적인 사례다. 정말 공감한다면 중생의 아픔이 자신의 아픔이 되지 않을 수 없다. 이런 맥락에서 붓다도 예수도 삶이 녹록하지만은 않았을 것이다. 타인의 고통에 즉각적으로 반응하는 행위 자체가 심신의 온 에너지를 빨아들였을 것이기 때문이다. "고난받고 있는 인류를 생각하는 사람은 자신을 생각하지 않으리라. 그럴 시간이 어디 있겠는가?"라는 간디(M. Gandhi)의 말도 고통에 대해 공감하는 이의 마음 자세와 실천을 잘 나타내 준다. 공감은 얼핏 보면 단순한 마음 자세이자 정신 행위인 듯하면서도 그 어떤 신체 행위 못지않게 힘들다.

네덜란드의 사회학자 아브람 더 스반(Abram de Swaan)이 세상의 작동 원리로 '의존'을 꼽았는데, 공감도 이미 서로 의존하고 있는 상황에 대해 통찰하는 이가 보여줄 수 있는 능력이다. 더 스반은 말한다. "사람은 살아가는 모든 측면에서 다른 사람들을 필요로 한다. 다른 사람들에 의해 태어나고, 살아가기 위해 다른 사람들에게 의존해야 한다. 자기에게 필요하지만 스스로 만들 수 없는 모든 것을 다른 사람들로부터 얻어야 한다. 알아야 할 것들과 아직 알지 못하는 것들은 다른 사람들에게서 배워야 한다. 서로가 없이는 아무것도 알 수 없다."[11] 최근 남아프리카에서 인간 됨의 근거이자 가치로 주목받고 있는 '우분투(Ubuntu)'는 이러한 정신을 잘 보여준다. 우분투는 인간 존중과 상호 연결성이다. 우분투는 '나'가 모여 '우리'가 된다는 사실을 넘어, "우리가 있기에 나도 있다(I am, because we are)."는 관점과 자세다. 상호 존중에 기초한 협동의 정신인 것이다.[12]

인간은 상호 의존적 존재다. 실제로 인간은 서로가 없이는 아무것도 할 수 없고, 아무것도 알 수 없다. 하지만 상호 의존성 혹은 의존적 관계 자체는 가치중립적 현상이다. 상호 의존성에 대한 인식이 타자에 대한 고마움과 타자 지향적 공감으로 나타날 때, 상호 의존성은 평화의 근간이 된다. 인간의 원천적 상호 의존성에 대해 통찰한다면, 이웃의 삶에 무관심하기가 더 어렵다. 각종 정책도 상호 의존성을 인식하고 상호 공조 형태도 구현되었으면 좋겠다고 기대하게 된다. 정책이나 제도가 그에 미치지 못할 경우 비판적 안목으로 현실에 참여하며, 인간의 상호 의존성을 간과하지 않도록 시도하게 될 것이다. 이렇게 의존하며 살아갈 수밖에 없는 존재라는 사실을 통찰하는 이는 자신을 살아가게 하는 어떤 힘에서 생명력을 느끼며, 이것이 사람에 대한 공감과 평화적 인간관계로 나타나는 것이다. 그러고 보면 사람들 사이의 공감은 사람들의 상호 의존성이 내면화되는 데서 오는 자발적이고 성숙한 태도라고 할 수 있다.

5. 폭력을 줄이며 공감으로 나아가기

1) '활사개공'의 평화

이러한 공감이 폭력을 축소하고 평화를 구축하는 근간이다. 공감으로 인해 나와 너 그리고 사회 전체가 생명력을 얻어 간다. 개인과 사회 모두가 평화로워지는 것이다. 물론 평화가 폭력을 줄여 가는 과정이라고 할 때, 그 폭력이 줄어드는 경험을 하는 주체는 자기 자신이다. 그래서 평화의 근간은 개인의 평화, 특히 내면의 평화다. 그렇지만 폭력이 구조적이고 복합적이며, 타자가 누구라도 폭력으로 고통당하고 있는 한, 개인의 평화라는 것은 있을 수 없다.

여객선 '세월호'가 침몰해 수백 명의 어린 학생들이 차가운 바다에 수장되다시피 했는데도, 도대체 왜 그런 엄청난 사건이 발생했는지 여러 해가 지나도록 제대로 규명되지 못하고 있다. 이런 상황에 유가족이 아니라는 이유로 마치 아무 일도 없던 양 평화롭게 있을 수는 없는 일이다. 후쿠시마에서 핵발전소가 폭발하고 북한에서 핵실험을 하는데 한국이 평화롭다는 것은 어불성설이다. 미국과 중국이 서로를 견제하며 아시아에서 패권을 강화해 나가는데, 그 한복판에 있는 한반도가 평화로울 수도 없다. 그 와중에도 누군가 평화롭다면, 그것은 어느 개인의 자기 도피성 위안 정도일 것이다.

사회적 평화 없는 개인의 평화란 불가능하다. 사회성이 결여된 개인의 평화는 결국 부메랑이 되어 개인의 평화를 침식한다. 그리고 개인의 평화를 희생시킨 사회적 평화란 모래 위의 집보다 위태하다. 언어도단이자 폭력이다. 다른 말로 요약하자면 평화는 개인을 살리면서 공적 영역을 열어 주는 평화, 공공철학자 김태창의 언어로 하면 '활사개공(活私開公)'의 평화여야 한다. 공적 영역[公]을 명분삼아 개인을 쉽게 도구화하지 않고, 사적 존중[私]의 가치를 되살려 공과 사가 상생하는 공공 영역을 확장시켜 나가야 한다는 것이다. 멸공봉사(滅公奉私)도 아니고 멸사봉공(滅私奉公)도 아닌, 활사개공(活私開公)으로서의

공공성을 확보해야 한다는 것이다.[13]

평화 연구에서 관심을 두어야 할 공공성은 사(私)가 이기적 자유주의나 집단적 전체주의에 함몰되지 않고 타자와의 수평적 관계 맺음을 통해 건강한 공(公)의 영역을 확보해 가는 과정과 내용이라고 할 수 있다. 집단과 개인·자아와 타자·주관과 객관·강자와 약자·주류 문화와 비주류 문화·중심과 주변을 이분법적이지 않은 상생적 관계의 차원에서 볼 때, 건강한 공공성의 세계가 확보된다는 것이다.

이러한 공공성의 근간은 '공감'으로 인해 확보되고 확장된다. 공적 기구의 개입이나 당사자들의 합의 과정을 법으로 강제하기 이전에 어떤 상황이나 사태에 대한 공감적 인식이 더 근본적이다. 사법(司法)으로 평화를 온전히 이룰 수는 없다고 전술했던 것도 이런 이유에서이다. 공감적 인식, 특히 타자 지향적 공감에서만 개입과 합의가 인간의 얼굴을 하게 되고, 다름의 공존과 타자와의 공생이 확보된다.

물론 평화가 집단과 국가 간 조약에 근거하고 법적 통제에 기초하고 있는 것이 여전한 현실이다. 그리고 그것이 평화 유지(peace-keeping)와 평화 조성(peace-making)의 긴요한 과정인 것도 분명하다. 하지만 사법을 능사로 삼고 인간이 조약에 종속되는 한, 인간은 평화의 최종적 주체라 할 수 없다. 그곳에 인간의 얼굴은 없거나 희미하다. 법적 견제나 법적 조항문의 강제성을 넘어 인간의 기초적인 능력과 가치인 '공감의 네트워크'를 형성해 가야 한다. 평화학자 아세파

(Hizkias Assefa)가 평화를 "풍부한 잠재력과 다양성이 내재되어 있는 '인간관계의 망(network of relationship)'으로 인식하는 것이 바람직하다."[14] 고 말한 것도 이와 통한다고 생각된다. 그럴 때 유엔사무총장 부르토스 갈리(B. Boutros-Ghali)가 제안했던 '평화 구축(peace-building)'은 이루어지기 시작한다.

이반 일리히(I. Illich)가 40여 년 전에 제안한 '공생(conviviality)'도 평화 구축의 의미와 목적을 앞당겨 보여 준 것으로 평가된다. 공생은 사람들 간의 상호 의존성 안에서 개인의 자유가 실현되는 과정이다. 평화라는 주어보다는 평화를 수식하는 다양한 술어들의 세계가 경험적 평화의 내용을 구성하고 있듯이, 공감 혹은 공감적 공생은 상호 의존성에 따른 다양성을 긍정하는 형태로 나타난다. 공감이야말로 평화 연구가 체화하고 구현해 내야 할 가치다.

2) 공존과 비빔밥 평화

여기서 성찰 없는 자기중심적 태도의 폭력성을 되돌아보아야 한다. 안정과 보호를 법적 강제와 견제에 맡겨 놓으면 당장의 물리적 폭력은 억제할 수 있지만, 평화에 인간의 얼굴은 희박해진다. 평화의 불안정성도 지속된다. 전술했듯이, 이를 해결한다며 특정한 평화 개념을 절대화하고, 그 방법론을 단일화하는 것도 위험하다. 그런 행위 자체가 폭력의 동인이 되기 때문이다. 획일적 기준으로 자기 집단성을 강화해 나간다면, 그 집단의 경계 밖에 있는 이들에게 이것은 폭력으로 작동한다. 타자는 실종되고 '나'만 남는다. '너'는 나에 대해 비인격적 그것(it), 즉 사물이 되고 만다.

평화는 다양성의 공존이다. 공존, 즉 더불어[共] 존재하는[有] 행위가 평화이며, 그때 평화의 주체는 더불어 있는 모든 것들이다. 이들이 평화의 공동 주체다. 이 책 제3장의 내용을 다시 한 번 가져오면, 나와 네가 더불어 형성하는 공동의 주체가 '우리'다. 그 '우리'는 다양한 '나들(Is)'의 단순한 합집합이 아니다. '우리'는 개체들 하나하나가 살아나면서도 공통성의 공유를 통해 승화된 공동 주체이다. 밥·나물·채소·고기·갖은 양념들이 경직된 자기동일성에 머물지 않고, 상호 수용과 조화를 통해 개별적 자기 정체성을 뛰어넘을 때 맛있는 비빔밥이 되는 이치와 같다. 이러한 비빔밥은 '우리'의 존재 원리를 비유적으로 설명해 준다. '우리'에는 우리를 구성하는 개체들과 이들이 같이할 공통의 그 무엇이 담겨 있다. 이 책의 주제와 연결 짓자면 '우리'는 공동체의 원리를 잘 보여준다. 공동체의 원리를 다른 말로 바꾸면 다양한 '나들'의 조화, 즉 평화인 것이다.

물론 평화는 순수하지 않다. 전술한대로 그것은 다양한 평화들이 공존하는 동적인 형태로만 드러난다. 공존은 폭력 축소와 평화 구축의 다른 이름이다. 특정 평화를 내세우는 순간, 그것이 도리어 평화를 축소하거나 억압한다. 서구 중심주의가 탈서구 혹은 반서구적 자민족 중심주의로 이어지고, 오리엔탈리즘적 사유가 옥시덴탈리즘적 사유를 낳으면서 지속적으로 갈등을 노정하고 있는 것도 그러한 사례다. 한 가지 입장을 따라 하다가 그 한 가지 안에 타자를 흡수시키는 행위가 타자를 죽이는 폭력으로 나타나는 것이다. 에드워드 사이드(E. Said)가 본질적 순혈주의·순수한 개인주의·절대적 객관주의라는 것은 없다며 비판했던 것도 그런 이유에서다.[15]

그렇다면 견고한 순혈주의 혹은 분리주의의 근원을 비판적으로 탐색하면서 공존의 모델을 찾아가는 일이 공동체 논의의 주요 과제라고 할 수 있다. 나아가 이 과제를 수행해 가는 과정의 지향점이자 종착점을 한마디로 요약하면 평화가 된다. 평화는 폭력을 줄여 인간 간 상호의존성을 확보하고, 서로가 서로를 살리는 힘이 된다는 의식을 확장하며, 실제로 서로를 살리는 과정이기 때문이다. 다양한 재료들이 재료 고유의 성질과 함께 그 이상의 맛으로 승화되는 비빔밥은 평화의 모습을 잘 보여준다. '비빔밥 평화'는 공동체의 이상과 자세를 비유적으로 함축한다. 공감에 기초한 공존이 평화의 다른 이름이며, 공감적 공존은 공동체 논의의 근간이다. 공동체를 이루자며 '같음(同)'을 내세우다가 '같이'·'더불어'·'함께'를 놓쳐서는 안 된다. 함께 더불어 같이[共] 살아야[有] 하는 것이다.

'아시아 공동체'라고 하는 거대한 논의도 아시아적 동일성보다는 아시아의 다양성을 인정하는 데서부터 시작된다. 차이를 인정하되, 무관심으로 방기하지 않고, 다름을 그리고 타자를 살리는 것이다. 더 구체적이고 적극적으로 말하면, 약자의 아픔에 공감해 그 아픔을 낳는 폭력을 줄이는 데서 공동체는 성립되고 유지되어 나간다. 타자를 자신 안에 흡수시켜 버리는 공감이 아니다. 타자의 자리에 참여해 타자의 눈으로 자신을 다시 보는 공감의 자세가 공동체의 근간이며, 평화에 인간의 얼굴을 입힌다. 그곳에서 공동체가 인간의 얼굴을 한 공동체가 되는 것이다. 종교 공동체든 아시아 공동체든 세계 공동체든 바로 이러한 원리 위에서 이루어진다.

주석

아시아란 무엇인가?   김경동

1) Tiryakian, Edward A. "On the shoulders of Weber and Durkheim: East Asia and emergent Modernity." Kim Kyoung-Dong and Su-Hoon Lee(1990), pp.3-25.

2) Kim Kyong-Dong and Su-Hoon Lee. Asia in the 21st Century: Challenges and Prospects(Seoul: Panmun Book Co, 1990).

3) Tiryakian, Edward A. "The Changing Centers of Modernity," in E. Cohen, M. Lissak and U. Almagor, ed. Comparative Social Dynamics: Essays in Honor of S. N. Eisenstadt(Boulder, CO: Westview, 1985), pp.131-147.

4) King, Ambrose. Y. C. "The Emergence of Alternative Modernity in East Asia." In Dominic Sachsenmaier, et al. (2002), pp.139-152.

5) Chow, Paula K. and Gregory C. Chow. Asia in the Twenty-First Century: Economic, Socio-Political, Diplomatic Issues(Singapore, London: World Scientific, 1997).

6) Tu Weiming. "Implications of the Rise of 'Confucian' East Asia."(Daedalus 129(1), 2002), pp.195-218.

7) Mahbubani, Kishore. The New Asian Hemisphere:The Irresistible Shift of Global Power to the East(New York: Public Affairs, 2008).

8) Mahbubani, 2008. The New Asian Hemisphere:The Irresistible Shift of Global Power to the East(New York: Public Affairs, 2008), p.1.

9) Elliot, Michael. "Commentary, Into the Unknown."(Time. August 10, 2009) p.22.

10) 이 부문의 논의는 주로 다음의 문헌에 의존하였다.

· Chirot. Daniel. How Societies Change(Thousand Oaks, CA: Pine Forge Press, 1994).

· Delanty, Gerald. Inventing Europe(London: Macmillan, 1995).

· Duara, Prasenjit. "Of Authenticity and Woman: Personal Narratives of Middle-Class Women in Modern China." In W. H. Yeh, ed. Becoming Chinese: Passages to Modernity and Beyond(Berkeley: University of California Press, 2002), pp.342-364.

· Eisenstadt, Shmuel. N. Comparative Civilizations and Multiple Modernities. 2 Vols(Leiden: Brill, 2003).

· 강정인. 『한국사회발전론』(파주: 집문당, 2004).

· Katzenstrin, Peter. J. A World of Regions: Asia and Europe in the American Imperium. Ithaca(NY and London: Cornell University Press, 2005).

11) 여러 학자들 중에서도 아이젠슈타트(Shmuel N. Eisenstadt)가 바로 이와 같은 '서구화' 및 '미국화' 논지를 주창한 대표적 인물로 다음과 같은 언명을 한 바 있다. "역사적으로, 근대화란 17세기부터 19세기 사이에 서부 유럽과 북미주에서 전개하기 시작하여 다른 유럽 국가로, 그리고 19세기에서 20세기에는 남미, 아시아 및 아프리카 대륙으로 번져 나간 사회, 경제, 정치적 체제의 형태로 변화해가는 과정이다"(Eisenstadt, Shmuel. N. Modernization: Protest and Change. Englewood Cliffs, NJ: Prentice-Hall, 1966).

12) 강정인. 『서구중심주의를 넘어서』(서울:아카넷, 2004), pp.164-165.

13) 이 동양적 전제정치(Oriental Despotism) 개념은 추후 20세기에 와서 Wittfogel(1967)이 더욱 확대 논의한 바 있다.

14) Mahbubani, Kishore. 2008. The New Asian Hemisphere:The Irresistible Shift of Global Power to the East(New York: Public Affairs, 2008), p.128.

15) Ringmer, Erik. The Mechanics of Modernity in Europe and East Asia: The Institutional Origins of Social Change and Stagnation(London and New York: Routledge, 2005), pp.1-12.

16) 강정인. 『서구중심주의를 넘어서』(서울:아카넷, 2004), pp.165-166.

17) Ringmer, Erik. 2005. The Mechanics of Modernity in Europe and East Asia: The Institutional Origins of Social Change and Stagnation(London and New York: Routledge, 2005), p.12; 강정인. 『서구중심주의를 넘어서』(서울: 아카넷, 2004), p.169.

18) Nelson, Benjamin. "On Oriental and Occident in Max Webber." In Peter Hamilton, ed. Max Weber: Critical Assessments 1, Volume III. 96-106(London: Routledge, 1991), p.101.

19) Ringmer, Erik. The Mechanics of Modernity in Europe and East Asia: The Institutional Origins of Social Change and Stagnation(London and New York: Routledge, 2005), p.12.

20) Tiryakian, Edward A. "On the shoulders of Weber and Durkheim: East Asia and emergent Modernity." Kim Kyoung-Dong and Su-Hoon Lee(1990), pp.19-20.

21) Logan, Robert(1997).

22) Northrop, F. S. C. The Meeting of East and West: An Inquiry Concerning World

Understanding(Woodbridge, CT: Ox Bow Press, [1946]1979), p.375.

23) Northrop, F. S. C. 앞 글, p.315.

24) Northrop, F. S. C. 앞 글, p.315.

25) Northrop, F. S. C. 앞 글, p.294; p.317.

26) Parasons, Talcott. (The Social System. Glencoe, IL: The Free Press, 1951); Eisenstadt, Shmuel. N. Modernization: Protest and Change(Englewood Cliffs, NJ: Prentice-Hall, 1966); Hall, Stuart, David Held, Don Huber, and Kenneth Thompson. Modernity: An Introduction to Modern Societies(Cambridge, MA: Blackwell, 2006); Harrison, David. The Sociology of Modernization and Development(London: Unwin, 1988); So, Alvin. Y. Social Change and Development: Modernization, Dependency, and World System Theories(London: Sage Publications, 1990) Kim Kyoung-Dong. "Selective Mordenization and Alernative Modernities: In Search of an Alernative Theory "(National Academy of Sciences Journal of Humanities and Social Sciences 47(2), 2008) pp.105-161.

27) Beck, Ulrich, Anthony Giddens, and Scott Lash. Reflexive Modernization: Politics, Tradition and Aesthetics in the Modern Social Order(Stanford, CA: Stanford University Press, 1994)

28) Eisenstadt, Shmuel. N. Multiple Modernities(New Brunswick, NJ: Transaction Books, 2002), p.37.

29) Said, Edward. Orientalism(New York: Vintage Books, 1978); Eisenstadt, Shmuel. N. Comparative Civilizations and Multiple Modernities.2 Vols(Leiden: Brill, 2003); 강정인. 『서구중심주의를 넘어서』(서울: 아카넷, 2004); Alatas, Syed Farid. Alternative Discourses in Asian Aocial Science(New Delhi, Thousand Oaks, CA, London: Sage Publications, 2006).

30) Eisenstadt, Shmuel. N. Comparative Civilizations and Multiple Modernities.2 Vols(Leiden: Brill, 2003), p.402.

31) 이런 관념을 지칭하는 표현은 다양한데 그 중 대표적인 것이 Eurocentrism, Europocentrism, Western-centered, Westocentrism, Western/European Exceptionalism or Uniqueness, American Exceptionalism, the American Way 등 이다(Eisenstadt, Shmuel. N. Comparative Civilizations and Multiple Modernities. 2 Vols. Leiden: Brill, 2003; 강정인. 『서구중심주의를 넘어서』, 서울: 아카넷, 2004).

32) Amin, Samir. Eurocentrism(New York: Monthly Review Press, 1989).

33) Alatas, Syed Farid. 2006. Alternative Discourses in Asian Aocial Science(New Delhi, Thousand Oaks, CA, London: Sage Publications, 2006), pp.44-45.

34) Berger, Peter L. and Michael H. H. Hsiao. In Search of an East Asian Development Model(New Brunswick, NJ: Transaction Books, 1988).

35) acrquhar, Roderick. "the Post-Confucian Challenge"(The Economist(February), 1980), pp.67-72.

36) Kreiger, Silke and Rolf Trauzettel. Confucianism and the Modernization of China(Mainz: v. Hase& Koehler Verlag, 1991); Kim Kyoung-Dong. "Confucianism and Capitalist Development in East Asia" in LesileSklair, ed. Capitalism and Capitalist Development(London: Routledge, 1994), pp.87-106; Tu Weiming. Confucian Traditions in East Asian Modernity(Cambridge, MA: Harvard University Press, 1996); Bell, Daniel A. and HahmChaibong. Confucianism for the Modern World(Cambridge: Cambridge University Press, 2003).

37) Eisenstadt, Shmuel. N. Multiple Modernities(New Brunswick, NJ: Transaction Books, 2002); Sachsenaier, Dominic, Jens Ridel, ans Shmuel N. Eisenstadt. Reflections on Multiple Modernities: European, Chinese and Other Interpretations(Leiden: Brill, 2002); Eisenstadt, Shmuel. N. Comparative Civilizations and Multiple Modernities. 2 Vols(Leiden: Brill, 2003).

38) Korea University. Report: International Conference on the Problems of Modernization in Asia(Seoul: Asiatic Research Center, Korea University, 1965); Pyle, Kenneth. B. The New Generation in Meiji Japan: Problems of Cultural Identity(Stanford, CA: Stanford University Press, 1969); Tu Weiming. "Family, Nation and the World: The Global Ethic as a Modern Confucian Quest. "(paper presented at the International Conference on The Challenge of the 21st Century: The Response of the Eastern Ethics, organized by the Asian Foundation, Seoul, Korea, 1997).

39) 이 문제에 대한 광범위한 논의는 Alatas, Syed Farid. Alternative Discourses in Asian Social Science(New Delhi, Thousand Oaks, CA, London: Sage Publications, 2006) 참조 요망.

40) Alatas, Syed Hussein. "The Captive Mind in Development Studies"(International Social Science Journal 34(1), 1972), pp.9-10; Alatas, Syed Farid. Alternative

Discourses in Asian Social Science(New Delhi, Thousand Oaks, CA, London: Sage Publications, 2006), pp.30-31.

41) Kim Kyoung-Dong. "Toward Culturally 'Independent' Social Science: The issue of Indigenization in East Asia" in Su-Hoon Lee, ed. Sociology in East Asia and Its Struggle for Creativity. (Madrid: International Sociological Association, 1996a), pp.63-72.; Alatas, Syed Farid. Alternative Discourses in Asian Social Science.(New Delhi, Thousand Oaks, CA, London: Sage Publications, 2006).

42) Kim Kyoung-Dong, 앞 글, (1996a).

43) 실제로 2010년 3월 22일자 『인터내셔널 헤럴드 트리뷴(International Herald Tribune)』에는 중국의 의회관계자가 서방식 민주주의는 중국이 액면 그래도 수용하지 않을 것이라는 공언을 한 기사가 실렸다. 아시아적 가치에 대한 논쟁에 참여하거나 이 주제를 분석적으로 다룬 학자들 중에 대표적인 보기는 다음과 같다. Hitchcock, David I. Asian Values and the United States: How Much Conflict?(Washington, DC: Center for Strategic and International Studies, 1994); Zakaria, Fareed. "Culture is Destiny: A Conversation with Lee Kuan Yew." (Foreign Affairs 73(2), 1994), pp.109-125; Fukuyama, Francis. "Asian Values and the Asian Crisis."(Commentary, February, 1998), pp.23-27; Lim Gil-Chin. "Asian-U.S. Relations: Politics, Economics and Culture" in Chow and Cow(1977), pp.117-135; 김경동. 『한국사회발전론』(파주: 집문당, 2002); and Mahbubani, Kishore. Can Asians Think? 3rd Ed(Singapore: Time Editions, 2004).

44) Kim Kyoung-Dong. "Selective Modernization and AlernativeModernities: In Search of an Alernative Theory"(National Academy of Science Journal of Humanities and Social Sciences 47(2), 2008), pp.105-161.

45) Chirot. Daniel. How Societies change(Thousand Oaks, CA: Pine Forge Press, 1994).

46) 이러한 과정 자체를 일종의 음양변증법적 변화로 본다는 견해도 제시한 바 있으나 지면의 제약으로 소개하지는 않는다(Kim Kyoung-Dong. "Social Change and Social Integration in Korea: Some Theoretical Reflections"(Asian Perspective 15(2), 1991), pp.5-31; .Reflections upon the Dilemmas of Civilization: The Wisdom of Yin-Yang Dialectic" in Kyoung-Dong Kim and Hyun-Chin Lim, eds. East Meets West: Civilizational Encounters and the Spirit of Capitalism in East Asia. (Leiden: Brill, 2007), pp.13-33.

47) Lim Gil-Chin. "Asian-U.S. Relations: Politics, Economics and Culture" in Chow

and Cow(1977), pp.117-135; Therborn, Göran. "Europe and Asias: In the Global Political Economy and in the World as a Cultural System" in GöranTherborn and HabibulHaqueKhondker, ed(Asia and Europe in Globalization: Continents, Regions and Nations, 2006), pp.282-287; Mahbubani, Kishore. The New Asian Hemisphere: The Irresistible Shift of Global Power to the East(New York: Public Affairs, 2008).

48) Alatas, Syed Farid. Alternative Discourses in Asian Aocial Science(New Delhi, Thousand Oaks, CA, London: Sage Publications, 2006); Eisenstadt, Shmuel. N. Multiple Modernities(New Brunswick, NJ: Transaction Books, 2002); . Comparative Civilizations and Multiple Modernities. 2 Vols(Leiden: Brill, 2003).

49) Kim Kyoung-Dong. "Toward Culturally 'Independent' Social Science: The issue of Indigenization in East Asia" in Su-Hoon Lee, ed. Sociology in East Asia and Its Struggle for Creativity. (Madrid: International Sociological Association, 1996a), pp.63-72; Alatas, Syed Farid. Alternative Discourses in Asian Social Science(New Delhi, Thousand Oaks, CA, London: Sage Publications, 2006).

50) Kim Kyoung-Dong. "Confucianism and Capitalist Development in East Asia" in LesileSklair, ed. Capitalism and Capitalist Development. (London: Routledge, 1994), pp.87-106; Tu Weiming. Confucian Traditions in East Asian Modernity(Cambridge, MA: Harvard University Press, 1996); Bell, Daniel A. and HahmChaibong. Confucianism for the Modern World(Cambridge: Cambridge University Press, 2003);. "Confucianism and Modernization in East Asia: Theoretical Explorations" in Joseph Kreiner, ed. The Impact of Traditional Thought on Present-Day Japan. (Munchen: Iudicium-Verlag, 1996b), pp.49-69; 김경동, 『한국사회발전론』(파주: 집문당, 2002).

51) Elliot, Michael, "Commentary, Into the Unknown."(Time. August 10, 2009), pp.22-23.

52) 오성근·오진산·신보연, 『세계석학에게 듣는다』(서울: 사회평론, 1994).

53) Dore. Ronald. "How Democratic is Modern Japan?" in Kim Kyoung-Dong and Su-Hoon Lee(1990), pp.147-160.

공동체의 경계는 어디까지일까 | 이찬수

1) 니클라스 루만, 『사회의 사회 1』, 장춘익 옮김(새물결, 2015), pp.80-100 참조.
2) 한병철, 『에로스의 종말』, 김태환 옮김(문학과지성사, 2015), p.41.

3) 한병철, 위의 책, p.43.

4) 김상봉, 『서로주체성의 이념 - 철학의 혁신을 위한 서론』(길, 2007), p.288.

5) 김상봉, 위의 책, p.288.

6) 울리히 벡, 『자기만의 신』, 홍찬숙 옮김(길, 2013)이 이러한 관점을 반영한 대표적인 책이다.

7) 울리히 벡, 위의 책, 특히 p.101 참조.

8) 조철주, 「루만의 체계이론적 관점에서 본 계획의 한계와 대안적 사고」, 『한국지역개발학회지』 제25권 제5호, 한국지역개발학회(2013.12), p.4.

9) J. Wach, *Types of Religious Experience: Christian and Non-Christian*(The University of Chicago Press, 1951), chap.2에서 종교 '체험'의 특징과 그 '표현'상의 보편적 요소들에 대해 정리하고 있다.

10) 윌프레드 캔트웰 스미스, 『종교의 의미와 목적』, 길희성 옮김(분도출판사, 1991), pp.209-255, 특히 pp.211-212.

11) 브루스 링컨(Bruce Lincoln)의 종교 규정에 따른 것이다. 그에 의하면, 종교는 첫째 "인간적이고 일시적이며 우연적인 것을 넘어서는 것에 관심을 두며, 또한 스스로도 그런 초월적인 위상을 주장하는 담론", 둘째는 "종교적 담론과 관련되어 있고, 그 담론이 규정하는 올바른 세계와/세계나 올바른 인간 주체들을 산출하는 것을 목적으로 하는 실천들", 셋째는 "종교적 담론과 그에 수반되는 실천들에 근거하여 자신의 정체성을 구축하는 구성원들로 이루어진 공동체", 넷째는 "종교적 담론 · 실천 · 공동체를 규제하고 계속 생산하며, 필요에 따라 수정하는 동시에, 이런 것들이 영원한 타당성과 초월적 가치를 갖는다고 주장하는 제도"로 성되어 있다. 부르스 링컨, 『거룩한 테러』, 김윤성 옮김(돌베개, 2005), pp.30-33.

12) W. C. Smith, "Comparative Religion: Whither and Why?", Mircea Eliade and Joseph M. Kitagawa eds,, *The History of Religions: Essays in Methodology*(The University of Chicago Press, Chicago, 1959), pp.34-35, p.42.

13) 링컨은 종교의 성격을 규명하며 '최대주의(maximalism)'와 '최소주의(minimalism)'라는 개념을 사용한다. 최대주의가 세속에 대한 종교의 개입을 극대화하려는 시도라면, 최소주의는 종교를 특정한 형이상학적 관심들에 국한하려는 시도를 의미한다. 브루스 링컨, 앞의 책, pp.28-29, pp.132-133 참조.

14) 가령 한국의 경우 다양한 종교들이 공존해왔고 여전히 공존하고 있다. 한국의 전통 문화에 의식적으로 배타하는 기독교조차 실제로는 전통문화로부터 받은 영향이 크다. 유교적 사회 질서, 불교적 철학과 내세관, 도교 또는 무속적 민간 신앙 등은 한국인이 기독교 언어를 재해석하게 해주는 지평이다.

15) 종교근본주의에 대해서는 이찬수,「종교근본주의의 폭력적 구조」,『원불교사상과 종교문화』제63집, 원광대학교 원불교사상연구원(2015.3) 참조.

16) 윌프레드 캔트웰 스미스, 앞의 책, 제1장에서 '종교' 개념에 대한 이해의 변천사를 정리하며, 종교를 배타적(명사적) 체계로서가 아니라, 개방적(형용사적) 인간의 삶으로 볼 것을 주문한다.

17) 함민복,「꽃」,『모든 경계에는 꽃이 핀다』(창작과 비평사, 1995).

18) 카야노 도시히토,『국가란 무엇인가』, 김은주 옮김(산눈, 2010)에서 이러한 문제를 체계적으로 분석하고 있다. 특히 1장 참조.

19) 미셸 푸코,『정신의학의 권력』, 심재광 외 옮김(난장, 2014), 제3강 참조.

20) 울리히 벡, 앞의 책, p.201.

21) 막스 베버,『직업으로서의 정치』, 전성우 옮김(나남, 2007), p.9.

22) 발터 벤야민,「폭력비판을 위하여」,『발터 벤야민 선집 5』, 최성만 옮김(길, 2008), pp.119-131.

23) 쟈크 데리다,『법의 힘』, 진태원 옮김(문학과 지성사, 2004), p.79.

24) 질 들뢰즈 · 펠릭스 가타리,『천 개의 고원』, 김재인 옮김(새물결, 2001), pp.853-854.

25) 윌프레드 캔트웰 스미스,「성사적 상징으로서의 종교」, 김승혜 편저,『종교학의 이해』(분도출판사, 1986), pp.339-347.

26) 이반 일리히,『성장을 멈춰라: 자율적 공생을 위한 도구』, 이한 옮김(미토, 2003), p.13, p.44.

27) 프리드리히 니체,『짜라투스트라는 이렇게 말했다』, 정경석 옮김(삼성출판사, 1985), pp.71-72.

28) 로베르토 웅거,『주체의 각성』, 이재승 옮김(앨피, 2012), p.261.

29) 로베르토 웅거,『정치: 운명을 거스르는 이론』, 김정오 옮김(창비, 2015)의 서문(pp.19-39)과 역자 해제(pp.702-718)의 요약이다.

30) 로베르토 웅거,『주체의 각성』, p.401.

31) 로베르토 웅거, 위의 책, p.406.

32) 김학재,『판문점 체제의 기원』(후마니타스, 2015), p.22.

33) 장일규,「최치원의 삼교융합사상과 그 의미」,『신라사학보』제4집(2005), pp.251-259 참조.

34) 이찬수 외,『한국적 정신과 문화의 심층: 21세기의 겨레얼 읽기』(겨레얼살리기 국민운동본부, 2013), pp.44-47, pp.108-111.

35) 박태원,『원효의 십문화쟁론』(세창출판사, 2013), pp.25-30 및 제4장 참조.

36) 김태창 편저, 『상생과 화해의 공공철학』, 조성환 옮김(동방의 빛, 2010), p.11.

37) 똘레랑스는 프랑스 루이 15세, 17세의 억압과 그 결과로 생긴 프랑스 대혁명, 그에 대응하는 반혁명, 또 이어지는 반혁명을 거치며 공화국을 수립해가는 피의 역사 속에서 생겨난 관용의 정신이다. 하승우, 『희망의 사회 윤리 똘레랑스』(책세상, 2003), pp.38-41. 상대방을 인정함으로써, 즉 차이를 수용함으로써 자신의 존재성도 인정받게 된다는 엄연한 사실을 차이를 인정하지 못해 피를 흘리고 죽임 당하던 생생한 현장을 통해 체득해낸 정신인 것이다. 자기중심성의 자리에 타자를 받아들이고 그 목소리를 담는 자세인 똘레랑스는 공동주체성의 근간이라 할 수 있다. 필리프 사시에, 『왜 똘레랑스인가』, 홍세화 옮김(상형문자, 2000), p.227 참조.

동아시아 평화공동체의 구축을 향해　　　　　　　　　| 사나다 요시아키

1) 中村元, 『仏典のことば』(岩波現代文庫, 2004), p.15 이하.

2) 荒尾精, 「対清弁妄」, 『日清戦勝賠償異論』(書肆心水, 2015), p.134.

3) 荒尾精, 『前掲書』, p.165.

4) James Lorimer, The Institutes of the Law of Nations : A Treatise of the Jural Relations of Seperete Political Communities, vol.1, 1883, pp.101; 로리마의 国際法論에 대해서는 マジード・ハッドゥーリ原訳, 眞田芳憲 訳, 『イスラーム国際法 シャイバーニーのスイヤル 』, 「ヨーロッパ公法としての国際法とイスラーム国際法」(中央大学出版部, 2013), p.409 이하를 참조.

5) 山口縣 教育会 編, 『吉田松陰全集第四巻』(岩波書店, 1938), p.34.

6) 荒尾精의 사상과 행동 및 그 역사적 의의에 대해서는 眞田芳憲, 「戦後 70年에 부여되는 国家의 道義性–千百年 후 成就의 鴻基를 닦기 위해–」 『lila』 No.9(文理閣, 2015), p.212 이하.

7) 荒尾精, 『前掲書』, p.134-135.

8) 長谷川亮一, 『「皇国史観」という 問題: 十五年戦争期における 文部省의 修史事業と思想統制政策』(白澤社, 2008), p.38.

9) 岡倉天心, 夏野廣・森才子訳, 『東洋의 理想—特に日本의 美術について』, 色川大吉 責任編集, 『日本의 名著39』(1970), p.106.

10) 岡倉天心, 森才子訳, 『茶의 本』, 『日本의 名著39』, p.268.

11) 이러한 西洋優位의 歷史観에 기초한 「文明」観과 「文明国」観은 제2차 대전 후 소멸한 것처럼 보였으나, 지금 다시 죽음의 폐허에서 되살아나 「죽음의 文明」의 요괴가 되어 세계를 지배하고 있다. 「9·11 同時多発 테러 사건」 직후의 2002년 9

월 20일, 미 대통령 부시는 「이것은 미국의 싸움이 아니다. …文明의 싸움이다.
進步와 多元主義, 寬容과 自由를 믿는 모든 사람들과의 싸움이다」(This is not,
however, just America's fight. …This is civilization's fight. This is the fight of all
who believe in progress and pluralism, tolerance and freedom.) 라고 연설했다.
부시가 「文明의 싸움」(civilization's fight)이라 강조하고, 「文明」을 "civilization"이
라는 단수형으로 말할 때, 그의 「文明」은 「사람을 죽이는 文明」이자 「죽음의 文
明」이다. 단수형으로 말한 「文明」은 다원주의 및 관용과는 거리가 먼 허구이며
기만이나 마찬가지인 것이다. 眞田芳憲, 『이라크戰爭, 이슬람法과 무슬림』(中央
大学 出版部, 2004), p.50 이하.

12) 安重根, 『安重根자서전・동양평화론』(愛知宗教者九条의 모임, 2011), p.48,
p.56-57, p.59, p.64, p.88 이하, p.114 이하.

13) 荒尾精, 『前掲書』, p.70.

14) 鎌田慧, 『残夢 大逆事件を生き抜いた坂本清馬の生涯』(講談社文庫, 2015),
p.190 이하.

15) 『日本外交文書』40, p.464; 和田春樹, 「日露戦争と韓国併合」, 『동아시아近現代
通史 上』(岩波書店, 2014), p.90.

16) 徳冨健次郎, 『謀叛論』(岩波文庫, 1976), p.14, p.20.

17) 徳冨健次郎, 『前掲書』, p.24.

18) 柏木隆法・加藤善夫・亀田知明・松藤豊, 『大逆事件의 周辺』(論創社, 1980),
p.176.

19) 眞田芳憲, 「東北아시아 平和共同体의 構築과 倫理의 社会的・文化的 役割 및
使命」, 世界宗教者平和会議日本委員会編/山本俊正 監修, 『東北아시아平和共
同体構築을 위한 倫理的 課題와 実践方法』(アーユス森新書佼成出版社, 2014),
p.188.

20) 世界宗教者平和会議日本委員会編, 『WCRP』No.236, 1991年 1月 20日 p.4 이하

21) (財)世界宗教者平和会議日本委員会, 『第八回 WCRP世界大会〈報告〉』(佼成出
版社, 2008)

22) (公財)世界宗教者平和会議日本委員会, 『第九回 WCRP世界大会〈報告〉』(佼成
出版社, 2016)

23) (公財)世界宗教者平和会議日本委員会, 『第八回 アジア宗教者平和会議・報告
書』(佼成出版社, 2015)

24) ウィリアム・ベンドレイ, 「WCRP Religion for Peace について」, 『平和のための
宗教 対話と協力』第3号, 2009年 p.50 이하.

25) 眞田芳憲, 『前揭書』 (前出注(11)), pp.5~6. 영문 텍스트의 전문을 걸어 두도록 하겠다.

Love Your Adversary

Ljiljana Matkovic-Vlasic

Pray for that bastard?

No! God can"t expect me to do a thing like that!

I love my friends, I love meadows, the woods, the sea…

I"ll pray for plants and animals,

For when they die, our planet dies.

But to pray for that bastard and other trash?

Isn"t that too much to ask?

No, it"s too little.

How do you expect to change the world

If your love extends only to those who belong to you,

If your love creates camps?

We on one side, they on the other,

Friends on one side, enemies on the other?

You have no faith if that"s how you divide the world.

You have no faith, though you are baptized,

Though you go to mass on Sunday,

Though you give your old clothes to charity.

You have no faith, as long as you love only your friends.

The world does not change through you,

Everything remains the way it was,

And the Earth will die slowly from your love.

Yes, the adversary hinders your growth?

He has robbed you of your heritage,

He has settled on your land.

You can hear him laughing in your home, from which you have been driven away.

Yes, all this is true,

But you have no faith if you do not pray for him,

If you do not befriend him.

Only love such as this can change the world,

Build cities out of rubble,

Allow water to well up in deserts,

Make life come out of death.

And you will no longer see any enemies on your horizon.

Now you are like a phoenix arising from the ashes of your home,

And all will be made new, new, new.

신유교의 대동과 화합의 공동체 구상 　　　　　 | 신현승

1) "仁者以天地萬物爲一體, 莫非己也. 認得爲己, 何所不至? 若不有諸己, 自不與
己相干. 如手足不仁, 氣已不貫, 皆不屬己."『二程集』,「遺書」卷2 상(中華書局,
1981), p.15.

2) "學者須先識仁. 仁者渾然與物同體, 義禮智信皆仁也. 識得此理, 以誠敬存之而
已, 不須防檢, 不須窮索. 若心懈則有防, 心苟不懈, 何防之有? 理未有得, 故須窮
索. 存久自明, 安得窮索? 此道與物無對, 大不足以名之, 天地之用皆我之用. 孟子
言'萬物皆備於我', 須反身而誠, 乃爲大樂."『二程集』,「遺書」卷2 상(中華書局,
1981), p.17.

3) 陳來 지음,『송명성리학』, 안재호 옮김(예문서원, 2000) p.130.

4) "視天下無一物非我."『張載集』,「正蒙」,「大心」(中華書局, 1978), p.24.

5) "仁者, 天下之公, 善之本也."『近思錄』,「道體」.

6) "夫聖人之心, 以天地萬物爲一體, 其視天下之人, 無外內遠近, 凡有血氣, 皆其昆弟
赤子之親, 莫不欲安全而敎養之, 以遂其萬物一體之念. 天下之人心, 其始亦非有
異於聖人也, 特其間於有我之私, 隔於物欲之蔽, 大者以小, 通者以塞, 人各有心,
至有視其父子兄弟如仇讎者. 聖人有憂之, 是以推其天地萬物一體之仁以敎天下,
使之皆有以克其私, 去其蔽, 以復其心體之同然."『傳習錄』(中),「答顧東橋書」.

7) 김세정,「왕양명의 유기체적 大同社會와 親民정치론」,『동서철학연구』제34호
(한국동서철학회, 2004), p.231.

8) "人之所不學而能者, 其良能也, 所不慮而知者, 其良知也."「孟子」,「盡心上」.

9) 「傳習錄」(上),「徐愛錄」. "心自然會知. 見父自然知孝, 見兄自然知弟, 見孺子入井
自然知惻隱. 此便是良知, 不假外求."

10) 鄭甲任,「王陽明의 萬物一體論」(韓國精神文化院大學院 博士論文, 2002) p.141.

11) 정인재,『양명학의 정신』(세창출판사, 2014), p.217.

12) "公者, 所以體仁, 猶言克己復禮爲仁也. 蓋公則仁, 仁則愛. 孝悌其用也, 而恕其施
也, 知覺乃知之事." 李滉原著, 張基槿譯著,『退溪集』(明文堂, 2003) p.258.

13) "問仁, 克己復禮爲仁, 一日克己復禮, 天下歸仁焉. 爲仁由己, 而由人乎哉."『論語』,「顏然篇」.

14) "大人者以天地萬物爲一體者也. 其視天下猶一家, 中國猶一人焉. 若夫間形骸而分爾我者, 小人矣. 大人之能以天地萬物為一體也, 非意之也. 其心之仁本若是, 其與天地萬物而為一也, 豈惟大人, 雖小人之心, 亦莫不然, 彼顧自小之耳."『陽明全書』卷26,「大學問」.

15) 朴正心,「朴殷植 大同思想의 理念과 現實的 具現」,『東洋哲學硏究』第27輯(동양철학연구회, 2001), p.280.

16) "朱本思問, 人有虛靈, 方有良知. 若草, 木, 瓦, 石之頃, 亦有良知. 先生曰, 人的良知, 就是草, 木, 瓦, 石的真知, 若草, 木, 瓦, 石無人的良知, 不可以為草, 木, 瓦, 石矣. 豈惟草, 木, 瓦, 石為然, 天, 地無人的良知, 亦不可為天, 地矣. 蓋天, 地, 萬物與人原是一體, 其發竅之最精處, 是人心一點靈明, 風, 雨, 露, 雷, 日, 月, 星, 辰, 禽, 獸, 草, 木, 山, 川, 土, 石, 與人原只一體. 故五穀, 禽獸之類皆可以責人, 藥石之類皆可以療疾, 只為同此一氣, 故能相通耳."「傳習錄」(下),「黃省曾錄」.

17) 송영배,「강유위 인의 철학과 대동 유토피아」,『철학연구』제48집(고려대 철학연구소, 2013), p.91.

18) "不忍之心, 仁也. …旣有此不忍之心, 發之爲外, 卽爲不忍人之政. …故知一切仁政皆從不忍之心生, 爲萬化之海, 爲一切根, 爲一切源. …人道之仁愛, 人道之文明, 人道之進化, 至於太平大同, 皆從此出."康有爲,「大同書」.

19) "不忍人之心, 仁心也, 不忍人之政, 仁政也. 雖有內外體用之殊, 其爲道則一."康有爲,「大同書」.

20) "按先生之學이 致本心之良知하야 以同體萬物爲仁이라."「朴殷植全書」中,「王陽明實記」, p.63.

21) 「孔夫子誕辰紀念會講演」,「朴殷植全書」下, pp.59-60.

22) 정인재,『양명학의 정신』(세창출판사, 2014), pp.25-26.

23) 吳端,「譚嗣同의 인학에 나타난 변혁과 융합」,『윤리교육연구』제26집(한국윤리교육학회, 2011), p.193.

24) 梁啓超,「校刻劉陽譚氏仁學序」,『淸議報』2冊, 1898. 요시자와 세이치로 저, 정지호 옮김,『애국주의의 형성』(논형, 2006), p.198.

25) "仁從二從人, 相偶之義也. 元從二從儿, 儿古人字, 是亦仁也. '無'許說通元為'無', 是'無'亦從二從人, 亦仁也."譚嗣同,『仁學』,「自敍」.

26) 金永晉,「譚嗣同의 仁學과 佛學」,『韓國佛敎學』第42輯(韓國佛敎學會, 2005), pp.143-145.

27) 『譚嗣同全集』. "天與人不平等, 斯人與人愈不平等. 中國自絶地天通, 惟天子始得 祭天. 天子旣挾一天以壓制天下, 天下遂望天子儼然一天, 雖胥天下而殘賊之, 猶 以爲天之所命, 不敢不受." 譚嗣同, 『仁學』, 27章.

28) 裵永東, 「譚嗣同 仁學의 論理」, 『中國史硏究』 第11輯(中國史學會, 2000), pp.90-91.

29) "凡爲仁學者. 於佛書當通《華嚴》及心宗相宗之書; 於西書當通《新約》及算學格 致社會學之書; 於中國書當通《易》,《春秋公羊傳》,《論語》,《禮記》,《孟子》,《莊 子》,《墨子》,《史記》及陶淵明周茂叔張橫渠陸子靜王陽明王船山黃梨洲之書." 譚 嗣同, 「仁學」, 『請議報』, 第2册(1899. 1. 2).

30) 李賢馥, 「淸末 도덕 개혁의 一端-譚嗣同의 『仁學』을 중심으로-」, 『中國學論叢』 第35輯(韓國中國文化學會, 2012), pp.158-159.

31) "如以太者, 通天地萬物人我爲一身." 譚嗣同, 『仁學』, 卷上 3章.

32) 吳端, 「譚嗣同의 인학에 나타난 변혁과 융합」, 『윤리교육연구』 제26집(한국윤 리교육학회, 2011), p.197.

33) "熱在空氣之以太中, 恒欲漲而四出, 以漸減其本熱, 而熱諸無熱, 與之相劑於平, 以太爲其所漲, 依次而傳之." 譚嗣同, 「論電燈之益」, 『全集』, 下册.

34) 이명수, 「譚嗣同의 衝決網羅論」, 『哲學硏究』 35권(철학연구회, 1994), p.72.

35) 천샤오밍, 단스롄, 장융이 지음, 김영진 옮김, 『근대 중국사상사 약론』(그린비, 2008), pp.200-201.

36) 리쩌허우 지음, 임춘성 옮김, 『중국근대사상사론』(한길사, 2005), pp.333-335, p.405.

37) "通有四義, 中外通, 多取其義於《春秋》, 以太平世遠近大小若一故也. 上下通, 男 女內外通, 多取其義於《易》, 以陽下陰吉, 陰下陽咎, 泰否之類故也. 人我通, 多取 其義於佛經, 以"無人相, 無我相"故也." 譚嗣同, 『仁學』, 「仁學界說」, 二十七界說 (四).

38) 이명수, 「譚嗣同의 衝決網羅論」, 『哲學硏究』 35권(철학연구회, 1994), p.66.

39) 李明洙, 「『周易』의 自然觀과 譚嗣同의 通 사상」, 『동양철학연구』 제49집(동양 철학연구회, 2007), p.285.

40) "夫仁以太之用. 以天地萬物由之以生, 由之以通." 譚嗣同, 『仁學』, 『請議報』, 第3 册(1899. 1. 12).

41) "仁以通爲第一義. 以太也, 電也, 心力也, 皆指出所以通之具." 譚嗣同, 『仁學』, 『請議報』, 第3册(1899. 1. 2).

42) 李賢馥, 「淸末 도덕 개혁의 一端-譚嗣同의 『仁學』을 중심으로-」, 『中國學論叢』

第35輯(韓國中國文化學會, 2012), p.160.

43) 譚嗣同, 「仁學」 4章, 『譚嗣同全集』, p.296.

44) "通之義, 以道通爲一.", 譚嗣同, 『仁學』, 「仁學界說」, 二十七界說(三).

45) 裵永東, 「譚嗣同 仁學의 論理」, 『中國史研究』 第11輯(中國史學會, 2000), pp.106-107.

46) "仁爲天地萬物之源, 故唯心, 故唯識." 譚嗣同, 『仁學』, 「仁學界說」, 二十七界說(十一).

47) "通之象爲平等." 譚嗣同, 『仁學』, 「仁學界說」, 二十七界說(七).

48) "平等者, 致一之謂也. 一則通矣, 通則仁矣." 譚嗣同, 『仁學』, 「仁學界說」, 二十七界說(二四).

49) "至於原質之原, 則一以太而已矣." 譚嗣同, 『仁學』 11章.

50) 천샤오밍, 단스롄, 장융이 지음, 김영진 옮김, 『근대 중국사상사 약론』(그린비, 2008), pp.25~26.

51) "通商者相仁之道也, 兩利之道也. 客固利, 主尤利也. 西人商于中国, 以其货物仁我, 亦欲购我之货物以仁彼也." 譚嗣同, 『仁學』, 『湘議報』, 第12册(1899. 4. 20).

52) 李賢馥, 「淸末 도덕 개혁의 一端-譚嗣同의 『仁學』을 중심으로-」, 『中國學論叢』 第35輯(韓國中國文化學會, 2012), p.165.

53) 吳端, 「譚嗣同의 인학에 나타난 변혁과 융합」, 『윤리교육연구』 제26집(한국윤리교육학회, 2011), p.200.

1) 3. 남과 북은 군사적 적대관계를 종식시키고 한반도에서 긴장완화와 평화를 보장하기 위해 긴밀히 협력하기로 하였다. 남과 북은 서로 적대시하지 않고 군사적 긴장을 완화하며 분쟁문제들을 대화와 협상을 통하여 해결하기로 하였다. 남과 북은 한반도에서 어떤 전쟁도 반대하며 불가침의무를 확고히 준수하기로 하였다. 남과 북은 서해에서의 우발적 충돌방지를 위해 공동어로수역을 지정하고 이 수역을 평화수역으로 만들기 위한 방안과 각종 협력사업에 대한 군사적 보장조치 문제 등 군사적 신뢰구축조치를 협의하기 위하여 남측 국방부 장관과 북측 인민무력부 부장간 회담을 금년 11월중에 평양에서 개최하기로 하였다. 5. 남과 북은 민족경제의 균형적 발전과 공동의 번영을 위해 경제협력사업을 공리공영과 유무상통의 원칙에서 적극 활성화하고 지속적으로 확대 발전시켜 나가기로 하였다. 남과 북은 경제협력을 위한 투자를 장려하고 기초시설 확충과 자원개발을 적극 추진하며 민족내부협력사업의 특수성에 맞게 각종 우대조건과 특혜를

우선적으로 부여하기로 하였다. 남과 북은 해주지역과 주변해역을 포괄하는 서해평화협력특별지대를 설치하고 공동어로구역과 평화수역 설정, 경제특구건설과 해주항 활용, 민간선박의 해주직항로 통과, 한강하구 공동이용 등을 적극 추진해 나가기로 하였다. 남과 북은 개성공업지구 1단계 건설을 빠른 시일안에 완공하고 2단계 개발에 착수하며 문산-봉동간 철도화물수송을 시작하고, 통행 · 통신 · 통관 문제를 비롯한 제반 제도적 보장조치들을 조속히 완비해 나가기로 하였다. 남과 북은 개성-신의주 철도와 개성-평양 고속도로를 공동으로 이용하기 위해 개보수 문제를 협의 · 추진해 가기로 하였다. 남과 북은 안변과 남포에 조선협력단지를 건설하며 농업, 보건의료, 환경보호 등 여러 분야에서의 협력사업을 진행해 나가기로 하였다. 남과 북은 남북 경제협력사업의 원활한 추진을 위해 현재의 '남북경제협력추진위원회'를 부총리급 '남북경제협력공동위원회'로 격상하기로 하였다.

동아시아 안보공동체 | 서보혁

* 이 논문은 2010년 정부(교육과학기술부)의 재원으로 한국연구재단의 지원을 받아 수행된 연구임(NRF-2010-361-A00017)

1) 다만, 어떤 이슈를 특정해 말하거나 경제문제를 말할 때는 넓은 의미로도 사용한다.

2) http://www.kita.net/# (검색일: 2017. 3. 28)

3) 압도적으로 세계 최대의 군사비를 지출하고 있는 미국의 경우 9 · 11 이후 반테러전쟁 수행으로 군사비가 증가한 후 줄어들었는데, 트럼프 행정부 등장으로 다시 증가하고 있다. "Is America's Military Big Enough?," *The New York Times,* 2 March 2017.

4) *SIPRI Yearbook 2016, Summary,* p. 17. https://www.sipri.org/sites/default/files/YB16-Summary-ENG.pdf (검색일: 2017. 3. 28).

5) Karl Deutsch et al., *Political Community and the North Atlantic Area: International Organization in the Light of Historical Experience* (Princeton: Princeton University Press, 1957).

6) Emanuel Adler and Michael Barnett, *Security Communities* (Cambridge: Cambridge University Press, 1998).

7) Andrej Tusicisny, "Security Communities and Their Values: Taking Masses Seriously," *International Political Science Review* 28:4 (2007), pp. 425~449.

8) Michael Haas, "Comparing Regional Cooperation in Asia and the Pacific," *In Toward a World of Peace,* eds. Jeannette Mass and Robert Stewart (Suva, Fiji:

University of the South Pacific Press, 1986), pp. 149-168.

9) C. Weaver, "Black Sea Regional Security: Present Multipolarity and Future Possibilities," *European Security* 20:1 (2011), pp. 1-19.

10) 지효근, "동북아 다자안보협의체 구성 방안에 관한 연구: 유럽안보협력회의와 아세안 지역포럼 사례를 중심으로", 『군사논단』 제51호 (2007), pp. 127-132.

11) 김유남 · 노병렬, "동북아 안보레짐의 형성 및 가능성: 다자간 안보협의체와의 상호보완성 연구", 『국제정치논총』 제39집 1호 (1999), pp. 159-160, 167.

12) 이 절은 서보혁, "다자안보협력의 제도화 경로: C/OSCE의 경험과 동북아 적용 방안 연구", 『국제정치논총』 제49집 2호 (2009), pp. 20-23을 수정 보완한 것임.

13) 백종천, 『한반도 평화안보론』 (성남: 세종연구소, 2006), pp. 450-475; 조성렬, 『한반도 평화체제: 한반도 비핵화와 북한체제의 전망』 (파주: 푸른나무, 2007), pp. 79-86, 96-104.

14) 상하이협력기구 홈페이지, http://eng.sectsco.org/ (검색일: 2017. 3. 27).

15) 2년여 동안의 줄다리기 끝에 6자회담 참가국들이 4단계 회담 결과, 2005년 9월 19일 북한의 핵 포기와 대북 경제지원, 북미 · 북일 관계정상화 등을 상호주의 방식으로 추진하고 한반도 평화체제 수립과 동북아 안보협력도 추구한다는데 합의한 문서를 말한다.

16) ARF 홈페이지 http://aseanregionalforum.asean.org/ (검색일: 2015. 3. 28).

17) 당시 유럽 국가들 중 알바니아만 CSCE에 참가하지 않았다.

18) 중국의 반대로 대만이 참여하지 못할 가능성이 크다.

19) CSCE가 추진한 '헬싱키 최종의정서(Helsinki Final Act)'는 1972년 11월 협의를 시작해 1975년 8월 1일 헬싱키에서 미국, 소련을 포함한 35개국 정상들이 서명 해 채택됐다. 의정서는 3개의 바스켓(basket)으로 구성되었는데, 바스켓 I 은 참 가국 간 관계를 규율하는 10대 원칙과 안보문제, 바스켓 II 는 경제 · 과학 · 환경 문제, 바스켓 III은 인도주의 · 인권문제를 다루고 있다. 서보혁 편저, 『유럽의 평 화와 헬싱키 프로세스』 (서울: 아카넷, 2012) 참조.

20) Raymond L. Garthoff, *Detente and Confrontation: American-Soviet Relations from Nixon to Reagan* (Washington, D.C: The Brookings Institution, 1994).

21) 홍기준, "헬싱키 프로세스와 독일문제: 동북아 다자안보협력에 주는 함의," 한국 국제정치학회 연례학술회의 발표문 (서강대, 2007. 12. 7).

22) 1991년 12월 13일에 타결된 「남북 간의 화해와 불가침 및 협력교류에 관한 합의 서」(남북기본합의서) 전문에 남북한 "쌍방 사이의 관계가 나라와 나라 사이의 관계가 아닌 통일을 지향하는 과정에서 잠정적으로 형성되는 특수관계라는 것

을 인정"한다고 밝히고 있다.

23) 서보혁, "북-미관계 정상화의 국내정치적 제약: 국가정체성의 상호작용을 중심으로",『사회연구』제6권 (2003), pp. 225-256.

결국은 평화다 | 이찬수

1) 이찬수, "탈폭력적 폭력: 신자유주의 시대 폭력의 유형",『폭력이란 무엇인가』, 이문영(편)(파주: 아카넷, 2015), p. 110-115.

2) 요한 갈퉁, 강종일 외 옮김,『평화적 수단에 의한 평화』(서울: 들녘, 2000), p. 19-20, 88.

3) 아우구스티누스,『신국론』19권 13절. 빌헬름 얀센, 한상희 옮김,『코젤렉의 개념사 사전 5 평화』(서울: 푸른역사, 2010), p. 22-29 참조.

4)『제2차 바티칸 공의회 문헌』(서울: 한국천주교중앙협의회, 1990), p. 261.

5) 카야노 도시히토, 김은주 옮김,『국가란 무엇인가』(고양: 산눈, 2010)에서 이 문제를 잘 정리하고 있다. 특히 1장과 2장 참조.

6) 마르틴 하이데거, 전양범 옮김,『존재와 시간』(서울: 시간과 공간사, 1992), p. 87-89.

7) 피에르 부르디외, 김웅권 옮김,『파스칼적 명상』(서울; 동문선, 2001), p. 97-98.

8) 페르디낭 드 소쉬르, 최승언 옮김,『일반 언어학 강의』(서울: 민음사, 2006), p. 166.

9) 이찬수,『다르지만 조화한다 : 불교와 기독교의 내통』(서울: 모시는사람들, 2015), p. 208-211.

10) 라인홀드 니버, 이한우 옮김,『도덕적 인간과 비도덕적 사회』(서울: 문예출판사, 2009), p. 9-10.

11) 아브람 더 스반, 한신갑 외 옮김,『함께 산다는 것』(서울: 현암사, 2015), p. 16.

12) 데스몬드 투투, 홍종락 옮김,『용서 없이 미래 없다』(서울: 홍성사, 2009), p. 41-42.

13) 이찬수, "동학과 교토학파의 공공 논리",『근대 한국과 일본이 공공성 구상 1』, 박광수 외(성남: 한국학중앙연구원출판부, 2015), p. 164-167.

14) 히즈키아스 아세파,『경쟁적 정치·경제·사회 구조에서 평화와 화해의 새로운 패러다임』, 이재영 옮김, KAP, 2014, p. 17.

15) 에드워드 사이드, 김정하 옮김,『저항의 인문학』(서울: 마티, 2012), p. 74.

아시아란 무엇인가? | 김경동

강정인, 『서구중심주의를 넘어서』, 아카넷, 2004.

김경동, 『한국사회발전론』, 집문당, 2002.

오성근 · 오진산 · 신보연, 『세계석학에게 듣는다』, 사회평론, 1994.

Alatas, Syed Hussein, "The Captive Mind in Development Studies", *International Social Science Journal* 34(1), 1972.

Alatas, Syed Farid, *Alternative Discourses in Asian Social Science,* New Delhi, Thousand Oaks, CA, London: Sage Publications, 2006.

Amin, Samir, *Eurocentrism,* New York: Monthly Review Press, 1989.

Beck, Ulrich, Anthony Giddens, and Scott Lash, *Reflexive Modernizarion:Politics, Tradition and Aesthetics in the Modern Social Order,* Stanford, CA: Stanford University Press, 1994.

Bell, Daniel A. and Hahm Chaibong, *Confucianism for the Modern World,*Cambridge: Cambridge University Press, 2003.

Berger, Peter L. and Michael H. H. Hsiao, *In Search of an East Asian Development Model,* New Brunswick, NJ: Transaction Books, 1988.

Chirot. Daniel, *How Societies Change,* Thousand Oaks, CA: Pine Forge Press, 1994.

Chow, Paula K. and Gregory C. Chow, *Asia in the Twenty-First Century: Economic, Socio-Political, Diplomatic Issues,* Singapore, London: World Scientific, 1997.

Delanty, Gerard, *Inventing Europe,* London: Macmillan, 1995.

Duara, Prasenjit, "Of Authenticity and Woman: Personal Narratives of MiddleClass Women in Modern China"in W. H. Yeh, ed., *Becoming Chinese: Passages to Modernity and Beyond, 342-364,* Berkeley: University of California Press, 2002.

Eisenstadt, Shmuel. N., *Modernization: Protest and Change,* Englewood Cliffs, NJ: Prentice-Hall, 1966.

_____, *Multiple Modernities,* New Brunswick, NJ: Transaction Books, 2002.

_____, *Comparative Civilizations and Multiple Modernities,* 2 Vols. Leiden: Brill, 2003.

Elliot, Michael, "Commentary, Into the Unknown."*Time,* August 10, 2009.

Fukuyama, Francis. "Asian Values and the Asian Crisis."*Commentary*, February, 1998.

Hall, Stuart, David Held, Don Huber, and Kenneth Thompson, *Modernity: An Introduction to Modern Societies,* Cambridge, MA: Blackwell, 2006.

Harrison, David, *The Sociology of Modernization and Development,* London: Unwin, 1988.

Hitchcock, David I., *Asian Values and the United States: How Much Conflict?* Washington, DC: Center for Strategic and International Studies, 1994.

Katzensterin, Peter J., *A World of Regions: Asia and Europe in the American Imperium,* Ithaca, NY and London: Cornell University Press, 2005.

Kim Kyong-Dong, "Social Change and Social Integration in Korea: Some Theoretical Reflections"*Asian Perspective* 15(2), 1991.

_____, "Confucianism and Capitalist Development in East Asia"in Leslie Sklair, ed., *Capitalism and Development,* London: Routledge, 1994.

_____, "Toward Culturally 'Independent'Social Science: The Issue of Indigenization in East Asia"in Su-Hoon Lee, ed., *Sociology in East Asia and Its Struggle for Creativity,* Madrid: International Sociological Association, 1996a.

_____, "Confucianism and Modernizaation in East Asia: Theroetical Explorations,"in Joseph Kreiner, ed., *The Impact of Traditional Thought on Present-Day Japan,* Munchen: Iudicium-Verlag, 1996b.

_____, "Reflections upon the Dilemmas of Civilization: The Wisdom of YinYang Dialectics", in Kyong-Dong Kim and Hyun-Chin Lim, eds., *East Meets West: Civilizational Encounters and the Spirit of Capitalism in East Asia,* Leiden: Brill, 2007.

_____, "Selective Modernization and Alernative Modernities: In Search of an Alternative Theory"*National Academy of Sciences Journal of Humanities and Social Sciences* 47(2), 2008.

Kim Kyong-Dong and Su-Hoon Lee, *Asia in the 21st Century: Challenges and Prospects*, Seoul: Panmun Book Co., 1990.

Korea University, *Report: International Conference on the Problems of Modernization in Asia,* Seoul: Asiatic Research Center, Korea University, 1965.

Kreiger, Silke and Rolf Trauzettel, *Confucianism and the Modernization of China,* Mainz: v. Hase & Koehler Verlag, 1991.

Logan, Robert, *The Alphabet Effect: The Effect of the Phonetic Alphabet on the Development of Western Civilization,* New York: William Morrow, 1989.

MacFarquhar, Roderick, "The Post-Confucian Challenge."*The Economist,* February, 1980.

Mahbubani, Kishore, *Can Asians Think?*(3rd ed.), Singapore: Time Editions, 2004.

_____, *The New Asian Hemisphere: The Irresistible Shift of Global Power to the East,* New York: Public Affairs, 2008.

Northrop, F. S. C., *The Meeting of East and West: An Inquiry Concerning World Understanding,* Woodbridge, CT: Ox Bow Press, [1946]1979.

Nelson, Benjamin, "On Orient and Occident in Max Weber."in Peter Hamilton, ed., *Max Weber: Critical Assessments 1,* Volume III, 96-106, London: Routledge, 1991.

Parsons, Talcott, *The Social System,* Glencoe, IL: The Free Press, 1951.

Pyle, Kenneth B., *The New Generation in Meiji Japan: Problems of Cultural Identity,* Stanford, CA: Stanford University Press, 1969.

Ringmar, Erik, *The Mechanics of Modernity in Europe and East Asia: The Institutional Origins of Social Change and Stagnation,* London and New York: Routledge, 2005.

Sachsenmaier, Dominic, Jens Riedel, and Shmuel N. Eisenstadt, *Reflections on Multiple Modernities: European, Chinese and Other Interpretations,* Leiden: Brill, 2002.

Said, Edward, *Orientalism,* New York: Vintage Books, 1978.

So, Alvin Y., *Social Change and Development: Modernization, Dependency, and World System Theories,* London: Sage Publications, 1990.

Tiryakian, Edward A., "The Global Crisis as an Interregnum of Modernity"in Edward A. Tiryakian, ed., *The Global Crisis: Sociological Analysis and Responses,* Leiden: Brill, 1984.

_____, "The Changing Centers of Modernity."in E. Cohen, M. Lissak and U. Almagor, ed., *Comparative Social Dynamics: Essays in Honor of S. N.Eisenstadt,* Boulder, CO: Westview, 1985.

Therborn, Göran, "Europe and Asias: In the Global Political Economy, and in

the World as a Cultural System."in Göran Therborn and Habibul Haque
    Khondker, ed. *Asia and Europe in Globalization: Continents, Regions and*
    Nations, Leiden: Brill, 2006.
Tu Weiming, *Confucian Traditions in East Asian Modernity,* Cambridge, MA:
    Harvard University Press, 1996.
_____, "Family, Nation and the World: The Global Ethic as a Modern Confucian
    Quest", Paper presented at the International Conference on The Challenge of
    the 21st Century: The Response of the Eastern Ethics, organized by the Asian
    Foundation, Seoul, Korea, 1997.
_____, "Implications of the Rise of 'Confucian'East Asia."*Daedalus* 129(1), 2002.
Wittfogel, Karl, *Oriental Despotism: A Comparative Study of Total Power,* New
    Haven, CT: Yale University Press, [1957] 1981.
Zakaria, Fareed, "Culture is Destiny: A Conversation with Lee Kuan Yew." *Foreign*
    Affairs, 73(2), 1994.

공동체의 경계는 어디까지일까 | 이찬수

김상봉, 『서로주체성의 이념 - 철학의 혁신을 위한 서론』, 길, 2007.
김승혜 편저, 『종교학의 이해』, 분도출판사, 1986.
김태창 편저, 조성환 옮김, 『상생과 화해의 공공철학』, 동방의 빛, 2010.
김학재, 『판문점 체제의 기원』, 후마니타스, 2015.
니클라스 루만, 장춘익 옮김, 『사회의 사회 1』, 새물결, 2012.
로베르토 웅거, 이재승 옮김, 『주체의 각성』, 앨피, 2012.
로베르토 웅거, 김정오 옮김, 『정치: 운명을 거스르는 이론』, 창비, 2015.
막스 베버, 전성우 옮김, 『직업으로서의 정치』, 나남, 2007.
미셸 푸코, 심재광 외 옮김, 『정신의학의 권력』, 난장, 2014.
박태원, 『원효의 십문화쟁론』, 세창출판사, 2013.
발터 벤야민, 최성만 역, "폭력비판을 위하여", 『발터 벤야민 선집 5』, 길, 2008.
부르스 링컨, 김윤성 옮김, 『거룩한 테러』, 돌베개, 2005.
울리히 벡, 홍찬숙 옮김, 『자기만의 신』, 길, 2013.
윌프레드 캔트웰 스미스, 길희성 옮김, 『종교의 의미와 목적』, 분도출판사, 1991.
이반 일리히, 이한 옮김, 『성장을 멈춰라: 자율적 공생을 위한 도구』, 미토, 2003.
이찬수 외, 『한국적 정신과 문화의 심층』, 겨레얼살리기국민운동본부, 2013.
이찬수, "종교근본주의의 폭력적 구조", 『원불교사상과 종교문화』(제63집),

원광대학교 원불교사상연구원, 2015.3.

자크 데리다, 진태원 옮김, 『법의 힘』, 문학과 지성사, 2004.

장일규, "최치원의 삼교융합사상과 그 의미", 『신라사학보』(제4집), 신라사학회, 2005.8.

조철주, "루만의 체계이론적 관점에서 본 계획의 한계와 대안적 사고", 『한국지역 개발학회지』(제25권 제5호), 한국지역개발학회, 2013.12.

질 들뢰즈·펠릭스 가타리, 김재인 옮김, 『천 개의 고원』, 새물결, 2001.

카야노 도시히토, 김은주 옮김, 『국가란 무엇인가』, 산눈, 2010.

프리드리히 니체, 정경석 옮김, 『짜라투스트라는 이렇게 말했다』, 삼성출판사, 1985.

필리프 사시에, 홍세화 옮김, 『왜 똘레랑스인가』, 상형문자, 2000.

하승우, 『희망의 사회 윤리 똘레랑스』, 책세상, 2003.

한병철, 김태환 옮김, 『에로스의 종말』, 문학과지성사, 2015.

Smith, W. C., "Comparative Religion: Whither and Why?", Mircea Eliade and Joseph M. Kitagawa eds,, *The History of Religions: Essays in Methodology,* The University of Chicago Press, Chicago, 1959.

Wach, J., *Types of Religious Experience: Christian and Non-Christian,* The University of Chicago Press, Chicago, 1951.

| 동아시아 평화공동체의 구축을 향해 | 사나다 요시아키 |

中村元, 『仏典のことば』, 岩波現代文庫, 2004.

荒尾精, 「対清弁妄」, 『日清戦勝賠償異論』, 2015(書肆心水所収)

山口県教育会編, 『吉田松陰全集第四巻』, 岩波書店, 昭和13.

眞田芳憲, 「戦後70年に問われる国家の道義性—千百年の後に成就するの鴻基を 開くは—」, 『リーラー』No. 9, 文理閣, 2015.

———, 『イラク戦争 イスラーム法とムスリム』, 中央大学出版部, 2004.

———, 「東北アジア平和共同体の構築と倫理の社会的·文化的役割と使命」, 世 界宗教者平和会議日本委員会編, 山本俊正 監修, 『東北アジア平和共同体 構築のための倫理的課題と実践方法』, 佼成出版社, 2014.

長谷川亮一, 『「皇国史観」という問題: 十五年戦争期における文部省の修史事業 と思想統制政策』, 白澤社, 2008.

徳冨健次郎, 『謀反論』, 岩波文庫, 1976.

岡倉天心·夏野廣·森才子訳, 『東洋の理想—特に日本の美術について』, 色川大吉

責任編集, 『日本の名著39』, 昭和45.

安重根, うのていを訳, 『安重根自叙伝・東洋平和論』, 愛知宗教者九条の会, 2011.

鎌田慧, 『残夢 大逆事件を生き抜いた坂本清馬の生涯』, 講談社文庫, 2015.

『日本外交文書』40.

和田春樹, 「日露戦争と韓国併合」, 『東アジア近現代通史上』, 岩波書店, 2014.

柏木隆法・加藤善夫・亀田知明・松藤豊, 『大逆事件の周辺』, 論創社, 1980.

世界宗教者平和会議日本委員会, 『WCRP』, No.236, 1991年 1月 20日.

―――, 『第八回 WCRP世界大会〈報告〉』, 佼成出版社, 2008.

―――, 『第九回 WCRP世界大会〈報告〉』, 佼成出版社, 2016.

―――, 『第八回 アジア宗教者平和会議・報告書』, 佼成出版社, 2015.

ウィリアム・ペンドレイ, 「WCRP レリジョンズ・フォー・ピースについて」, 『平和のための宗教 対話と協力』, 第3号, 2009.

James Lorimer, *The Institutes of the Law of Nations : A Treatise of the Jural Relations of Separate Political Communities*, vol.1, 1883.

Yoshiaki SANADA, "Reconciliation Through Loving Your Adversary", *DHRMA WORLD,* Jul.-Aug.2004, vol.31.

신유교의 대동과 화합의 공동체 구상　　　　　│ 신현승

『孟子』.

『論語』.

「傳習錄」.

『近思錄』.

康有爲, 「大同書」.

『二程集』, 中華書局, 1981.

『張載集』, 中華書局, 1978.

王陽明, 『陽明全書』, 中華書局, 1936.

蔡尙思, 方行編, 『譚嗣同全集』(上下冊), 北京:中華書局, 1981.

李滉原著, 張基槿譯著, 『退溪集』, 明文堂, 2003.

리쩌허우 지음, 임춘성 옮김, 『중국근대사상사론』, 한길사, 2005.

정인재, 『양명학의 정신』, 세창출판사, 2014.

陳正炎・林其錟 저, 李成珪 역, 『중국의 유토피아 사상』, 지식산업사, 1993.

윤사순, 『한국유학사-한국유학의 특수성 탐구(下)』, 지식산업사, 2012.

요시자와 세이치로 저, 정지호 옮김, 『애국주의의 형성』, 논형, 2006.

陳來 지음, 안재호 옮김, 『송명성리학』, 예문서원, 2000.

천샤오밍, 단스롄, 장융이 지음, 김영진 옮김, 『근대 중국사상사 약론』, 그린비, 2008.

吳錫源, 「儒教의 大同社會와 平和精神」, 『儒教思想研究』 제11집, 한국유교학회, 1999.

鄭甲任, 「王陽明의 萬物一體論」, 韓國精神文化院大學院 博士論文, 2002.

김세정, 「왕양명의 유기체적 大同社會와 親民정치론」, 『동서철학연구』 제34호, 한국동서철학회, 2004.

朴正心, 「朴殷植 大同思想의 理念과 現實的 具現」, 『東洋哲學研究』 第27輯, 동양철학연구회, 2001.

金成潤, 「조선시대 大同社會論의 수용과 전개」, 『朝鮮時代史學報』 제30집, 조선시대사학회, 2004.

李賢馥, 「清末 도덕 개혁의 一端-譚嗣同의 仁學을 중심으로-」, 『中國學論叢』 第35輯, 韓國中國文化學會, 2012.

이명수, 「譚嗣同의 衝決網羅論」, 『哲學研究』 35권, 철학연구회, 1994.

李明洙, 「『周易』의 自然觀과 譚嗣同의 通 사상」, 『동양철학연구』 제49집, 동양철학연구회, 2007.

金永晉, 「譚嗣同의 仁學과 佛學」, 『韓國佛教學』 第42輯, 韓國佛教學會, 2005.

吳端, 「譚嗣同의 인학에 나타난 변혁과 융합」, 『윤리교육연구』 제26집, 한국윤리교육학회, 2011.

裵永東, 「譚嗣同 仁學의 論理」, 『中國史研究』 第11輯, 中國史學會, 2000.

송영배, 「강유위 인의 철학과 대동 유토피아」, 『철학연구』 제48집, 고려대 철학연구소, 2013.

안중근과 동북아 평화공동체의 모색 | 김대식

김경일, 『제국의 시대와 동아시아 연대』, 창비, 2011.

김동원, "안중근의 천주교 신앙과 사상적 성격", 안중근의사기념사업회 편, 『안중근 연구의 성과와 과제』, 채륜, 2010.

김상준, "비서구 민주주의: 또 하나의 가능성", 『실천문학』, 2012년 여름, 통권 106호.

김승국, 『한반도 중립화 통일의 길』, 한국학술정보, 2010.

"남북관계 발전과 평화번영을 위한 선언", 위키백과.

다니엘 게렝, 하기락 옮김, 『현대 아나키즘』, 도서출판 신명, 1993.

데이비드 그레이버, 나현영 옮김, 『아나키스트 인류학의 조각들』, 포도밭출판사, 2016.

리처드 번스타인, 김선욱 옮김, 『한나 아렌트와 유대인 문제』, 아모르문디, 2009.

박도, 『영웅 안중근』, 눈빛출판사, 2010.

박세일 · 나성린 · 신도철 공편, 『공동체 자유주의』, (주) 나남, 2009.

박홍규, 『누가 아렌트와 토크빌을 읽었다 하는가』, 글항아리, 2008.

박환, 『민족의 영웅, 시대의 빛 안중근』, 도서출판 선인, 2013.

샹탈 무페, 이보경 옮김, 『정치적인 것의 귀환』, 후마니타스, 2007.

사이토 타이켄, 이송은 옮김, 『내 마음의 안중근』, 집사재, 2002.

신성국, 『의사 안중근(도마)』, 지평, 1999.

신운용, "안중근 의거의 사상적 배경", 안중근의사기념사업회편, 『안중근과 그 시대』, 경인문화사, 2009.

안중근, 『안중근 의사 자서전』, 사단법인 안중근의사 숭모회, 1979.

안중근의사기념사업회 편, 『안중근과 그 시대』, 경인문화사, 2009.

안중근의사기념사업회 편, 『안중근과 동양평화론』, 채륜, 2010.

안중근의사기념사업회 안중근연구소 편, 『안중근과 한국근대사』, 채륜, 2009.

안중근 · 하얼빈학회, 『영원히 타오르는 불꽃』, 지식산업사, 2010.

유병용 외 공저, 『근현대 민족주의 정치사상』, 경인문화사, 2009.

윤병석 편역, 『안중근 문집』, 독립기념관 한국독립운동사연구소, 2011.

윤병석, 『안중근 연구』, 국학자료원, 2011.

임경석, "한나 아렌트, 탈정치화(Entpolitisierung)와 삶의 형태로서의 정치(Politik als Lebensform), 홍원표 외 지음, 『한나 아렌트와 세계사랑』, 인간사랑, 2009.

임마누엘 칸트, 이한구 옮김, 『영구 평화론: 하나의 철학적 기획』, 서광사, 2008.

전수홍, "안중근 사건의 신학적 고찰", 안중근의사기념사업회 편, 『안중근 연구의 성과와 과제』, 채륜, 2010.

정다훈, 『평화무임승차자의 80일』, 서해문집, 2016.

토마스 아퀴나스, 최이권 역주, 『신학대전(법신학의 정초: 법률편)』, 법경출판사, 1993.

한나 아렌트, 김선욱 옮김, 『정치의 약속』, 도서출판 푸른숲, 2008.

황종렬, 『신앙과 민족의식이 만날 때』, 분도출판사, 2000.

황종렬, 『안중근 토마스』, 대구가톨릭대학교출판부, 2013.

고유환, "동북아 안보협력과 한반도 평화체제 구축", 『북한연구학회보』제7권 제2호, 2003.

김병로, 『북한인권문제와 국제협력』, 민족통일연구원, 1997.

김유남·노병렬, "동북아 안보레짐의 형성 및 가능성: 다자간 안보협의체와의 상호보완성 연구", 『국제정치논총』제39집 1호, 1999.

박인휘, "안보개념 및 협력이론의 구축: 이론적 분석과 유럽의 사례", 헬싱키 프로세스의 역사적 복원과 동북아 적용가능성에 관한 연구 학술회의 발표문(이화여대, 2008. 5. 2).

백종천, 『한반도 평화안보론』, 세종연구소, 2006.

서보혁, "헬싱키 틀의 성립 배경: 미국, 소련, 서유럽의 삼각관계에서 미국의 역할", 헬싱키 프로세스의 역사적 복원과 동북아 적용가능성에 관한 연구 학술회의 발표문(이화여대, 2008. 5. 2).

이승근, "유럽안보협력회의(CSCE) 발전과정에서의 양대정책: 헬싱키회담에서 파리협정까지 미국과 프랑스의 유럽전략을 중심으로", 『세계지역연구논총』제12집, 1998.

이영기, "통일문제연구 프로젝트: 동아시아에 있어서 CSCE 모델의 유용성", 『평화연구』제3호, 1994.

이인배, "제도와 행위자간의 상호작용에 관한 연구: '다자간 협력안보' 사례로서 CSCE를 중심으로", 『국제정치논총』제41집 제1호, 2001.

이장희, "Helsinki '인권규정'이 분단국가에 주는 의미", 『통일문제연구』제1권 제3호, 1989.

이철기, "동북아다자간안보협력의 필요성과 가능성: 동북아안보와 한반도문제간의 관련성을 중심으로", 『한국정치학회보』28집 2호, 1994.

조성렬, 『한반도 평화체제: 한반도 비핵화와 북한체제의 전망』, 푸른나무, 2007.

지효근, "동북아 다자안보협의체 구성 방안에 관한 연구: 유럽안보협력회의와 아세안 지역포럼 사례를 중심으로", 『군사논단』제51호, 2007.

허만호, "'나선형 5단계론'으로 본 북한의 인권정책: 헬싱키 프로세스의 적용", 『국방연구』제51권 제1호, 2008.

홍기준, "안보레짐의 형성: CSCE/OSCE의 사례연구", 『국제정치논총』제38집 1호, 1998.

_____, "유럽통합의 경로의존성과 창발성", 『국제정치논총』제48집 4호, 2008.

_____, "헬싱키 프로세스와 독일문제: 동북아 다자안보협력에 주는 함의", 한국국

제정치학회 학술회의 발표문(서강대, 2007. 12. 7).

Bloed, Arie ed., *The Conference on Security and Co-operation in Europe: Analysis and Basic Documents, 1972-1993*. London: Kluwer Academic Publishers, 1993.

Chizhov V. et al., "Helsinki 30 Years Later."*International Affairs: A Russian Journal of World Politics, Diplomacy & International Relations* 51-5, 2005.

Cohen, Robertta, "Talking Human Rights with North Korea."*Washington Post*. August 30, 2004.

Fry, John, *The Helsinki Process: Negotiating Security and Cooperation in Europe*. Honolulu: University Press of the Pacific, 2003.

Garthoff, Raymond L., *Detente and Confrontation: American-Soviet Relations from Nixon to Reagan*. Washington, D.C.: The Brookings Institution, 1994.

Griffiths, Martin, Terry O'Callaghan, Steven C. Roach, *International Relations: The Key Concepts*. New York: Routledge, 2008.

Jervis, Robert, "Security Regimes."*International Organization* 36-2, 1982.

Keohane, Robert O., *International Institutions and State Power: Essays in International Theory*. Boulder: Westview Press, 1989.

Lee, Seung-Keun, "The Experience of the CSCE/OSCE: Its Implications for the Establishment of a Multilateral Security Regime in Northeast Asia." 『유럽연구』제19권, 2004.

Mahoneym, James, "Path dependence in historical sociology."*Theory and Society* 29, 2000.

Maresca, John J., *To Helsinki: The Conference on Security and Cooperation in Europe 1973-1975*. London: Duke University Press, 1987.

Mastny, Vojtech, *Helsinki, Human Rights, and European Security: Analysis and Documentation*. Durham: Duke University Press, 1986.

OSCE ODIHR, *OSCE Human Dimension Commitments 2,* Warsaw: OSCE ODIHR, 2005.

Pierson, Paul, "Increasing returns, path dependence, and the study of politics."*American Political Science Review* 94, 2000.

Thomas, Daniel C., *The Helsinki Effect: International Norms, Human Rights, and the Demise of Communism*. Princeton, NJ.: Princeton University Press, 2001.

김태창 편, 조성환 옮김, 『화해와 상생의 공공철학』, 동방의 빛, 2010.

데스몬드 투투, 홍종락 옮김, 『용서 없이 미래 없다』, 홍성사, 2009.

디터 젱하스, 이은정 옮김, 『문명 내의 충돌』, 문학과 지성사, 2007.

디터 젱하스, 김민혜 옮김, 『지상의 평화를 위하여』, 아카넷, 2016.

라인홀드 니버, 이한우 옮김, 『도덕적 인간과 비도덕적 사회』, 문예출판사, 2009.

르네 지라르, 김진식 옮김, 『나는 사탄이 번개처럼 떨어지는 것을 보았다』, 문학과
　　　　지성사, 2004.

마르틴 하이데거, 전양범 옮김, 『존재와 시간』, 시간과 공간사, 1992.

박광수 외, 『근대 한국과 일본이 공공성 구상 1』, 한국학중앙연구원출판부, 2015.

빌헬름 얀센, 한상희 옮김, 『코젤렉의 개념사 사전 5 평화』, 푸른역사, 2010.

서울대학교통일평화연구원 편, 『평화인문학이란 무엇인가』, 아카넷, 2013.

아브람 더 스반, 한신갑 외 옮김, 『함께 산다는 것』, 현암사, 2015.

에드워드 사이드, 김정하 옮김, 『저항의 인문학』, 마티, 2012.

요한 갈퉁, 강종일 외 옮김, 『평화적 수단에 의한 평화』, 들녘, 2000.

이리에 아키라, 이종국 외 옮김, 『20세기의 전쟁과 평화』, 을유문화사, 1999.

이문영 편, 『폭력이란 무엇인가』, 아카넷, 2015.

이찬수, 『다르지만 조화한다 : 불교와 기독교의 내통』, 모시는사람들, 2015.

임마누엘 칸트, 오진석 옮김, 『영원한 평화를 위하여』, 도서출판 b. 2011.

존 힉, 김장생 옮김, 『신과 인간, 그리고 악의 종교철학적 이해』, 열린책들, 2007.

지그문트 바우만 외, 최호영 옮김, 『도덕적 불감증』, 책읽는수요일, 2015.

카야노 도시히토, 김은주 옮김, 『국가란 무엇인가』, 산눈, 2010.

페르디낭 드 소쉬르, 최승언 옮김, 『일반 언어학 강의』, 민음사, 2006.

피에르 부르디외, 김웅권 옮김, 『파스칼적 명상』, 동문선, 2001.

피에르 부르디외, 김현경 옮김, 『언어와 상징권력』, 나남출판, 2014.

한국천주교중앙협의회, 『제2차 바티칸 공의회 문헌』, 한국천주교중앙협의회, 1990.

히즈키아스 아세파, 『경쟁적 정치 · 경제 · 사회 구조에서 평화와 화해의 새로운
　　　　패러다임』, 이재영 옮김, KAP, 2014.

Boutros-Ghali, Boutros, *Agenda for Peace,* NewYork: UN Publication, 1996.

Johan Galtung, "Violence, Peace and Peach Research", *Journal of Peace Research,*
　　　　No. 3, 1969.

정준곤_ 원아시아재단(One Asia Foundation) 수석연구원 및 메이지대학 강사. 일본 메이지대학에서 정치학으로 박사학위를 받았으며, 전공 분야는 비교정치론, 동아시아정치론, 아시아공동체론이다. 전 세계를 두루 다니며 아시아 공동체의 정립을 위한 연구와 강연을 하고 있다. 『戦後の政治過程におけるデモクラシーの変容と特質』를 비롯해, 『韓国現代政治入門』(공저), 『世界から見たアジア共同体』(공저), 『アジアの地域統合を考える―戦争をさけるために―』(공저), 『アジア共同体の創成に向かって』(공편저) 등의 책을 썼다.

김경동_ 서울대학교 명예교수 및 대한민국학술원 회원. 미국 코넬대학에서 박사학위를 받은 뒤, 서울여대, 서울대, North Carolina State University에서 가르쳤고, 한국사회학회장, 서울대 사회과학연구소장 등을 역임했다. 『자발적 복지사회』, 『한국사회발전론』, 『현대의 사회학』, 『한국사회변동론』, 『인간주의사회학』, East Meets West: Civilizational Encounters and the Spirit of Capitalism in East Asia, Social Change in Korea 외 다수의 저서를 썼다. 세계인명사전인 Marquis Who's Who in the World 2010, Who's Who in the 21st Century(Cambridge, UK: International Biographical Centre) 등에 등재되었다.

이찬수_ 서울대학교 통일평화연구원 HK연구교수. 서강대학교 종교학과에서 박사학위를 받았고, 강남대 교수, (일본)코세이가쿠린 객원교수, (일본)중앙학술연구소 객원연구원 등을 지냈다. 종교평화학의 정립을 위한 연구를 하면서, 『종교로 세계 읽기』, 『다르지만 조화한다 불교와 기독교의 내통』, 『평화와 평화들』, 『평화인문학이란 무엇인가』(공저), 『녹색평화란 무엇인가』(공저), 『재난과 평화』(공저), 『폭력이란 무엇인가』(공저), 『근대 한국과 일본의 공공성 구상』(공저) 외 다수의 책과 논문을 썼다.

사나다 요시아키(真田芳憲)_ (일본)주오(中央)대학 명예교수. 주오대학 법학연구과 박사과정을 수료한 뒤, 주오대학 법학부 교수 및 법학부장을 지냈고, (중국)정법대학 비교법연구소 객원교수, 일본 비교법연구소 소장, 법문화학회 이사장, 지

역문화학회 이사장, 호주여학원정보국제전문학교 교장 등을 역임했다. 전공은 로마법, 비교법학, 이슬람법, 법윤리학이며, 현재 WCRP일본위원회 평화연구소 소장으로 봉사하고 있다. 『法学入門』, 『イスラーム法の精神』, 『日本人のためのイスラーム入門』, 『사람이 사람을 심판할 수 있는가』(한국어), 『平和の課題と宗教』(공저), 『叡智: テロを超える宗教の力』(공저) 등을 비롯해 다수의 책과 논문을 썼다.

신현승_ 상지대학교 교양과 조교수. 중국 천진사범대학에서 정치사상 전공으로 석사학위를, 일본 동경대학에서 동아시아 사상문화 전공으로 다시 석사학위 및 박사학위를 받았다. 성균관대 동아시아학술원 선임연구원, 고려대 아세아문제연구소 HK연구교수 등을 지냈다. 그동안 동양철학과 동아시아 사상문화 전반에 대해 관심을 가지면서, 『제국 지식인의 패러독스와 역사철학』(저서), 『한국을 다시 묻다』(공저), 『선비정신과 한국사회』(공저), 『송학의 형성과 전개』(역서), 『사대부의 시대』(역서), 『청년 모택동』(역서), 『잔향의 중국철학』(역서), 『삼국지의 세계』(공역), 『성전의 아이코노그래피』(공역) 외 다수의 책과 논문을 썼다.

김대식_ 종교학과 철학으로 각각 박사학위를 받았다. 현재 비정규직 대학 강사로 있으면서 종교문화연구원 연구위원, 함석헌평화연구소 부소장으로 활동하고 있다. 지은 책으로는 『영성, 우매한 세계에 대한 저항』, 『함석헌의 철학과 종교 세계』, 『함석헌과 종교문화』, 『종교근본주의: 비판과 대안』(공저), 『식탁의 영성』(공저), 『칸트철학과 타자인식의 해석학』, 『함석헌의 생철학적 징후들』, 『함석헌과 이성의 해방』 등이 있다. 주요 관심분야는 함석헌의 철학과 사상, 로자 룩셈부르크의 사회주의 해석, 현상학적 인식론과 존재론, 환경철학과 정치미학, 아나키즘의 담론과 실천, 해체구성적 종교이다.

서보혁_ 서울대학교 통일평화연구원 HK연구교수. 한국외국어대학교 대학원에서 정치학 박사학위를 받았다. 이화여자대학교 평화학연구소 연구교수, 국가인권위원회 전문위원을 역임하였고, 정부와 비정부기구에 걸쳐 평화·통일정책을 자문해오고 있다. 최근 저서로 『배반당한 평화: 한국의 베트남, 이라크 파병과 그 이후』, 『북한인권: 이론·실제·정책』, 『분단폭력: 한반도 군사화에 관한 평화학적 성찰』(공편), *Asia-Pacific between Conflict and Reconciliation*(공저) 등이 있다.

모들아카데미 06

아시아 평화공동체

등록 1994.7.1 제1-1071
1쇄 발행 2017년 7월 31일

지은이 정준곤 김경동 사나다 요시아키 이찬수 신현승 김대식 서보혁
편저자 이찬수
펴낸이 박길수
편집인 소경희
편 집 조영준
관 리 위현정
디자인 이주향
펴낸곳 도서출판 모시는사람들
        03147 서울시 종로구 삼일대로 457(경운동 88번지) 수운회관 1207호
전 화 02-735-7173, 02-737-7173 / 팩스 02-730-7173
홈페이지 http://www.mosinsaram.com/

인 쇄 상지사P&B(031-955-3636)
배 본 문화유통북스(031-937-6100)

값은 뒤표지에 있습니다.
ISBN 979-11-86502-91-4   94160
SET   978-89-97472-52-9   94160